中日联合江南地区民俗调查报告辑

福田亚细男
主　编

冯莉　何彬
执行主编

学苑出版社

编 委 会

（按姓名笔画排序）

主　　编：福田亚细男

执行主编：冯　莉　　何　彬

编　　委：小林忠雄　王　恬　　刘晔原　　刘铁梁
　　　　　陈勤建　　桥谷英子　菅　丰

编委会成员简介

福田亚细男　　（日本）国立历史民俗博物馆名誉教授

冯　莉　　　　中国民间文艺家协会理事，《民间文化论坛》执行主编，编审、研究员

何　彬　　　　南京农业大学教授，（日本）东京都立大学名誉教授

小林忠雄　　　（日本）加能民俗之会会长，原北陆大学未来创造学部教授

王　恬　　　　浙江省民间文艺家协会副主席兼秘书长，研究馆员

刘晔原　　　　中国传媒大学教授，博士生导师；中国民间文学出版大系专家组专家，歌谣组组长

刘铁梁　　　　北京师范大学文学院教授，山东大学人文社科一级教授；中国民间文艺家协会顾问，北京市文史研究馆馆员

陈勤建　　　　华东师范大学终身教授，上海市非物质文化遗产保护专家委员会副主任

桥谷英子　　　（日本）东洋文库研究员，新潟大学名誉教授

菅　丰　　　　（日本）东京大学东洋文化研究所教授

编辑说明

本书是一套反映 20 世纪末至 21 世纪初中国江南地区民俗学研究的资料性文集。1989—2010 年，由福田亚细男教授主持，中日两国学者联合就中国江南地区民俗生产、民俗变化动态过程开展了 6 期村落田野调查，这是中日学术交流史上首次由中日民俗学者共同完成的村落民俗调查与民俗志书写的科学实践。

6 期调查报告分别于 1992 年、1995 年、1999 年、2001 年、2006 年、2011 年印刷，仅在小范围作成果分享，并未正式出版。本次为全球首次公开出版，将 6 辑报告统一规格，并定名为《中日联合江南地区民俗调查报告辑》。本书共汇集 56 位学者的调查报告 120 余篇，记录了当时的村落民俗风貌，为现今的研究提供了大量珍贵的资料。

本套书收录原调查报告分 6 辑，分别为：

1992 年《中国江南民俗文化——中日农耕文化比较》

1995 年《中国浙江民俗文化——环东海农耕文化民俗学研究》

1999 年《中国浙南民俗文化——环东海农耕文化民俗学研究》

2001 年《中国江南村落民俗志研究——上海近郊村落民俗》

2006 年《中国江南沿海村落民俗志——浙江省象山县东门岛和温岭市箬山》

2011 年《中国江南山区民俗文化及变迁——浙江省江山市廿八都和龙游县三门源》

因本套书收录的 6 辑报告时间跨度较大，为最大限度呈现报告所对应的文化时代，保留了当时报告的写作用词风格，尊重中日用字及符号的差异，未作硬性统一。因原 6 辑报告时间延续性较长，且实际印刷行尺寸不一，本次出版为了更好呈现原报告内文及提供良好阅读体验，对以下几方面进行了调整：

1. 总书名及分册名。本次出版将原 6 册报告汇编，定名为《中日联合江南地区民俗调查报告辑》。分册标题页将原报告日文标题翻译为中文，并在背面呈现原报告标题、年份等信息。

2. 本次出版新增总序，由主编福田亚细男教授作序、彭伟文教授翻译。

3. 特设编委会，负责出版过程中组织、协商等事宜。本书作者众多，原报告

无作者介绍，此次未一一增补，仅对编委会成员增加介绍。

4. 原报告每辑的开头均有一篇介绍研究经过和调查地概况以及研究组织的文章，仅有日文，本次出版以原样呈现为基本准则，保持原有形式，不再另行翻译。

5. 版式。原报告包含扉页、前言、目录、正文、发行印刷信息等内容。每本报告因年代不同，并非同一尺寸。本次出版为了最大化呈现原报告结构，保留原分册标题、版本等信息，并将开本尺寸、内文版式作了统一。因尺寸的修改，对内文作重新排版，并修正原有报告版式断行、错行等问题。

6. 目录。原报告每辑仅有日文目录，本次增设中文目录。

7. 摘要。本书每篇文后有相对应的摘要，中文报告摘要为日文，日文报告摘要为中文。其中，第一辑中周星《话说泰山石敢当》一文无对应摘要，该文原计划由小熊诚撰写文章摘要，后写作时拓展成长文《石敢当小考——围绕周星论文的要旨及其评论》，原报告按独立文章处理呈现。此两篇文章遵照原报告处理，本次出版不再另补充摘要。

8. 注释。原报告均为文后尾注，为了方便阅读，本次出版统一将尾注改为页下注，原注释内提示内容根据实际页码进行了调改。

9. 图片和表格。由于中文与日文在出版规范上的差异，我们并未将两方文章图表名、注作硬性统一，仅编排序号在原报告基础上作了全书统一。因时间跨度大，许多内文图片没有电子文件，现书中所用图片均为扫描原报告后加工使用，特说明。

10. 内文以最大限度呈现原报告内容为原则，涉及的人物、地域划分等信息均以写作时间为准，不做修改。仅在内文出现明显错误、严重影响阅读、引起歧义等处做修改，如多字、少字、错字、别字等。

总 序

1. 长达 20 年的共同研究

1992 年到 2011 年 20 年间陆续刊行的 6 册中日合作江南调查报告书，这次得到了在中国复刻出版的机会。这是我一直以来心怀愿望，但又觉得无法实现的事，能够得偿所愿，实在是令人欣喜。日本和中国的民俗学研究者一起进行 20 余年的长期调查研究，在中日间漫长的学术交流史上，恐怕都无法见到第二个同样的例子。参与过这个共同调查研究的各位，理应引以为荣。

这个长期进行共同调查研究的计划，并非从一开始就是如此。首先，中日两国的研究者一起进行田野调查，这本身就没有先例。只要完成一次这样的调查，就已经值得赞许。日文和中文这两种日常语言之间的差异，首先就是一个既存的障碍。仅仅是研究者之间的沟通就已经极为困难，这一点在最初就已经预想到了。接下来的问题是，进入中国的村落社会之后，对当地人进行以访谈为主要方法的调查，其困难又更进一层。尤其是对日本方面的研究者来说，这是一个严重的问题。当然，在日本也有不少对中国社会、中国文化进行研究的学者，一直以来都使用中文进行研究并到中国访问。但是，民俗学研究者则大多专注于对日本的调查研究，完全没有在中国进行调查研究的经验。在明知道会有这些困难的情况下，构想中日共同实施的调查研究，并在实现后持续 20 年之久，其原因要从它的起点说起。

2. 民俗学学术交流的开始

日本的民俗学是作为一国民俗学成立的，其视野限定在形成于日本列岛，并在这里发展的生活文化。对其进行细致的调查研究，促使对日本的既有理解得到了修正，取得了很多成果。在这些积累的基础上，国立历史民俗博物馆在 1981 年成立。虽然这家博物馆是作为对日本历史进行研究和展示的博物馆而设立的，但并不只是一直以来那种通过文字资料究明历史的传统日本史学，还对等地加入

了考古学与民俗学，是一家以历史学、考古学、民俗学三学科协作为目标的博物馆。并且，在设立之初，它就不是以展览为中心的博物馆，而是以研究为中心，展示研究成果的博物馆。同时，它还有一个定位，就是供大学的研究者共同使用的大学公用机构。

在这座日本最早的以三学科协作为目标的博物馆，民俗研究部被认为是重要构成部分，按计划配置有共计13名民俗学研究者。当时，在日本设有民俗学课程的大学非常少，而有专任教师的大学则更少，即便有也不过是一两名而已。从这一点就可以看出，国立历史民俗博物馆的民俗研究部，对民俗学来说是多么重要的存在，它无疑是当时日本代表性的民俗学研究机构。

在国立历史民俗博物馆民俗研究部工作的研究者，对自己是日本代表性民俗学研究机构的一员这一点，也有充分认识。尤其是担任第一任民俗研究部长的坪井洋文，这种意识特别强烈，怀有巨大的使命感。他认为，国立历史民俗博物馆必须代表日本和世界各地的民俗学研究者进行交流，承担起发展民俗学的责任。早在1985年，坪井先生就已经到中国贵州省东部的黔东南苗族侗族自治州进行过民俗调查。当时，得到了贵州民族学院和贵州省民间文艺家协会的大力支持。在黔期间还通过座谈会、演讲等形式进行了学术交流。次年，坪井先生获得日本政府文部省支给的科学研究费补助金（海外学术调查），在贵州省西北部的威宁彝族回族苗族自治县进行调查。1987、1988年又进行了再调查。

这些在贵州省的调查，部分原因是受到当时日本研究趋势的影响。在日本，很早就有关于日本人和日本文化源头的讨论，当时吸引了很多人的学说之一，是向中国西南的少数民族寻求根源。关注日本民族起源的人们造访云南省和贵州省，希望发现这些地方的民族和日本之间文化上的共通性和类似性，以证明日本文化的故乡在那里。但是，这是将文化中的个别要素抽取出来，寻找其表面类似性的做法。坪井先生的调查包含了对这些现象的批判，以深入地方，把握和理解民俗的整体样貌为目标。我也参加了这一系列调查，和坪井先生一起行动，有着相同的使命感。

中国西南和日本之间有很远的距离，在两地之间，是汉族居住的广大地区。那种无视汉族文化的根源论显然存在是有问题的。日本人自古以来就备感亲近的中国江南地区，在中国历史上有重要地位，没有对这一地区的理解，当然就不可能理解中国文化。我们认为，应该首先放下简单的根源论，或放弃表面的比较，

把握和理解包括汉族在内的中国民俗文化。对于最初的研究区域，我们首先想到了江南地区。而且，理所当然地要考察中国的民俗文化，中国民俗学研究者的帮助是必不可少的。实际上，我们希望共同进行研究，并且摸索了这种可能性。

以上，就是出于日本方面的考虑进行江南调查的前提。

3. 共同研究的构想

我第一次造访北京，是在1985年3月。那是一次私人旅行，在京期间，对北京师范大学进行了为期一天的访问，和中国民俗学代表性研究者钟敬文先生见面。安排这次见面的，是此前到国立历史民俗博物馆访问交流的张紫晨先生。当天，王汝澜先生到我入住的宾馆来迎接，带我到北京师范大学。面对不懂汉语的福田，王先生亲切地用流畅的日语进行交谈，帮了略感紧张的福田大忙，使其后内容充实的会谈得以实现。在北京师范大学，以钟敬文先生为首，张紫晨、刘魁立、王汝澜以及其他几位研究者参加了这次会谈。仰赖于王先生准确的翻译，谈话的内容很充实。

在这次会谈之前不久，日本研究者已经开始到中国访问，进行研究交流，但到访的日本研究者大多是研究中国民间文艺学的。日本的民俗学者到中国访问、研究交流，还几乎没有过。中国研究者关于日本民俗学的信息，也大多来自研究中国民间文艺学的日本研究者。就这一点而言，恐怕可以说，这次会谈几乎就是日本民俗学研究者和中国民俗学研究者进行的最早的会谈。钟敬文先生对日本的民俗学研究状况有非常强烈的兴趣，问了各种各样的问题。同时，双方还互相确认，今后有必要更多地进行中日民俗学的学术交流。

几个月后，福田又再次见到了钟敬文先生和张紫晨先生、刘魁立先生。1985年6月，国立历史民俗博物馆相关人员30多人访问了中国，其中包括民俗研究部的成员。整个访问团在文化部的安排下，访问了北京、大同、太原、西安。在北京，访问者们与中国社会科学院和中国民俗学会的相关人士见了面，进行了亲切的交流。这次会面并没有讨论深入细致的交流计划，但是借此机会，确认了中日民俗学研究者今后进一步交流的纲领。其具体化，则留待下次机会再进行。

1987年7月，坪井洋文和福田访问了北京。这次是私人旅行，但目的是和中国民俗学的代表性研究者见面，讨论中日民俗学研究者今后的交流计划。二人

连日和中国民俗学研究者会面，访问民俗学研究者所属的机构或团体。其中最重要的一次，是访问北京师范大学。在这里，两人和钟敬文、张紫晨两位先生进行了会谈，就具体的研究交流计划进行了讨论。说到研究交流，一般的印象是研究者互相访问，举办研究会或研讨会，进行学术报告，但坪井和福田准备的计划并非如此，而是中日民俗学研究者一起在中国江南地区展开民俗调查，共同讨论其成果，共同将研究成果整理出来并刊行报告书。对于这一提案，钟敬文先生表现出极大兴趣，赞成对其加以具体化。对研究计划进行具体化的实际工作，由张紫晨先生和福田协商推进。那以后，两人保持紧密联系，完成了研究计划的拟定。研究的必要经费通过申请日本政府文部省的科学研究补助金（海外学术研究）解决，由福田撰写具体研究实施计划，坪井洋文先生作为研究代表提出申请，研究题目定为"日本与中国的农耕文化比较研究——中国江南地区的民俗调查"。由于研究代表坪井先生在 1988 年 8 月去世，福田代替其成为代表。

4. 调查研究的开始和经过

很幸运，我们的研究计划顺利入选，1989 年开始了为期 3 年的研究项目。由于日本的会计年度是从 4 月到翌年 3 月，故研究时间为 1989 年 4 月到 1992 年 3 月。我们根据预计获批的研究费金额制定研究计划，和中国方面的研究者互相联系，开始了准备工作。但是，获批的研究费相对于申请金额被大幅缩减。因此，我们相对于申请时的研究计划，缩小了研究对象区域和研究团队规模，缩短了调查日程。变化最大的是，原计划以江苏省、浙江省、福建省为调查对象，收缩为江苏省和浙江省，从第二年起，进一步将对象地区限定在浙江省。

由于种种原因，调查的实施是从 1990 年 3 月开始的。中日双方各 9 名研究者组成调查团，加上 5 位长年在江苏省和浙江省从事民俗学研究的学者作为协助研究者，又请了两名日语熟练的北京师范大学民俗学专业研究生加入。这样大规模的一行人，全部都以相同的日程参加了调查。当时道路状况不好，路上需要很多时间，但长时间挤在小型巴士上，让大家变得亲近起来，在调查研究方面加深了相互了解，也得到了促进相互交流调查资料的机会。

第一期调查在 1990 年 3 月、1991 年 3 月，以及 1991 年 10 月（只有日本方面的研究者参加）共实施了 3 次，于 1992 年 3 月顺利刊行了研究成果报告书。1990 年 12 月，中国方面的 10 位研究者访问日本，在国立历史民俗博物馆举行了

研究成果讨论会，并在千叶县佐仓市、茨城县牛久市以及冲绳县读谷村进行了民俗调查。尤其是在冲绳，对读谷村的两座村落进行了调查，收获了很多成果。在第一期调查期间，中日双方都提出，这种合作关系仅止于这次共同调查实在可惜的看法。尤其是中方代表张紫晨先生，表达了特别强烈的意愿。日本方面的意愿也很强烈，遂决定计划第二期调查。因为这是就进行中的共同调查的下一步计划提出申请，中日间的联系和协调也很顺利。和1991年的第一期同样，以"环东海农耕文化的民俗学调查"为题申请了文部省科学研究费（国际学术研究）。此外，第二期计划的规模相比第一期缩小了，研究对象限定在浙江省的3个地方，研究团队的规模也有所缩小。尤其是在研究团队方面，计划调查中国西南少数民族的民俗，而不是江南地区的中日研究者分离出去，另外申请研究费实施调查。由于中国方面的代表张紫晨先生去世，中国民间文艺家协会的林相泰参加进来，担任中国方面的代表。

就这样，在研究实施的过程中构思下一次的研究计划，以申请科学研究费并获得立项为前提，中日研究者进行协商，或是和准备调查的地方的研究组织、团体商议，进而通过地方文联等向设定为对象调查点的市县或镇的政府机关联系申请，毫不懈怠地进行准备。研究计划也不是纸上谈兵，而是有可操作性的内容和可预见的研究成果。正因为如此，实现了长达20年的6期调查研究，研究计划几乎连续性地得到立项通过，这是一般情况下不可能做到的。全部6期的调查研究概要整理出来如下表所示。此外，随着我离开国立历史民俗博物馆，对接单位也先后改为成新潟大学和神奈川大学，但研究团队基本维持不变。

期次	研究时间	调查地区	成果报告书（刊行年月）
Ⅰ	1989年—1991年（3年）	江苏省苏州市常熟市白茆乡；浙江省金华市金华县曹宅镇，兰溪市姚村；丽水市山根村、敏河村、堰头村	《中国江南民俗文化——中日农耕文化比较》（1992年3月）
Ⅱ	1992年—1993年（2年）	浙江省湖州市小梅村、东明村；嘉兴市桐乡县利星村；宁波市奉化市崎山，余姚市河姆村，象山县溪东村；温州市永嘉县廊下村、花担村，吴坑村，瑞安市东溪村，苍南县田贡村、碗窑村	《中国浙江民俗文化——环东海农耕文化民俗学研究》（1995年6月）

续表

期次	研究时间	调查地区	成果报告书（刊行年月）
Ⅲ	1996年—1998年（3年）	浙江省丽水市碧湖镇、灯塔村、黄桂村，景宁畲族自治县西岸底村、惠明寺村，青田县洲头村；温州市瓯海区黄坑村、周岙村，永嘉县廊下村、小溪村、蓬溪村	《中国浙南民俗文化——环东海农耕文化民俗学研究》（1999年3月）
Ⅳ	1999年—2000年（2年）	上海市松江区张泽镇、车墩镇	《中国江南村落民俗志研究——上海近郊村落民俗》（2001年2月）
Ⅴ	2002年—2005年（4年）	浙江省象山县东门岛、温岭市箬山	《中国江南沿海村落民俗志——浙江省象山县东门岛和温岭市箬山》（2006年3月）
Ⅵ	2007年—2010年（4年）	浙江省江山市廿八都镇、龙游县三门源村	《中国江南山区民俗文化及变迁——浙江省江山市廿八都和龙游县三门源》（2011年3月）

5. 研究成果及意义

在20年间分6期实施的中日联合江南地区民俗调查，其最大的成果就是进行长期的连续性共同调查这件事本身，应该说这是有学术意义的。必须说，中日两国的民俗学研究者以特定的田野调查地为对象，全员按照同一日程实施调查，这就足以令人吃惊。虽然调查本身是基于各位研究者自己负责设计的调查计划进行的，但在对同一对象按照同一日程进行调查过程中，实现了调查信息的相互交换和调查着眼点的共享。一起进行田野调查的中日研究者，作为研究者相互信任、互相指导，增加了调查内容的深度。由于日本和中国一样使用汉字，所以会有轻易地认为同样的文字所指事象相同的倾向。但是，从民俗的层面看来，相同的文字所表示的内容，在日本和中国大不相同的现象有很多。日本的研究者有带着日本式的汉字理解进入调查，以日本的汉字记录调查结果的倾向。在这次共同调查中，这样的错误得到了纠正。这种理解，随着一次次调查不断加深。同样的，中国学者对日本民俗的理解，可以说情况亦是如此。

日本民俗学一直是以建立在田野调查上的研究作为基础的。这种形式在当时应该对中国学者有很大参考意义。因为在那之前，在特定地区进行数年的连续调查这种方式，中国学者还未采用。对这种在同一地区长达数年的持续调查，中国学者最初似乎感到困惑，但逐渐理解了它的有效性，对同一地区进行调查研究的时间设定也开始长期化。尤其是第五期和第六期，分别在同一地区进行了4年的调查，对该地的民俗传承进行了广泛而深入的把握，成果报告书的篇幅就说明了这一点。

这种为期数年的长期调查，首先将第一年定位为预备调查，在对象地区实施广域的调查，即对多个调查地进行1—2天的短时间访问，把握概况，对其结果进行检讨；第二年对调查对象地点进行精选，花较长时间进行正式调查。在调查地，我们和当地人也成了"老朋友"，调查得以融洽地推进；在最后一年，参加者各自将调查的经过写成报告论文，刊行研究成果报告书，但在这一过程会出现不少有疑问的地方，因此会进行以确认这些问题为中心的补充调查。在3年或4年的研究计划得到批准的第一期、第三期、第五期、第六期，第一年设定为预备调查，第二年和第三年设定为正式调查，最后一年则设定为补充调查。这种预备调查、正式调查、补充调查的三阶段式调查，在日本也比较少使用，在中国的民俗调查中应该也没有先例。通过三个阶段让调查逐步深入这种方式使江南调查得以成功实现，今后也可能会在日本和中国成为民俗调查的基本方式。

此前，无论在日本还是中国，都没有对民俗调查对象区域有明确意识地加以把握。在日本，民俗调查的结果被冠以"民俗志"之名刊行一事古已有之，但民俗传承的单位是模糊的。这种倾向一直持续到20世纪80年代。在我们的江南调查中，调查对象基本设定为村。经过预备调查，确定具体的村为调查对象。按照中国的行政区划，市、县之下是镇或乡，镇或乡之下设村。在村里组织有村民委员会，设有村民委员会主任等职。村以聚落作为基础，看似可以作为村落加以把握，但并不能说就一定是历史上形成的村落。这一点在当地是有自觉认识的。设置村民委员会的村被称为"行政村"，相对的，以聚落作为基础的组织被称为"自然村"加以区别，这样的现象广泛存在。由于我们的调查是在行政机关的许可和支持之下进行的，必然是以"行政村"作为调查单位。但是，在每个调查地，"行政村"以外都还有"自然村"。一个"行政村"包含多个"自然村"是很常见的，相反的情况也不少。我们努力将"行政村"和"自然村"两者都纳入视

野，在其相互关系中对民俗加以把握。这一视角，不仅对中国的民俗研究，对日本的民俗调查研究应该也会带来很多启发。

1990年之后的20年，是中国社会经济迅速发展、生活剧烈变化的时期。"改革开放"给中国带来了巨大的变化，尤其是在位于沿海区域的江南地区更为显著。我们的调查就是在这个时期进行的，当然也目睹和记录了这些变化。在1990年开始的第一期调查中，到达调查地时往往会有大量村民出来围观我们，人山人海。但是，这种现象很快就消失了。沉下心来稍微一想，甚至会因为很少能见到人而感到冷清。我们看到了解放后变成工作间或杂物间的祠堂逐渐恢复原有功能的现象，也看到了此前一直被藏起来的族谱，同时，看到新编纂的族谱的机会也多了起来。因为第四期的调查地是上海近郊的农村，我们访问了变化很大，整齐排列着新建筑的聚落。

此外，这20年也是中国对民俗的认识和态度发生巨大变化的时期。第一期调查得以实现，也是因为有了这种变化，虽然当时民俗仍然被认为是封建制度的残渣，是应该被消灭的东西。但是，从第二期开始，民俗作为人们自古继承至今的生活文化得到认可，被视作有价值的存在。同时，伴随着都市的急剧发展，在这些地方消失的，被称为传统的生活空间、事物成为观光对象。因在经济上稍微有些落后而得以保存下来的市街、村落，作为古镇、古村受到瞩目并得到保护，进而被修缮和改造，以吸引更多观光客。我们的调查对象区域也包含了很多这样的古镇、古村。此外，在日本被称作无形文化遗产，在中国被称作非物质文化遗产的事物受到关注，来自国家的保护事业得到大力推行，民俗学研究也深入参与其中。我们的调查也开始将古镇、古村以及非物质文化遗产保护纳入视野，这些现象对地方产生的影响以及带来的变化也成为我们的课题。可以说，这6册成果报告书也承担了将变化的江南地区民俗记录下来，留给后世的重大任务。

6. 感激之情

对于中日联合江南调查这一由日本和中国的民俗学研究者共同进行的长期民俗调查，虽然我们自认为取得了巨大成果，自诩为中日双方的民俗学研究发展做出巨大贡献，但毋庸置疑，持续实施这一共同调查，并非只靠研究者的努力就能够实现。

首先必须感谢的，是在各个调查地接受我们的访谈，和我们聊了很多的人

们。他们当中有一多半是亲身经历过半世纪前日本侵略的人。听说在最初接受调查的时候，有人发出了"我们曾经深受日军之苦，为什么要帮日本人？"的疑问和反对的声音。其中，还有人对我们坦言自己在日军的空袭中失去了父母。他们就是这样一边心存芥蒂，一边配合我们的调查。我们也就父祖辈的侵略行为进行了真诚的反省，并清楚地表达了我们的反省之意。当地的人们一边克制着心中的不快，一边亲切地接待我们，积极地配合我们的调查，令人不胜感激。在6期的调查中麻烦过非常多的人，每次翻看当时的照片，都会一一想起当初麻烦他们的情景，那都是令人怀念的老朋友。

其次要感谢的，是使调查得以实施的各个机构和团体。能够从日本到中国，和中国民俗学研究者进行共同调查，完全是因为得到了很多人以及机构和团体的理解与支持。不能忘记这一点。同意实施调查，给日本民俗学研究者发出邀请函的国家教育委员会、中国文联、北京师范大学、华东师范大学、中国社会科学院民族文学研究所等相关单位，以及为安排调查地不辞劳苦的来自中国民间文艺家协会、江苏省社会科学院、浙江省文联、浙江省民间文艺家协会、华东师范大学的各位人士，还有接受委托在具体调查地认真准备的江苏省常熟市，上海市松江区，浙江省湖州市、桐乡县、宁波市、余姚市、奉化市、象山县、温岭市、金华市、兰溪市、衢州市、江山市、开化县、龙游县、丽水市、景宁畲族自治县、青田县、温州市、苍南县、瑞安市、永嘉县的人民政府外事办公室、文联、民间文艺家协会，在此向这些机构和团体的各位表达诚挚的谢意。尤其是对在浙江省的调查中一直帮助我们的浙江省文联、浙江省民间文艺家协会的陈德来、王恬、程士庆，感激之情，无以言表。此外，还要感谢在调查地亲切地接待和配合我们的村民委员会、文化馆的各位人士。无论在哪里，都是人数超过20人的团员连日到访，搅扰得当地喧嚣不宁，有赖于各位的妥善处理，调查才得以顺利进行。

最后，必须感谢担任翻译的人们。日本方面的学者大都不懂中文，没有翻译将一筹莫展。同时，中国方面的学者也很难听懂当地的方言。因此，我们的调查必须依赖众多的日语翻译和方言翻译。在日语翻译方面，很多来自不同机构的人都加入团队承担了翻译工作，尤其是浙江省农业科学院的朱富云先生、浙江工业大学的徐萍飞女士，给了我们很多帮助。第五期、第六期得到了很多日语专业学生的帮助，但仍然是在徐萍飞女士的指导下实现的。方言翻译则仰赖于各地民间文艺家协会或文化馆的各位人士。全赖有各位准确的翻译和解说，我们才能进行记录。

调查就是这样在很多的机构和团体，以及众多的个人支持之下才得以实施的。通过这 6 期调查，不仅民俗学和民俗学者的中日合作关系得以发展，加深了相互之间的理解；在普通人当中也实现了中日间的相互理解，并产生了友谊。在中国学者访问日本进行调查时，可以说也同样如此。

这 6 册研究成果报告书都曾只有少量印刷，即便是专业研究者也很少有机会得到。感谢学苑出版社决定将这些有纪念意义的报告书一次性复刻刊行。不仅是研究者，很多对中国江南地区民俗抱有兴趣的人，也可以很容易地读到了。印刷这些汉文和日文混合的报告书，是一项比预想更困难的作业。向妥善处理这些问题，将这些报告书完美地刊行出来的学苑出版社各位人士表示衷心感谢。

福田亚细男

2022 年 4 月

（彭伟文　译）

総　序

1. 20年に及ぶ共同研究

　この度、1992年から2011年までの20年間に刊行した日中共同江南調査報告書6冊が機会を得て中国で復刊されることとなった。願ってはいながらなかなか実現しないことと思っていたことがここに見事に達成できたことを本当に嬉しく思う。日本と中国の民俗学研究者が共同して20年に及ぶ長期にわたり調査研究したことは恐らく長い日中の学術交流の歴史のなかでもほとんど例を見ないことだと思われる。この共同調査研究に関係した皆さんはそれを誇りとしなければならない。

　当初からこのような共同調査研究を長期に続けるという計画ではなかった。先ず日中の研究者が共同してフィールドワークをするということ自体が未経験のことであった。それが一回でも成功すればそれだけで賞賛に値するものだった。日本語と中国語という日常言語の相違が先ず障害として存在した。研究者間のコミュニケーションだけでも困難を極めることは最初から予想されていた。さらに中国の村落社会に入って地元の人たちから主として聞き書きという方法で調査することの困難性はそれ以上に大きな障害として浮かび上がっていた。これは特に日本側の研究者にとっては深刻な問題であった。もちろん日本においても中国社会・中国文化を研究する、いわゆる中国研究者は少なからずおり、中国語を駆使して中国を訪れ研究してきた。しかし、民俗学研究者の大部分は日本での調査研究に専念し、中国での調査研究経験は皆無であった。そのことが分かっていながら、日中共同の調査研究を構想し、さらにその実現後に20年に及んで継続したのには、その出発に理由があった。

2. 民俗学における学術交流の開始

　日本の民俗学は一国民俗学として成立し、日本列島で形成し、展開してきた生活文化に視野を限定し、緻密な調査研究を行い、それまでの日本理解に訂正を迫る成果を挙げてきた。その蓄積を基礎に1981年国立歴史民俗博物館が設

立された。この博物館は日本歴史を研究し展示する博物館として設立されたが、従来の文字資料で明らかにされるオーソドックスな日本史ではなく、考古学と民俗学も対等に加わった歴史学、考古学、民俗学の三学協業を目指した博物館であった。しかもその設立にあたっては、展示を中心とした博物館ではなく、研究を中心とし、研究成果を展示する博物館であり、また大学の研究者が共同利用して研究する大学共同利用機関として位置付けられた。

　民俗研究部は、日本で初めての三学協業を目指した研究博物館の一翼を担う存在として位置付けられ、計画では全部で13名の民俗学研究者が配置されることになっていた。当時、日本では民俗学を教える大学はごくわずかであり、しかも専任教員がいる大学はさらに少なかった。いるとしても1名か2名であった。それから見れば、国立歴史民俗博物館民俗研究部が如何に民俗学にとって大きな存在か分かるであろう。間違いなく、日本を代表する民俗学研究機関であった。

　国立歴史民俗博物館民俗研究部に赴任した研究者は自分たちが日本を代表する民俗学研究機関の一員であることを十分に自覚していた。特に、初代の民俗研究部長に就任した坪井洋文さんにはその思いは強く、使命感に燃えていた。国立歴史民俗博物館が日本を代表して世界各地の民俗学研究者と交流し、民俗学の発展を担わなければならないと考えた。すでに坪井さんは1985年に中国貴州省東部の黔東南苗族侗族自治州を訪れ民俗調査を行っていた。その際には、貴州民族学院や貴州省民間文芸家協会からの大きな支援があり、滞在中には座談会や講演を通しての学術交流を行った。これは翌年には日本政府文部省の科学研究費補助金（海外学術調査）の交付を受けての貴州省の西北部の威寧彝族回族苗族自治県での調査、さらに1987・88年度の黔東南自治州での再調査となった。

　この貴州省での調査は当時の日本における研究動向に影響された面があった。日本では日本人と日本文化のルーツが古くから論じられてきたが、当時多くの人びとが惹きつけられた説が西南中国の少数民族にそのルーツを求めるものであった。日本民族の起源に関心を持つ人びとが雲南省や貴州省を訪れ、その地方の少数民族と日本との間の文化の共通性や類似性を発見し、日本人の故郷をそこに設定しようとしていた。しかし、それは文化の個別要素を取りだして表面的な類似

性を見つけることであった。それへの批判を込めて、地域に深く入って民俗の全体像を把握し理解することを目指したものであった。この一連の調査には福田アジオも参加し、坪井さんと共に行動し、使命感を共有するにいたった。

　西南中国と日本との間には大きな距離があり、その間には言うまでもなく漢族が居住する広大な地域がある。漢族の文化を無視してのルーツ論には問題があることは明白である。日本でも古くから人びとが親しみを感じている長江（揚子江）から南の江南地方は中国の歴史において重要な地方であり、そこの理解なくしては中国文化の理解は不可能であることは言うまでもない。私たちは、安易なルーツ論を批判し、また表面的な比較を止め、漢族も含めた中国の民俗文化を把握し理解することが先ずなされるべきだと考えるにいたった。その最初の研究対象地域として江南地方が浮かび上がった。そして当然のことながら、中国の民俗文化を考察するには、中国の民俗学研究者との協力は不可欠であり、むしろ共同して研究することが望ましいと考えることになり、その可能性を模索した。

　以上は、日本側の事情による江南調査への取り組みの前提である。

3. 共同研究の構想

　福田アジオは1985年3月に初めて北京を訪れた。これは個人的な旅行であったが、滞在中の一日北京師範大学を訪れ、中国の代表的民俗学研究者である鐘敬文さんにお会いする機会を得た。これを設定してくれたのは、その前に国立歴史民俗博物館を訪問し交流をしていた張紫晨さんだった。当日は私の泊まっているホテルまで王汝瀾さんが迎えに来て、北京師範大学までご案内下さった。中国語の出来ない福田に優しく流暢に日本語で話しかけて下さった王さんは緊張気味であった福田を助けて下さり、その後の面談を内容あるものにした。北京師範大学では、鐘敬文さんはじめ、張紫晨、劉魁立、王汝瀾その他何人かの研究者が出席し、王さんの適切な通訳で、内容ある面談となった。

　しばらく前から日本の研究者が中国を訪れ、研究交流することは始まっていたが、訪れる日本人研究者は中国を研究する研究者であり、分野的には口承文芸の研究者であった。日本の民俗学研究者が中国を訪問して研究交流することは未だほとんどなかった。日本の民俗学についての情報も中国の口承文芸を研

究する研究者からのものであった。その点では、これが日本の民俗学研究者が中国の民俗学研究者と面談するほぼ最初の例であったと言えるかも知れない。鐘敬文さんは日本の民俗学の研究状況に非常に強い関心を持っていて、種々質問をされた。そしてこれからも日中民俗学の学術交流を重ねることの必要性を互いに確認した。

それからわずか数ヶ月後に福田は再び鐘敬文さんはじめ張紫晨さんや劉魁立さんとお目にかかることとなった。1985年6月、国立歴史民俗博物館の関係者30名余りが中国を訪問することになり、その中には大勢の民俗研究部の人間も含まれていた。旅行全体は文化部の世話で北京、大同、太原、西安を巡るものであったが、北京では民俗学研究者は社会科学院で中国民俗学会の関係者と会い、親しく交流した。この会合は踏み込んだ交流計画を検討するのではなく、これを機会に日中の民俗学研究者の一層の交流を図るという総論的な確認をするものであった。その具体化は次の機会に委ねられた。

その2年後の1987年7月に坪井洋文さんと福田は北京を訪れた。これはやはり個人的な旅行であったが、北京で中国の代表的な民俗学研究者に会い、日中の民俗学研究者の今後の交流計画を具体化することを目的としていた。北京で連日民俗学研究者と会い、また民俗学研究者の属する機関や団体を訪れて交流した。そのなかで最も重要な訪問が北京師範大学を訪れたことである。そこで鐘敬文さん、張紫晨さんと面談し、具体的な研究交流計画について協議した。研究交流というと一般的なイメージでは、研究者が相互に訪問して、研究会やシンポジウムを開いて研究発表をすることであったが、坪井と福田が準備していたのはそれとは異なった。日中の民俗学研究者が合同して江南地方で民俗調査を行い、その成果を共同で検討し、共同で研究成果をまとめて報告書を刊行するというものであった。この提案に対して、鐘敬文さんは大変強い関心を示し、その具体化に賛同した。実際の研究計画の具体化は張紫晨さんと福田との間で協議して進めることになった。これ以降、二人は緊密な連絡をとりあい、研究計画を練り上げた。研究に必要な経費は日本政府文部省の科学研究費補助金（海外学術研究）を申請することにし、その具体的な研究実施計画を主として福田が作成し、坪井洋文さんが研究代表者となって申請した。研究題目は「日本と中国との農耕文化の比較研究―中国江南地方の民俗調査―」とした。

なお、研究代表者の坪井さんは1988年8月に亡くなったので、替わって福田が代表を務めた。

4. 調査研究の開始と経過

幸いなことに私たちの研究計画は1989年度からの3年間の研究として無事採択された。日本の会計年度は4月から始まり翌年3月までであるので、研究期間は1989年4月から1992年3月までであった。認められた研究費の交付予定額にもとづいて具体的な研究計画を作成し、中国側研究者とも連絡を取り合い、準備を始めた。これはこれ以降どの期の研究でも同じであったが、認められた研究費は申請額に対して大きく減額された。そのため、申請した研究計画よりも研究対象地域を狭め、研究組織を縮小し、調査日程も短縮するなどの対応をすることになった。最大の変更は、研究計画では江蘇省、浙江省、福建省を調査対象とすることとしていたが、それを江蘇省と浙江省に絞ったことである。そして2年度目からはさらに対象地域を浙江省に限定することになった。

1989年度は諸般の事情で調査の実施が年度末の1990年3月とななった。日中双方各9名の研究者が調査団を組織し、加えて江蘇省と浙江省で長年民俗学研究に従事してきた研究者5名が研究協力者として加わり、さらに日本語に堪能な民俗学専攻の北京師範大学の大学院生2名に参加を求めた。この大規模な一行が全員同一日程で調査に取り組んだ。当時は未だ道路事情が良くなく、移動に多くの時間を要したが、そのマイクロバスの長時間の缶詰状態は互いを親しくし、調査研究についての相互理解を深め、また調査資料についての情報交換を促す機会となった。

第一期の調査は、1990年3月、1991年3月、そして1991年10月（日本側研究者のみの参加）の3回実施し、1992年3月にその研究成果報告書を無事刊行した。また1990年12月には、中国側研究者10名が日本を訪れ、国立歴史民俗博物館で研究成果検討会を開くと共に、千葉県佐倉市、茨城県牛久市および沖縄県読谷村で民俗調査を実施した。特に沖縄では読谷村の2村落で調査を行い、多大の成果を挙げた。第一期の調査期間中に、この協力関係を今回の共同調査で終わらせるのは惜しいという意見が日中双方から出された。特に中国側代表の張紫晨さんがそのことを強く表明された。日本側でもその意見は

強く、第二期の調査を計画することになった。共同調査が進行中での次の計画の立案であったので、日中間の連絡調整も支障なく進み、1991年に第一期と同様に文部省科学研究費(国際学術研究)を「環東シナ海(東海)農耕文化の民俗学的研究」の題目で申請した。なお、第二期の計画では、一期よりも規模を小さくして、研究対象は浙江省の3地域に絞り、研究組織も小規模にした。特に、研究組織では、江南地方ではなく、西南中国の少数民族の民俗調査を構想する日中の研究者が分離して別に研究費を申請して、研究を実施することとなった。また中国側の代表者であった張紫晨さんが死去したため、中国民間文芸家協会の林相泰さんが加わって、中国側の代表を務めることになった。

　このようにして、研究の実施期間中に次の研究計画を構想して、科学研究費を申請し、採択されることを前提に、日中の研究者が協議し、また予定している地方の研究組織や団体と相談し、さらに調査対象地域として想定した市県や鎮の政府機関にも地元の文聯などをとおして打診をし、準備怠りなく進めた。研究計画も、絵に描いた餅ではなく、実施可能な内容で研究成果も予測できるものであった。そのため、普通にはあり得ない、20年間に六期にわたり、ほぼ連続して研究計画が採択されることになったものと考えられる。全六期の調査研究の概要を整理して示せば、ほぼ以下の通りである。なお、研究代表者福田アジオの国立歴史民俗博物館からの転出に伴い、窓口は新潟大学、神奈川大学と変わったが、研究組織の基本は維持された。

	研究期間(年度)	調査地域	成果報告書(刊行年月)
I	1989年度～1991年度 (3年間)	江蘇省常熟市白茆郷、 浙江省金華市曹宅鎮、蘭渓市姚村、 麗水市山根村、敏河村、堰頭村	『中国江南の民俗文化―日中農耕文化の比較―』(1992年3月)
II	1992年度～1993年度 (2年間)	浙江省湖州市小梅村、東明村、 桐郷県利星村、 奉化市畸山、余姚市河姆村、寧波市溪東村 永嘉県廊下村、花担村、温州市呉坑村、瑞安市東溪村、 蒼南県田貢村、碗窯村、	『中国浙江の民俗文化―環東シナ海(東海)農耕文化の民俗学的研究―』(1995年6月)

前頁表の続き

	研究期間（年度）	調査地域	成果報告書（刊行年月）
Ⅲ	1996年度～1998年度 （3年間）	浙江省麗水市碧湖鎮、灯塔村、黄桂村、 景寧畲族自治県西岸底村、恵明寺村、 温州市黄坑村、周呑村、永嘉県廊下村、小渓村、蓬渓村	『中国浙南の民俗文化―環東シナ海（東海）農耕文化の民俗学的研究―』（1999年3月）
Ⅳ	1999年度～2000年度 （2年間）	上海市松江区張沢鎮、車墩鎮	『中国江南村落の民俗誌的研究－上海近郊村落の民俗―』（2001年2月）
Ⅴ	2002年度～2005年度 （4年間）	浙江省象山県東門島、温嶺市箬山	『中国江南沿海村落民俗誌―浙江省象山県東門島と温嶺市箬山―』（2006年3月）
Ⅵ	2007年度～2010年度 （4年間）	浙江省江山市廿八都鎮、龍游県三門源村	『中国江南山間地域の民俗文化とその変容―浙江省江山市と龍游県三門源―』（2011年3月）

5. 研究成果と意義

　20年間に六期にわたって実施した日中共同の江南民俗調査は、長期にわたって継続的に共同調査を行ったことが最大の成果であり、学術的な意義であると言える。日中両国の民俗学研究者が特定のフィールドを対象に全員同一日程で調査を実施したことは驚異的なことと言わねばならない。調査自体は各研究者の責任で設計された調査計画に基づいて行われたが、同じ対象を同じ日程で調査することで、互いに情報を交換し、調査上の着眼点を共有することが出来た。フィールドを共同する日中の研究者は、研究者として互いに信頼し、教え合い、調査の内容を深めた。日本と中国では、同じ漢字を用いているため、同じ文字が指し示す事項は同一であると安易に考える傾向がある。しかし、民俗レベルで見ると、同じ文字が意味する内容が日本と中国で大きく異なることも多い。日本の研究者は日本流の漢字理解で調査に臨み、日本の感覚で調査結果を記録することも行われがちである。今回の共同調査はその間違いを是正して

くれた。これは調査を重ねるなかで深められた。同じことは、中国側研究者の日本の民俗についての理解にも言えた。

　日本の民俗学はフィールドワークによる研究を基本にしてきた。そのあり方は中国の研究者にとって大きな参考となったものと思われる。特定の調査地を複数年にわたって継続的に調査する方式はそれまでの中国の民俗学研究ではほとんど採用されてこなかったので、この同一地域での複数年の継続調査は最初は中国側研究者に戸惑いがあったように感じられたが、次第にその有効性が理解され、同一地域に対する調査研究期間も長期に設定されるようになった。特に第五期、第六期の調査はそれぞれ4年間もの間同一地域の調査を行い、地域の民俗伝承を幅広く、また深く把握することとなり、そのことが成果報告書の分量に示された。

　複数年にわたる長期の調査は、先ず最初の年を予備調査と位置付け、対象の地域での広域調査を実施した。多くの調査地に一日か二日の短期間訪れて概況を把握し、その結果を検討し、翌年度には調査対象地を絞り込んで日数を費やしての本調査を行った。本調査は限られた特定の調査地に日数多く、しかも反復訪問して調査を行った。調査地では地域の人びとと「老朋友」となって、親しく調査を進めることが出来た。そして、最終年度には調査の結果を各人が報告論文にまとめ、研究成果報告書を刊行したのであるが、その過程で少なからずの不明な点が生じたので、その確認を中心とした短期の補充調査を行った。研究計画として3年間もしくは4年間認められていた一期、三期、五期、六期は、初年度が予備調査、2年度目および3年度目が本調査、そして最終年度が補充調査という位置づけであった。この予備調査、本調査、補充調査という3段階の調査は、日本においても採用されることは少なかったが、中国の民俗調査でもそれまではなかったものと思われる。3段階で調査を深化させるという方式はこの江南調査を成功させると共に、今後の日本と中国それぞれの民俗調査の基本的な方式になるものと考えている。

　民俗調査の対象地域は日本でも、中国でも必ずしも明確に意識して把握されてこなかった。日本での民俗調査の結果は民俗誌と名づけられて古くから刊行されてきたが、その民俗の伝承する単位は曖昧であった。その傾向は1980年代まで続いていた。私たちの江南調査は調査対象を基本的に村に設定した。予備

調査を経て調査対象として確定したのは具体的な村であった。中国の地方制度では市や県の下に鎮や郷があり、その鎮や郷の下に村が設定されている。村には村民委員会が組織されており、村長以下の役職がある。村は集落を基礎にしており、村落として把握できそうであるが、歴史的に形成されてきた村落とは必ずしも言えない。そのことは地元でも自覚されており、村民委員会が設定されている村を「行政村」、それに対して集落を基礎にした組織を「自然村」と呼び、区別することが広く行われている。私たちの調査は行政機関の了解と支援を受けて調査を行ったので、必然的に「行政村」を調査単位とすることになった。しかし、どの調査地においても「行政村」とは別に「自然村」があった。一つの「行政村」に幾つかの「自然村」が含まれているのが常態であるが、逆も珍しくなかった。「行政村」と「自然村」の両方を視野に入れ、その相互関係のなかで民俗を把握することに努めた。その視点は中国の民俗研究だけでなく日本の民俗の調査研究にも示唆する所が大きいであろう。

1990年からの20年間と言えば、中国社会は経済的発展が著しく、生活も変化変貌が烈しい時期であった。「改革開放」は中国全土に大きな変化をもたらしたが、特に沿岸部である江南地方はそれが顕著であった。その時期に私たちの調査は行われた。当然その変化を目の当たりにし、それを記録することになった。1990年に開始した第一期の調査では、調査地に到着すると大勢の村人が私たち一行を見るために出てきて黒山の人だかりになることがしばしばであった。しかし、そのような状況は急速に消えた。ややもすると寂しい感じがするほど人びとを見ることが少なくなった。そして、解放後は作業小屋や物置になっていた祠堂がその機能を回復していることが確認され、またそれまで秘匿されていた族譜を閲覧できるようになり、さらに新しく編纂された族譜を見る機会も増えた。第四期は上海近郊農村が調査地域であったので、その変化は大きく、新しい建物が整然と並ぶ集落を訪れた。

そして、この20年間はまた民俗への認識や対応の大きな変化の時期でもあった。第一期の調査が可能になったのもその変化があったからであるが、しかしまだ民俗は封建制の残滓であり、なくすべきものと考えられていた。しかし、第二期以降、民俗は人びとが古くから受け継いできた生活文化であると評価され、価値ある存在と見られるようになった。そして都市の急激な発展に伴い、

そこでは失われてしまった伝統的とも言うべき生活空間や事物が観光の対象になった。やや経済的に取り残されて保存されていた街や村が古鎮、古村として脚光を浴び、保護され、さらに改修され、多くの観光客を集めるようになった。私たちの調査対象とした地域にもそのような古鎮・古村が多く含まれていた。また日本で言う無形文化遺産、中国で言う非物質文化遺産が注目され、その国家的な保護事業が大きく推進され、民俗学研究もそれに深く関わることとなった。私たちの調査も、古鎮・古村や非物質文化遺産保護を視野に収めながらの調査となり、それらが地域に及ぼす影響や変化をも把握することが課題になった。6冊の成果報告書はこの変化する江南地方の民俗を記録して後世に残すという大きな役割を果たしたと言える。

6. 感謝の気持ち

日本と中国の民俗学研究者が共同して長期にわたり民俗調査を行った日中共同江南調査は大きな成果をあげ、日中双方の民俗学研究の進展に大きく貢献したものと自画自賛するが、この共同調査を継続実施できたのは研究者の努力ばかりではないことは言うまでもない。

先ず第一に感謝しなければならないのは、各調査地で私どもの相手をしてお話を聞かせて下さった大勢の人びとである。その人たちの大半が半世紀前に日本の侵略を身をもって経験した人たちであった。受け入れに際しては、日本軍に苦しめられた我々が何故日本人に協力しなければならないのかという疑問や反発もあったと聞いた。また実際に日本軍の空襲によって両親を失った経験を表明する人もいた。そのようなわだかまりを持ちつつ、調査に対応して下さった。私たちも率直に父祖世代の侵略行為について反省し、そのことを表明した。皆さんはわだかまりを抑え、親しく接し、積極的に協力して下さった。有り難いことであった。六期にわたる調査でお世話になった人は大変な数に上るが、当時の写真を見る度に今でも一人一人のお世話になった情景を思い出す。懐かしい老朋友である。

第二に調査の実施を可能にして下さった諸機関・組織である。日本から中国を訪れ、中国側研究者と共同調査できたのには実に多くの人たちや機関・組織の理解と支援があったからである。そのことを忘れてはならない。調査実施を

总　序

　了解し、日本側研究者への招聘状を発行して下さった国家教育委員会、中国文聯、北京師範大学、華東師範大学、中国社会科学院民族文学研究所などの関係者の皆さん、そして調査地の設営に労苦を惜しまずあたってくださった中国民間文芸家協会、江蘇省社会科学院、浙江省文聯、浙江省民間文芸家協会、華東師範大学、さらにそれらからの依頼を受けて具体的な調査地域で準備怠りなく進めて下さった江蘇省常熟市、上海市松江区、浙江省湖州市、桐郷県、寧波市、余姚市、奉化市、象山県、温嶺市、金華市、蘭渓市、衢州市、江山市、開化県、龍游県、麗水市、景寧畬族自治県、青田県、温州市、蒼南県、瑞安市、永嘉県の各人民政府外事弁公室、文聯、民間文芸家協会の関係者の皆さんに改めて深く感謝したい。とりわけ浙江省での調査をお世話くださった浙江省文聯・浙江省民間文芸家協会の陳徳来、王恬、程士慶の皆さんには感謝の言葉もない。そして、調査地で私どもを温かく迎えて対応して下さった村民委員会の皆さん、文化館の皆さんに感謝したい。どこでも総勢20名をはるかに超えるメンバーが連日訪れ、騒がしい状態を作りだしたが、適切に対処して、スムーズに調査が行えるようにして下さった。

　第三に感謝しなければならないのは通訳の任に当たって下さった方々である。日本側研究者は大半が中国語を解せず、通訳なしには何もできなかった。また中国側研究者も方言を解するのに苦労した。調査には大勢の日本語通訳、方言通訳を依頼しなければならなかった。日本語通訳については様々な機関に属する人たちが参加して通訳して下さったが、特に浙江省農業科学院の朱富雲さん、浙江工業大学の徐萍飛さんには大変お世話になった。第五期、第六期では大勢の日本語専攻の学生に助けて貰ったが、その指導を徐萍飛さんがして下さった。方言通訳では各地元の民間文芸家協会や文化館の方々に大変お世話になった。皆さんの適切な通訳と解説があって記録することができたのである。

　このように調査は多くの機関や組織、そして大勢の人たちによって支えられ実施できた。六期に渡る調査を通じて、民俗学や民俗学研究者の日中の協力関係が進展し相互理解が深まっただけでなく、草の根での日中の相互理解と友情形成が行われた。このことは中国側研究者が日本を訪れて行った調査についても言える。

　6冊の研究成果報告書はいずれも少部数の印刷刊行であり、専門の研究者で

もそれを手にする機会はほとんどなかった。今回、この記念すべき報告書を一括して復刻刊行することを決断された学苑出版社に感謝したい。研究者だけでなく、江南地方の民俗に興味関心を抱く多くの人びとが容易に読むことができるようになった。日本文と中文が混在する報告書の印刷は予想外に困難な作業であったが、それを適切に処理し、立派に刊行して下さった学苑出版社の皆さんにあつくお礼を申し上げる。

2022年4月

福田 アジオ

福田亚细男和张紫晨在第一期调查中

（1990 年 3 月江苏省常熟市）

第一期調査での福田 アジオと張紫晨

（1990 年 3 月江蘇省常熟市）

调查场景

（1998 年 8 月浙江省永嘉县，刘铁梁）

調査風景

（1998 年 8 月浙江省永嘉県、劉鉄梁）

在日本的调查场景

（2000 年 10 月日本滋贺县中主町，陈勤建）

日本での調査風景

（2000 年 10 月日本滋賀県中主町、陳勤建）

调查间隙的谈笑

（2003 年 8 月浙江省象山县，徐萍飞、王恬、当地研究者、刘晔原）

調査の合間の談笑

（2003 年 8 月浙江省象山県、徐萍飛、王恬、地元研究者、劉曄原）

畸山的民居　王利华　绘
畸山の民家　王利華　画

总 目 录

第一辑：中国江南民俗文化——中日农耕文化比较

第二辑：中国浙江民俗文化——环东海农耕文化民俗学研究

第三辑：中国浙南民俗文化——环东海农耕文化民俗学研究

第四辑：中国江南村落民俗志研究——上海近郊村落民俗

第五辑：中国江南沿海村落民俗志——浙江省象山县东门岛和温岭市箬山

第六辑：中国江南山区民俗文化及变迁——浙江省江山市廿八都和龙游县三门源

総　目　録

第1集：中国江南の民俗文化——中日農耕文化の比較

第2集：中国浙江の民俗文化——環東シナ海（東海）農耕文化の民俗学的研究

第3集：中国浙南の民俗文化——環東シナ海（東海）農耕文化の民俗学的研究

第4集：中国江南村落の民俗誌的研究——上海近郊村落の民俗

第5集：中国江南沿海村落民俗誌——浙江省象山県東門島と温嶺市箬山

第6集：中国江南山間地域の民俗文化とその変容——浙江省江山市廿八都と龍游県三門源

中国浙江民俗文化

——环东海农耕文化民俗学研究

中国浙江の民俗文化

―環東シナ海（東海）農耕文化の民俗学的研究―

福田アジオ編

1995年6月

目 录

前　言 ………………………………………………	福田亚细男	1
前　言 ………………………………………………	林　相　泰	5
研究经过与调查地概况 ……………………………	福田亚细男	1

I　社会组织与经济活动

家族・亲族的现状 …………………………………	福田亚细男	19
村落集体仪式性文艺表演活动与村民的社会组织观念 ………	刘　铁　梁	47
村落的人口流动 ……………………………………	朝冈康二	60
"非畜牧性家畜"管理与利用 ………………………	菅　　丰	89

II　过渡礼仪与冥界观

宁波农村独特的育儿巫术习俗 ……………………	陈　德　来	125
水殇习俗的研究 ……………………………………	蒋　水　荣	131
相墓民俗 ……………………………………………	渡边欣雄	145
有关礼仪与俗信的中日比较研究 …………………	小林忠雄	170

III　民间信仰与文艺

农耕信仰与地方神之特征 …………………………	冯　育　楠	201
麻雀送谷送子的传说与信仰祭祀 …………………	陈　勤　建	211
中国的山神与龙王 …………………………………	刘　晔　原	222
有关山魈、五通、无常的传说 ……………………	桥谷英子	233
浙江畲族高皇歌的两三个音韵特点 ………………	矢放昭文	252

目　次

まえがき ………………………………………………… 福田アジオ　1
まえがき ………………………………………………… 林　相泰　5
研究の経過と調査地の概観 …………………………… 福田アジオ　1

I　社会組織と経済活動

家族・親族の現代 ……………………………………… 福田アジオ　19
村落の集団的演芸活動と村民の社会組織観 ………… 劉　鉄梁　47
村をめぐる人々 ………………………………………… 朝岡　康二　60
「非牧畜的家畜」の管理と利用 ……………………… 菅　　豊　89

II　通過儀礼と他界観

寧波農村特有の育児呪術習俗 ………………………… 陳　徳来　125
水死者をめぐる習俗の研究 …………………………… 蒋　水栄　131
墓地風水の民俗 ………………………………………… 渡邊　欣雄　145
儀礼と俗信について …………………………………… 小林　忠雄　170

III　民間信仰と文芸

農耕信仰と地方神の特徴 ……………………………… 馮　育楠　201
スズメの穀物授け・子授け伝説と信仰祭祀 ………… 陳　勤建　211
中国の山神と竜王 ……………………………………… 劉　曄原　222
山魈・五通・無常の伝説およびその他 ……………… 橋谷　英子　233
浙江畬族《高皇歌》音系の二三の特色 ……………… 矢放　昭文　252

まえがき

　1992年の8月に中国浙江省杭州市に集合した日中双方の研究者総勢13人は皆やや興奮してこれから始まる共同調査への希望を語り合った。そして、1カ月にわたる共同調査を開始した。この調査は、調査対象村落を同じにし、宿舎も同じにすることにはじまり、現地調査対象村落でも日中の研究者が関心・問題別にそれぞれ日中混成のチームを作って調査に従事する等、ほとんど完全な共同研究として行った。言葉の壁はあつく、また研究上の作法が異なる日中の研究者がよく協力して、ほとんど支障なく調査を実施し、翌年度の調査への意欲を増大させ、再会を約束して9月杭州で解散した。このようにして始まった第2期の日中共同の江南地方の農耕民俗調査は、1992年度と93年度の両年度にわたり文部省科学研究費補助金（国際学術研究）の補助を受けて現地調査を実施し、94年度にはその調査結果を整理検討して、各自の課題についての報告論文をまとめた。ここにその報告書を刊行できることとなった。

　今回の共同調査研究は私たちの研究計画の第2期にあたる。第1期は1989年度から3年間実施された。その共同調査研究の成果は1992年3月に『中国江南の民俗文化』として刊行した。第1期の研究は、江南地方を広域的に把握することから始めた。すなわち江蘇省と浙江省の二つの省を対象として、多くの村落を選定して、全般的な調査を実施したうえで、浙江省に中心をおいて、麗水市と金華市という内陸部農村を重点的に調査した。したがって、『中国江南の民俗文化』は浙江省内陸部農村の民俗調査報告書という性格をもっていた。この第1期の研究を実施している段階から、すでに第2期を行うべきであるという考えが日中双方の研究者から出されていた。この研究が、たんに浙江省の民俗調査で終わるのではなく、東アジア全体を見すえての研究であり、そのためにも第2期として沿岸部農村の農耕民俗を明らかにする必要があると考えられたからである。第1期の共同研究の成功に裏付けられて、第2期は準備から実施まで支障なく進められた。

　今回の共同調査研究の実施にあたっては、実に多くの方々のご援助があっ

た。先ず第1に挙げねばならないのは、調査対象村落とさせていただいた地域の方々である。特に、私どもの聞き書の相手をしてくださった方々には、貴重な時間を割いて、民俗事象について詳細にお話しくださった。そして、ときには実際にその関連施設等を案内してくださり、あるいは関連資料を探し出してくださったりした。村人のご親切なご協力がなければ、この報告書はまったくできなかったことは明らかである。それぞれの村で対応してくださった方々のにこやかな顔が目の前に浮かび上がる。そして、それらの方々に調査協力の依頼をし、また調査のための各種の設営をしてくださった各調査対象村落の村民委員会の役職者の皆さん、さらに各郷政府、各鎮政府、湖州、桐郷、寧波、余姚、奉化、温州、永嘉、瑞安、蒼南の各市県政府の関係者の皆さんにも大変お世話になった。あつくお礼申し上げたい。また、調査期間中は成果を挙げることばかりに注意が向かい、いろいろと皆さんに失礼を重ね、ご迷惑をおかけしたことをお詫びしたい。

　研究計画の立案から今日まで4年が経過している。この間に実に多くの方々の親切なご配慮をいただいている。特に今回の共同調査研究にあたって、日本側研究者の訪中を可能にしてくれたのは中国文聯であり、その手続きにあたっては中国民間文芸家協会が多大の努力をしてくださった。中国側研究分担者の代表としてその取りまとめと手続きにあたった林相泰先生のご尽力に深く感謝したい。また、実際の調査実施にあたっては浙江省文聯と浙江省民間文芸家協会にほとんどすべておすがりすることとなった。2年間の調査は浙江省文聯の多大の理解と援助によって実施できたものであり、その準備過程でのご苦労は大変なものであったことは十分に承知している。特に陳徳来、柯燕、王恬、程士慶の諸氏には感謝の言葉もないほどご面倒をおかけした。

　また中国側研究分担者が1993年9月に日本を訪問し、研究資料の収集にあたったが、その際に民俗調査を実施させていただいた新潟県西蒲原郡巻町、熊本県人吉市の市役所・教育委員会の皆様にも大変お世話になった。それぞれの調査村落では地区挙げて歓迎してくださり、地域の民俗についてご親切にご教示くださった。有難いことであった。

　今回の共同調査研究は多大の成果を挙げたと信じている。その調査の面については本書に収録した各論文によって検討していただきたいが、そのような論

文に表れない多くの成果があった。日中の双方の研究者が互いに刺激し合い、学び合うことを通して、今後の学術交流の推進に大きく貢献するであろう経験を蓄積したことは誇るべき成果の一つであろう。研究代表者をつとめた者として、研究分担者の皆さんのご協力に感謝し、この研究を支えてくださった多くの方々に改めてあつくお礼申し上げたい。

1995年3月
福田 アジオ

前　言

　　中日两国民俗研究工作者在我国浙江地区的农耕民俗联合考察已经告一段落，即将在日本结集出版其调查报告书。这是中日双方学者两年辛勤工作的成果，值得我们庆贺。

　　回想1992年夏，由日本国立历史民俗博物馆福田亚细男教授和他的同事们发起，中国民间文艺家协会和浙江省文学艺术界联合会积极响应，组建了中日江南农耕民俗文化联合考察团。1992年8月和1993年12月，在浙江农村地区进行了两次民俗调查。同时，考察团的中方成员于1993年9月，到日本新潟县卷町和熊本县人吉市郊区农村进行了民俗考察访问。近年来，由中日两国学者携手合作，共同调查特定地域民俗，参与人数之多和调查时间之长，在两国民俗研究史上是前所未有的，确实为中日民俗比较研究写下了新的一页。

　　这次中日联合考察是富有成效的，也是一次难忘的合作，其特点和经验可以概括为以下三点：一、有一个统一的明确的调查目的。即，在实地考察中了解与掌握我国江南农耕地区民俗的基础上，对中日两国农耕民俗文化进行比较研究。二、选好一个共同调查地点。浙江农村具有江南农耕民俗文化诸般特征，这次选择它作为调查地点是合适的。浙北的湖州和桐乡，地处杭嘉湖平原，水网密布，农业发达，自古盛产稻谷和蚕茧；浙东沿海宁波、奉化地区和浙南温州地区也都是主要农业区。我国是稻的原产地之一，也是发明养蚕的国家。据考古发现，浙江河姆渡遗址上出土的大面积稻谷堆积层，经碳-14测定距今约7000年，是已知世界上最早的人工栽培稻谷。而湖州的丝绸生产距今已有4700多年的历史。这说明，浙江的种稻、养蚕等农耕文化历史久远，其底蕴极为丰厚，它对人们的生活方式、风俗习惯、礼仪和信仰的形成，必然会有深刻的影响。研究地区特点，对民俗研究是至关重要的。三、实地采访（或叫田野作业）是行之有效的调查方法。通过和熟悉情况的农民直接谈话，或者召集各种形式的座谈会，可以较为全面地了解当地的自然环境、生产特点、民俗的历史演变过程和传承现状，从时空上整体把握一个地区的民俗事项。调查与研究二者不应偏废，因为调查也是一个研究的过程。同时，每个考察团成员根据自己事先拟定的调查题目，分门别类地

做更加深入的专项调查。采访记录必须要做到真实、准确、详细，以保证第一手材料的客观性、可靠性和完整性。日本学者在这些方面积累了很丰富的经验，他们治学严谨而扎实，具有锲而不舍的精神，工作认真细致，一丝不苟，这些值得我们学习与借鉴。

我们的联合考察之所以能取得一些成果，首先，和参加这次联合考察的中日双方全体成员的共同努力是分不开的。在整个调查过程中，大家互相信赖，亲密合作，互相学习，共同切磋，增进了相互之间的了解与友谊，也促进了学术交流。其次，我们要感谢日本文部省和日本国立历史民俗博物馆的大力支持，因为他们慷慨地资助了这次考察所需要的全部科学研究经费。在考察期间，我们还得到了浙江省文联，温州、宁波、奉化、桐乡、湖州等地的领导、文化部门与文联的热情接待与周到的安排。中方考察成员在日本访问期间，也得到了有关部门和地方官员的热情协助。尤其令我们难以忘怀的是，那些淳朴、善良的农民朋友，他们和我们促膝长谈，毫无保留地讲述了他们所知道的民俗资料和情况。他们是土地的主人，是农耕民俗文化的传承者和创造者。在我们的考察成果中，也凝聚着他们的经验与智慧。在此，向他们表示我们由衷的谢意。

林相泰
1995年1月21日于北京

研究の経過と調査地の概観

福田　アジオ

1. 研究計画の立案と調査準備

(1) 研究計画の立案

　1992年3月に私たちは江南地方の民俗調査についての第1冊目の報告書を刊行した。『中国江南の民俗文化』と題するこの報告書は、日中の民俗学研究者が合同して現地調査を実施し、その結果の整理検討も共に行うという共同研究としての内容を十分に備えたものであった。350ページ余の大冊の報告書にはその努力の成果が見事に示されていたと自画自賛したい。この第1期の日中共同研究の成果を前提にして、さらに調査研究を深め、かつ広げるために、また日中の民俗学研究者の学術交流をより一層進めるために、第2期の研究計画の立案を第1期の調査中から進めていた。そして、1991年6月に文部省に対して福田アジオを研究代表者として「環東シナ海（東海）農耕文化の民俗学的研究」の科学研究費補助金（国際学術研究）を申請した。

　申請にいたるまでには日本側研究者による研究計画の作成、それについての中国側研究者との連絡調整を行ったが、第1期研究の経験および信頼関係から支障なく計画は立案された。なお、第1期の研究組織のメンバーは、1991年の調査終了後、二つの動向を形成していた。一つは研究対象地域を移動させて中国雲南省から西北中国にかけての調査研究を進めるグループで、他の一つが第1期の対象地域であった江南地方を中心に研究を行うグループである。後者がすなわち私たちである。したがって、研究計画は第1期の研究組織よりも規模は小さくなった。また、中国側の研究組織については、第1期からの継続参加者を含みつつ、新しいメンバーにも多く参加を求めた。また、第1期の中国側

研究代表者であった張紫農が1992年3月に急逝されたので、急遽研究組織について見直しを行い、中国側代表者を中国民間文芸家協会の林相泰がつとめることとなった。そして、その中心的な窓口を中国民間文芸家協会および浙江省文聯が引き受けることとなった。

文部省へ科学研究費を申請した際に表明した研究目的は以下の通りである。

東シナ海（東海）を取り囲む中国の江南地方、台湾、日本の沖縄、九州、そして朝鮮半島の各地域の農耕文化を別のものと考えずに、海上の道を共通にする一つの文化地域として把握し、東アジアの農耕文化の総合的な理解をめざす研究である。従来は国家の領域によって基層文化までも区分して、それぞれを別の文化として簡単に理解する傾向にあったが、それを破棄して、新たな認識を獲得するための試験的な調査研究の長期計画の一環として、本研究は中国江南地方の東シナ海沿岸地域での調査を実施し、日本の沖縄、九州の農耕文化との関連を民俗学的に解明する。あわせて、調査研究を日中合同で行うことで、近年急速に勃興しつつある中国民俗学に対して日本民俗学の築いてきた理論、方法、調査技法等を参考に提供し、今後の学術交流に資することも目的としている。

この研究目的は大きなものである。簡単に究明できるものではないことは明らかであったが、そのような大きな構想の一環としての江南地方農耕文化の調査であることを強調することで、その独自の立場を表明した。そして、その研究内容については以下のように記した。

本研究は、中国江南地方の中心的な水田稲作地帯である浙江省のなかでも、東シナ海（東海）に近い沿岸平野部の農村において、日本民俗学が蓄積してきた精緻な民俗調査の方法によって調査を実施し、当該地方の農耕に関する民俗を総合的に把握しようとするものである。そのため、初年度には浙江省内の3市県内に数カ所の調査地区を設定して、民俗全般についての調査を行い、その分析を通して江南地方の特色を把握するとともに、日本の九州、沖縄の民俗とあわせて分析考察すべき問題についてより精密な調査をそれぞれから選択した調査村落について第2年度に実施する。この両年度の調査は日中合同調査で行い、調査の過程および調査の前後には討議を行い、新たな問題の発見に努める。そして、研究分担者による研究会を開催して、調

査結果の検討を行い、さらに2年目には中国側研究者を日本へ招聘して合同研究会を開催する。その成果に基づいて3年度目には簡単な補充調査を実施して、3年間のまとめとして研究成果論文を日中双方の研究分担者全員が執筆し、年度末までに研究成果報告書として刊行し、関係機関および関連研究者に配布する。

ここに表明した研究を具体化すべく立案以降各種文献の確認を行い、各研究分担者は自己の研究課題についての現段階での問題点の把握に努めた。また、研究代表者の福田は1991年7月に北京を訪問して、今回の中国側研究者の代表である中国民間文芸家協会の林相泰、および劉曄原、劉鉄梁などと会い、研究計画について具体的な問題について協議をした。

1992年度の年度初めに研究計画が採択になった旨の通知があり、いよいよ研究の具体的な準備を進めることとなった。ただ、申請した研究計画では3年計画であったが、認められたのは2年間の研究であったため、急遽計画全体を2年計画に組み替え、短期間に充実した調査研究を行うべく工夫をした。

(2) 研究組織

申請時に記載した研究分担者のうち若干の者は勤務先の都合などで研究に参加することを取り止めた。研究分担者として実際の研究に加わったのは日本側が7名、中国側が7名であった。

日本側の参加者は以下の通りである。

研究代表者	福田アジオ	国立歴史民俗博物館民俗研究部
研究分担者	朝岡　康二	国立歴史民俗博物館民俗研究部
	小林　忠雄	国立歴史民俗博物館民俗研究部
	渡辺　欣雄	東京都立大学人文学部
	矢放　昭文	京都産業大学外国語学部
	橘谷（馬場）英子	新潟大学教養部
	菅　　豊	国立歴史民俗博物館民俗研究部

中国側の研究分担者は以下の通りである。

研究分担者	林　相　泰	中国民間文芸家協会副秘書長
	馮　育　楠	天津民間文芸家協会主席
	陳　徳　来	浙江省民間文芸家協会副主席

劉　鉄　梁	北京師範大学中文系副教授
陳　勤　建	華東師範大学中文系副教授
劉　曄　原	中国民間文芸研究所主任
蒋　水　栄	浙江省民間文芸家協会編輯

　このように研究組織としては大所帯なものになった。日本側では国立歴史民俗博物館所属の分担者に加えて，東京、京都、新潟に散らばっており、その連絡に苦労することも多かったが、各分担者は努力して時には佐倉に参集し、また東京に集い、研究連絡と研究討議を行った。中国側の研究分担者も北京、天津、上海、杭州と互いに離れて住んでおり、日本側以上に連絡をとりあうことは困難であった。意見の集約や調整には中国側代表者であった林相泰の多大の努力があった。

　今回の調査研究は対象地域を浙江省に限定した。深い調査研究をするためには限定された地域において多くの時間を費やしての調査が不可欠であると考えたからである。したがって、調査地域については地元政府はじめ関係機関への依頼と調整、さらには対象候補村落との折衝にあたったのはすべて地元の研究分担者陳徳来、蒋水栄および浙江省文聯，中国民間文芸家協会浙江分会であった。主としてその任に当たったのは次の3人の研究協力者である。

研究協力者　柯　　燕	浙江省文聯組聯部
王　　恬	中国民間文芸家協会浙江分会
程　士　慶	浙江省文聯組聯部

　3人の尽力は非常に大きなものであった。必ずしも民俗調査になれていない地元政府はじめ関係機関さらには調査村落の村民委員会に対して趣旨説明をすることから始まり、調査実施に必要なあらゆる準備を滞りなく行って、支障なく調査が行えるようにしてもらった。また、その設営にあたっては、各市および県の政府外事弁公室、文聯、民間文芸家協会の深い理解と多大の協力があったことは言うまでもない。

　調査に際しては多くの人に日本語通訳を担当してもらった。特に、ほぼ全日程に随行して通訳にあたったのは次の人々である。

| 通訳　　　　朱　富　雲 | 浙江省農業科学院（92年・93年） |
| 　　　　　　曹　　欣 | 浙江省農業科学院（92年） |

　　　　　陳　　玲　　　　浙江省地震局（92 年・93 年）
また以下の人々にそれぞれの調査地区において通訳として援助してもらった。
　　　　　谿鳳仙（92 年・93 年）
　　　　　莫小也、澹国英、王偉（92 年）
　　　　　陳暁尓、黄崔、劉建標、陳錦聖（93 年）
　今回の調査もまた実に多くの人々の厚意と配慮によって実施できたのであり、特に調査対象地域とした各村落の村民の方々には親切な対応をしてもらい、問題なく調査を実施することができた。聞き書きの相手をして、詳細に地域の生活文化について教えてくださった人々とその家族の方々に改めて深く感謝したい。

2. 調査経過

(1) 1992 年度浙江省調査

　1992 年度の調査研究は1992 年 8 月 17 日から9 月 12 日まで行われた。研究計画の初年度であるから、問題発見の調査という性格をもち、できるだけ広域的に調査を試み、翌年度の集中調査の実施対象村落を決めることが一つの大きな目的であった。対象地域は蒼南県、瑞安市、温州市、寧波市、奉化市、余姚市、桐郷県、湖州市の8 地域であり、さらにその内部で幾つかの村落が調査対象として設定された。日本側参加者は福田アジオ、朝岡康二、小林忠雄、渡辺欣雄、橋谷英子、菅豊の6 名、中国側参加者は林相泰、馮育楠、陳徳来、劉鉄梁、陳勤建、劉曄原、蒋水栄の7 名で、調査日程は以下の通りであった。

　8 月 17 日　日本側一行は東京を出発して空路上海に到着。調査準備について確認と打合せを行う。

　8 月 19 日　日本側一行は上海から列車で杭州に到着。また中国側研究者も杭州に到着し、合同の検討会がもたれ、今回の調査計画について詳細な打合せが行われた。

　8 月 20 日　一行は杭州から2 台のマイクロバスに分乗して出発し、夕方に麗水市に到着する。麗水市は第 1 期研究の中心的な活動地域であったので、市政府関係者、文聯関係者の歓迎をうけ、旧交を温める。

　8 月 21 日　麗水市を出発し、途中青田県、温州市を経て、夜遅く瑞安市に到

着する。麗水市から温州市までの公路は道路工事のためひどい交通渋滞であった。

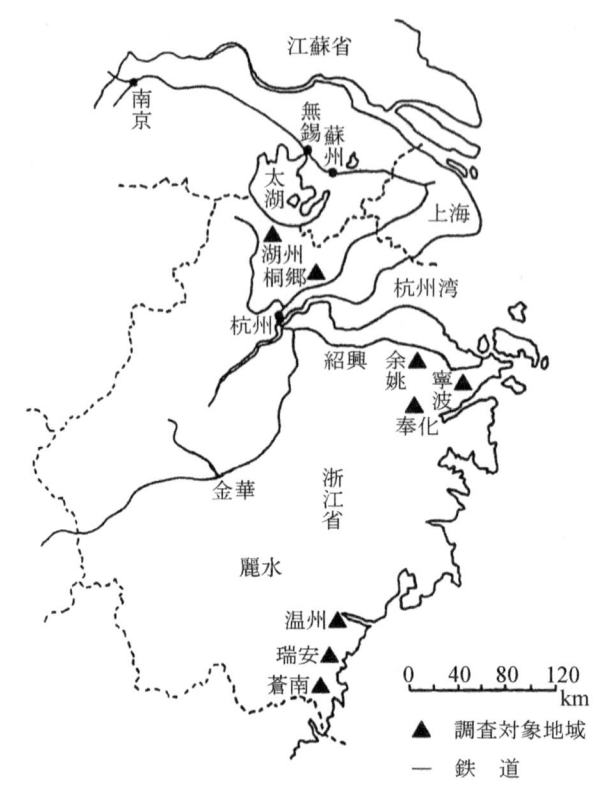

図1 調査地の位置

8月22日 瑞安市梅頭鎮東渓村を調査。瑞安市に宿泊。

8月23日 蒼南県へ移動し、蒼南県橋墩鎮碗窰村を調査。蒼南県に宿泊。

8月24日 蒼南県莒渓鎮田貢村を調査。田貢村は畬族の村落である。蒼南県に宿泊。

8月25日 蒼南県から温州市へ移動。温州市に宿泊。

8月26日 温州市甌海区沢雅鎮呉坑村を調査。温州市に宿泊。

8月27日 永嘉県廊下村、花担村を調査。温州市に宿泊。

8月28日 温州市から奉化市渓口鎮に移動。途中は相変わらずの交通渋滞のため、渓口鎮の宿舎に到着したのは深夜であった。

8月29日 奉化市渓口鎮畸上村を調査。奉化市渓口鎮に宿泊。

8月30日 奉化市渓口鎮から寧波市に移動。激しい台風の中、余姚市河姆

渡鎮の有名な河姆渡遺跡を見学。寧波市に宿泊。

8月31日　余姚市河姆村を調査。寧波市に宿泊。

9月1日　調査結果の中間整理を行う。寧波市に宿泊。

9月2日　寧波市北侖区渓東村鳥石嶴を調査。寧波市に宿泊。

9月3日　寧波市邱隘鎮邱二村を調査。寧波市から杭州市へ移動。杭州市に宿泊。

9月4日　杭州市を出発し、桐郷県へ移動。桐郷県に宿泊。

9月5・6日　桐郷県石門鎮利星村調査。桐郷県に宿泊。

9月7日　桐郷県から湖州市へ移動。湖州市に宿泊。

9月8日　湖州市東林郷東明村調査。湖州市に宿泊。

9月9・10日　湖州市白雀郷小梅村調査。湖州市宿泊。

9月11日　湖州市から杭州市へ移動。調査結果検討会を開催し、調査実施上の問題点および調査成果について各自が報告し、検討し、翌年度の本調査についての希望を表明した。杭州市宿泊。

9月12日　調査団解散。中国側参加者はそれぞれ任地へ戻る。日本側参加者は参考図書資料購入。杭州市宿泊。

9月13日　日本側参加者は杭州市から上海へ移動。

9月14日　上海出発、日本帰国。

(2) 1993年度日本調査

中国側研究分担者の馮育楠、陳徳来、劉鉄梁、陳勤建、劉曄原、蒋水栄の6名は日本側研究分担者と第1回現地調査の成果をもちよって、内容を検討するためと、日本において関連資料の調査を実施するために1993年9月に下記の日程で来日した。

9月1日　北京および上海から空路成田に到着。国立歴史民俗博物館宿泊棟に宿泊。

9月2日　国立歴史民俗博物館において研究検討会開催。終了後、館内において資料調査。また国立歴史民俗博物館長を表敬訪問し、懇談。国立歴史民俗博物館宿泊棟に宿泊。

9月3日　新潟市へ移動。新潟市に宿泊。

9月4日～6日　新潟県西蒲原郡巻町福井の民俗調査。新潟市に宿泊。

9月7日　新潟市から大阪・宮崎経由で熊本県人吉市へ移動。人吉市に宿泊。

9月8日～12日　人吉市内の民俗調査。人吉市に宿泊。

9月13日　人吉市から鹿児島を経て東京に移動。東京に宿泊。

9月14日　資料整理、および都内巡見。東京に宿泊。

9月15日　成田空港より帰国。

なお、この日本訪問に参加できなかった林相泰は1994年2月28日から3月7日にかけて単独来日し、国立歴史民俗博物館、新潟大学において資料調査を行うと共に、新潟県巻町福井において民俗調査を実施した。また、滞在中に、報告書作成方式についても協議検討した。

(3) 1993年度浙江省調査

1993年度の調査は12月11日から翌年1月5日までの日程で行われた。前年度の調査対象地域のなかから湖州市東林郷、奉化市渓口鎮畸山、寧波市北侖区の三つの地区を選定して、集中調査をすることにした。日本側参加者は福田アジオ、朝岡康二、小林忠雄、矢放昭文、渡辺欣雄、橘谷英子、菅豊の7名、中国側は前年度同様、林相泰、馮育楠、陳徳来、劉鉄梁、陳勤建、劉曄原、蔣水栄の7名であった。日程は以下の通りであった。

12月11日　東京および大阪を出発して空路上海に到着。

12月12日　中国側研究分担者陳勤建と日本側メンバーは調査について協議。

12月13日　日本側研究分担者は上海から杭州へ移動。中国側分担者も杭州に集合。今回の調査について打合せ。

12月14日　杭州から湖州市へ移動。

12月15日～18日　湖州市東林郷東明村調査。湖州市に宿泊。

12月18日　湖州市から杭州へ移動。杭州に宿泊。

12月19日　杭州から紹興市に移動。紹興に宿泊。

12月20日　紹興市から奉化市渓口鎮へ移動。渓口に宿泊。

12月21日～25日　奉化市渓口鎮畸山（畸上村，畸南村、畸東村）調査。渓口に宿泊。

12月26日　奉化市から寧波市へ移動。寧波に宿泊。

12月27日～31日　寧波市北侖区渓東村調査。寧波に宿泊。

1月1日　寧波市鎮海区訪問視察。夜、調査成果検討会開催。寧波に宿泊。
1月2日　寧波から杭州へ移動。杭州に宿泊。
1月3日　杭州において研究資料、参考図書資料等購入。杭州に宿泊。
1月4日　中国側研究分担者それぞれ任地へ戻る。日本側杭州から上海へ移動。上海宿泊。
1月5日　上海発日本帰国。

なお、1994年8月16日から26日まで日本側研究分担者の朝岡康二と橋谷英子は、私費による補充調査を寧波市北侖区渓東村において実施した。

3. 調査地の概観

(1) 湖州市

　湖州市は浙江省北部、太湖の南側に広がる嘉湖平原の中心都市である。杭州からは93キロメートル、上海から160キロメートル離れている。湖州市全体の人口は247万人、市街地人口だけでも103万人に及び、浙江省北部第1の都市である。生糸・絹織物工業が古くから盛んであり、また伝統工業としては筆を中心とした文房具が有名である。その湖州市では白雀郷小梅村と東林郷東明村の二つの村落が調査対象地域となったが、前者は初年度のみ訪問し、両年度にわたって調査を実施したのは東林郷東明村であった。

　小梅村　白雀郷に属するいわゆる行政村である。白雀郷には20の行政村がある。郷全体としては養蚕と水田稲作が中心の農村であるが、小梅村は太湖に面した村で、太湖に依存した生業を営む。漁業・運輸を生業とする。もともとは陸上に住居を持たない水上生活の人々であったが、1986年に現在の場所に土地を求めて、集落を作り、小梅村となった。現在でも多くの人々は、集落に住宅があっても、船を日常的な暮しの場所にしている。1992年現在の戸数250戸、人口996人である。ここの人々は解放前は小梅幇という組織であったが、解放後には小梅水産大隊となり、後に湖畔漁業村となった。太湖での漁業従事は1年のうち4カ月であり、残りの期間は専ら湖上および運河での運輸に従事している。

　東明村　東林郷に属する行政村である。東林郷は湖州市の南部にあり、市街地から25キロメートル離れている。東林郷には15の行政村が属するが、東明村はその一つである。平野が広がり、水田稲作を基本とする地域であり、あわせて養蚕

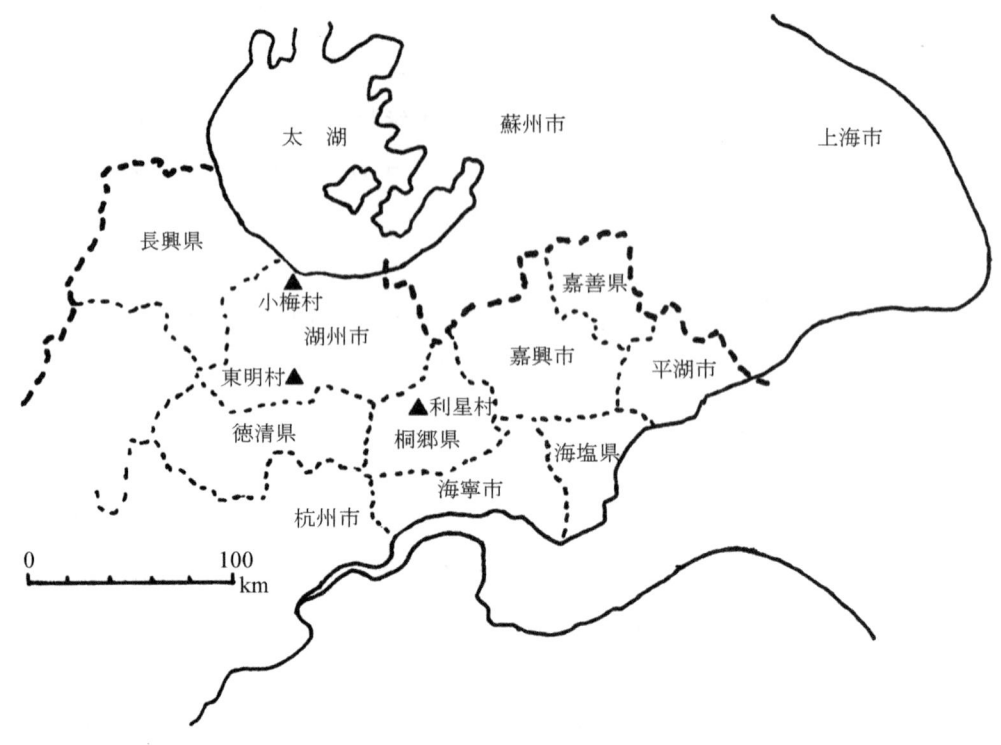

図2　湖州市・桐郷県の調査村落

も古くから行われ、また養魚を中心にした漁業も近年では盛んである。

　東明村の範域は広く、内部に多くの集落が含まれている。行政的にはそれぞれを自然村と呼んでいるが、東明村に属する自然村は龍山井、張家浜、東林老街、横達、沙灘、和尚湾、九百畝、東溪橋の八つである。このうち東林老街は運河に沿って道路が走り、その道路の両側にはかつては商店が並んでいた小さな町場であった。1993年現在の戸数は71戸で、東明村最大の集落である。残りの集落は、和尚湾と九百畝の二つが41戸で、残りはいずれも20戸以下の集落である。比較的小さい集落が水田の広がるなかに点在している。龍山井を除くと、どの集落もいくつもの姓の家で構成されている。ただ龍山井のみがいわゆる単姓村落で、19戸全部が沈姓である。今回重点調査として両年度にわたって調査対象としたのは東明村のほぼ全集落である。

(2) 桐郷県

　桐郷県は湖州市の東南部に接するが、交通路から言えば杭州と上海を結ぶ幹線道路が県の中央を貫いており、交通上の要地となっている。近年急速に開発

発展が見られる地域であり、市街地の変貌も大きい。桐郷県で調査対象村落としたのは石門鎮利星村であった。

利星村 利星村は県城（県政府所在地）の西10キロメートルの地点にあり、水田地帯のなかに集落が点在する。村の北東部を京杭大運河が通っている。1992年現在の利星村の戸数は386戸、人口は1684人であった。村の範域は広く、内部に15のいわゆる自然村を含んでいる。そのうち、今回調査対象としたのは羅家角、陳家村、小庄橋等の集落であった。いずれも水田稲作を中心にし、また養蚕が盛んである。

(3) 奉化市

奉化市は寧波市の西南に位置し、南側は東シナ海に面しており、沿岸経済開放区に指定されている。そのなかで、市域の西北部にある奉化市渓口鎮は蒋介石の出身地として有名な所である。今回重点調査対象村落として2年間訪れた畸山は渓口鎮の東郊3キロメートルにあり、1992年以降行政的にも渓口鎮に属している。それ以前の10年間は畸山郷という単位があり、畸山も他のいくつもの行政村と共に属していた。

畸山 西側に畸山という独立丘の小さい山があり、その山の麓に発達した大きな集落である。したがって、畸山下とも言う。南側には剡渓が流れ、その川のさらに南側には湖山という山があって、対をなしている。畸山あるいは畸山下は現在の正式な行政区分名ではない。公的には畸山という単位は存在しない。行政上は、1983年以降、畸上村、畸東村、畸南村の三つに区分把握されている。ここでは行政からは畸山全体が一つの自然村として認識されている。多くの場合、一つの行政村の中にいくつかの自然村があるとするのに対して、畸山では逆で、三つの行政村を合わせると一つの自然村になるという。たしかに、行政村の境界は道路などによる人為的なものであり、景観としては巨大な一つの集落として把握できる。1993年現在の畸山全体の戸数は1143戸、人口は3337人であった。畸山全体でもっとも多い姓は夏姓であり、それに次ぐのが皇甫姓と呉姓である。畸山は「陶器之郷」とも表現されるように、多くの窯があり、主として甕を生産している。その質のいいことは近郊に広く知られている。また筏による運送を業としていた人々も多くいた。

中日联合江南地区民俗调查报告辑

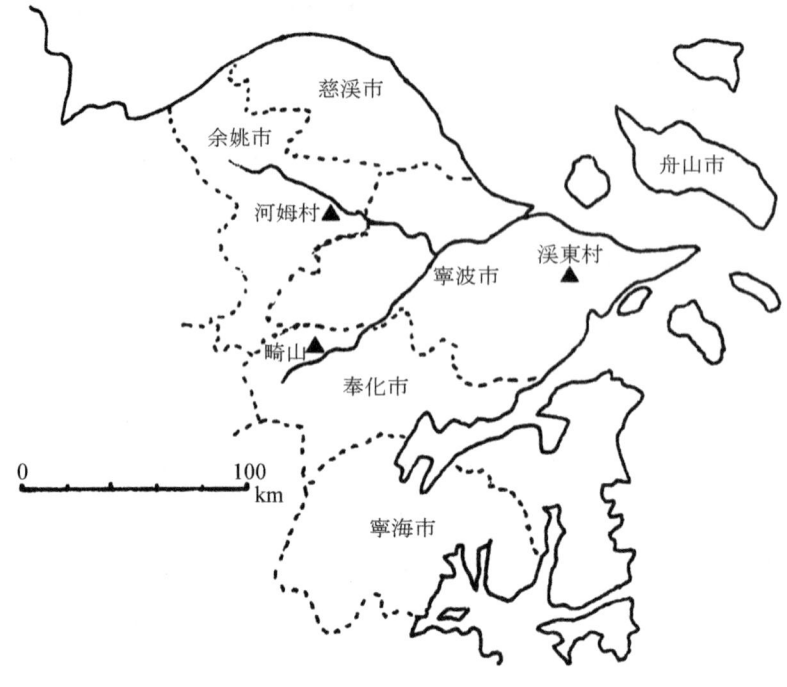

図3　寧波地区の調査村落

(4) 余姚市

　寧波市と紹興市の間に所在する田園都市である。市域を寧波から杭州への幹線道路が走っており、最近は工業都市へと姿を変貌させつつある。ここには初期稲作文化を教えてくれる有名な河姆渡遺跡がある。今回の調査対象となった河姆の村落はその遺跡と川をはさんだ対岸にある、河姆渡鎮河姆村である。

　河姆村　東西に姚江が流れ、その北岸には河姆渡遺跡があり、現在は立派な博物館ができている。その南岸に集落はある。両岸を結ぶ橋はなく、渡船がつないでいる。現在は農村であるが、解放前は渡船場への道の両側には商店が立ち並び、近郊から多くの人々が集まる場所であった。現在も商店としての構造を示す家々が並んでいる。集落の中央部に涼亭があり、それを境に上市頭、下市頭に分かれている。宣西帝廟あるいは西帝廟と呼ばれる大きな廟があり、解放前10月24日に行われていた廟会には多くの人々が集まって大いに賑わったという。1992年現在の戸数230戸、人口740人である。

(5) 寧波市

　寧波市は浙江省東南部の中心都市であり、日本との歴史的関係も深いことは

広く知られている。その寧波市の東部の東シナ海に面した地域が北侖区である。近年は大型船が入る北侖港を中心に急速に発達している。その北侖区のなかのほぼ東端にあるのが大碶鎮であり、今回2年間にわたる重点調査対象村落とした渓東村はそのまた東端にある。

渓東村 寧波市街地の東方24キロメートルの所にある。低い山が南側から東西に広がり、三方を囲まれる形で集落がある。ここが渓東村の中心部分で、嘉渓と呼ばれる。また、嘉渓と現在ではほぼ連続してしまっているが東側に少し離れて陳家村がある。それに対して、南の山間へ1キロメートル程入った所に集落があり、そこを烏石礜と呼ぶ。したがって、渓東村は三つの集落、地元の行政機関の言う三つの自然村から構成されている。1992年当時の渓東村の戸数は448戸であった。そのうち陳家橋は30戸、烏石礜は48戸であった。生業は稲作を中心としているが、近年は看板製作に遠方へ出稼ぎのかたちで従事している人々が多い。なお、この渓東村の西約1キロメートルの所に有名な阿育王寺がある。そして、烏石礜の奥には阿育王寺の旧地とされる所がある。

(6) 温州市

温州方式という言葉で広く知られるように、経済発展の著しい市である。市街地での人々の動きも活発であり、その生活の様相にも他の地域とは異なる面が多々ある。温州市の農村部の永嘉県花担郷花担村、廊下村、甌海区沢雅鎮呉坑村をそれぞれ短時間調査した。

花担村 花担村は集落の周囲を石垣で囲み、道路が外部へ通じるところには門があり、かつては木の扉があった。この石垣は一つには防衛上の施設であるが、同時に洪水の際に集落内へ水が浸入するのを防ぐことも大きな目的で作られたものであるという。また集落内の道路には鵝卵石が敷かれており、ここから花担の地名は由来しているという。花担村は大きく、戸数685戸、人口2758人である（1992年現在）。産業は水田稲作農業である。

廊下村 花担村よりさらに上流にあり、先祖が明の洪武6年（1373）に来住して開いた村落と伝えられている。古い民家が多く見られる。

呉坑村 呉坑村は山の中腹にあり、海抜300メートルの所である。自動車等は入れず、急傾斜の坂道を登って訪れる村である。戸数は120戸余り、人口は700人程である。構成する姓は呉と林が多い。80戸ほどの家が紙すきをして

いる。ここで作る紙は若い水竹を原料として作るもので、「南屛」といい、トイレットペーパー、紙銭に用いられる粗雑な紙である。紙すきは副業で、生業としては稲作である。

図4　温州地区の調査村落

(7)瑞安市

東溪村　温州市の西隣の都市である。温州市と連続しており、温州同様に急速に発達している。その変化のまっただなかにある梅頭鎮東溪村を調査地とした。ここは古い集落部分を残しながら、全体が2階建て、3階建て、ときには4階建ての新しいコンクリートの建物を林立させている。農村とは思えない景観を形成しつつある。戸数は440戸、人口1500人余りで、大きな集落である。その8割以上が姜姓であり、先祖は福建省から来住したと伝えている。

(8)蒼南県

蒼南県は浙江省の最南端にあり、南隣は福建省である。蒼南県は1981年に

平陽県から分離して設置された新しい県である。県域は山地が多く、そこに入り込んだ多くの谷が水田として開かれ、3期作の稲作が主要な生産である。交通は福建省から温州、寧波、杭州を経て上海にいたる幹線道路が通過しており、交通量の多い地域である。今回の調査で対象地域としたのは、その中心部から北の山間部へ入った橋墩鎮碗窯村と莒渓鎮田貢村であった。

碗窯村 山間部の傾斜地に立地する。碗窯村はいわゆる行政村で、1992年現在戸数236戸、人口1254人で、内部には7自然村が含まれている。その一つに碗窯がある。ここは村名が示すように、陶器生産を生業の中心にしている。

田貢村 蒼南県の西北山間部に位置する。莒渓鎮には31の行政村があるが、そのうちの3ヵ村が畬族の村であり、また16が畬族と漢族の「雑居村」である。田貢村はその畬族村三つのうちの一つである。田貢村は1992年現在の戸数62戸、人口320人で、姓は蘭姓である。17世紀に広東省の鳳凰山から福建省を経てここに来住したと伝えられる。水田稲作を行うが、耕地面積は126畝で少ない。近年はアンゴラウサギを飼って、毛を取ることが収入の大きな部分を占めているという。

Ⅰ　社会组织与经济活动

I　社会組織と経済活動

家族・親族の現代
― 奉化市渓口鎮畸山 ―

福田　アジオ

1. 問題の所在

　現代の中国漢族の村落社会についての第1次的資料は未だ十分に蓄積されていない。村落社会を構成するさまざまな社会組織についての具体的な様相は明らかでないし、村落自体についても必ずしも明確にはなっていない。従来から指摘されているように、浙江省を含んだ東南中国では、宗族が著しく発達し、村落は一つの宗族によって占められ、宗族の組織と活動が村落そのもののような印象を与えるとされてきた。しかし、その基礎にある資料は、ほとんどが古い調査資料であり、新しい中国になってからのものは少ない。旧社会から「解放」されてからでもすでに50年を経過しようとしている。この半世紀近い歴史のなかで、中国漢族の民俗社会はどのような変化をとげ、その変化の中で何がそれ以前からの社会組織や社会秩序を改変させ、何が「伝統」として存続しているのかを、直接現地の人々の生活に触れることによって明らかにする必要がある。いつまでも旧中国の、しかも日本の侵略と密接に結びついた調査資料に基づいて論じていることは許されない。したがって、今回の調査の第1の課題は、現代の中国における民俗的な村落組織、なかんずく家族・親族組織について個別具体的に明らかにすることであった[①]。

　[①]　近年、中国の研究者によっても詳細な村落調査が行われるようになり、家族・親族の現代的様相が明らかにされつつある。その代表的なものとしては、中国全国15ヶ所について調査を実施し、分析した王濾寧『当代中国村落家族文化』（1991年）がある。なお、浙江省については慈渓市坎東郷三竃街南村、象山県暁塘郷暁一村の2村落が調査対象となっている。

今回の調査はそれにとどまらない課題を時代が与えてくれた。それは「改革開放」というこの10年に急速に進んだ中国社会の変化である。解放によって達成された新中国の村落社会を調査するのではなく、「改革開放」という新しい、しかも激しい動きの中での村落社会の動向を把握することが現代科学としての民俗学には当然ながら課せられる。「改革開放」が村落社会に対してどのような変化をもたらしたのかは様々な立場から論じられるであろうし、調査もされるであろうが、民俗調査としては民俗的な社会組織が「改革開放」のなかでいかなる変化を示しつつあるのかを明らかにすることであろう。いつの時代でも人々はその時代の新しい社会組織や社会制度によってのみ生きているのではない。日常的には家族・親族の紐帯のなかで暮らしている。それら家族・親族は時代の規定をうけつつも、時代を超えた様相を保持し、人々を包み込んできた。解放後の社会においても家族・親族は変貌しつつも存続した。人民公社のなかにおいてもそれらは解消しなかったし、「文化大革命」下でも消滅しなかった。もちろん、時代の状況や要請は、家族・親族をいつも同じ姿、同じ機能で存続させることはない。特に親族組織の中心にあった宗族については、解放後には急速にその機能を弱め、物質的基礎を改革によってなくすことによってほぼ消滅したかのような状態になった。宗族組織は旧い体制の象徴として解体させられたと言ってよい。しかし、その宗族に集約される親族組織の原則は完全に死滅しなかったことは明らかである。今回の調査では、「改革開放」下で家族・親族、ことに親族組織がいかなる様相を呈しつつあるかを明らかにしようと努めた。

　今回の調査は、前回の浙江省内陸部の蘭渓市、麗水市での村落組織調査に続くものである。前回は集落形態と村落組織との関連に注目しつつ、その特質を究明しようとしたのであるが、そこでは比較的よく宗族組織の姿を確認することができたと共に、その現代的な様相についても記述報告することができた[①]。特に、蘭渓市では教科書的な記述に合致するような父系制の観念の強い家族・親族組織を確認することができた。それに対して、湖州市、奉化市、寧波市という沿岸地域あるいは低地平野部の農村における家族・親族はいかなる様相を示すのか。また「改革開放」の動向の真っ只中にある沿岸部・平野部農村の

---

① 福田アジオ「江南農村の社会組織と生活空間」、小熊誠「姚村における宗族組織と祖先祭祀」（いずれも福田アジオ編『中国江南の民俗文化』所収、1992年）。

家族・親族はどのような動きを示しているのかを課題として調査に赴いた。

　２年間の調査対象地域としたのは湖州市東林郷東明村、奉化市渓口鎮畸山、そして寧波市北侖区渓東村であるが、ここでは奉化市渓口鎮畸山の村落の概況と家族・親族の現在の様相について記述し報告したい。

2. 畸山の集落と村落

(1) 集落と村落

巨大な集落　畸山は低平な土地に広がる大きな集落である。渓口鎮の市街地の東 3.5 キロメートル程の所に立地している。集落の北側 0.5 キロメートルの所を渓口鎮から寧波市へ向かう幹線道路の「江抜公路」が東西に走っている。そこから南に入る形で畸山への道路がつけられている。畸山に入る中心的な道路は「夏宇路」と呼ばれ、公路から直線状に集落の北端まで来るが、そこからは旧来の細い道路が細かく集落内を走る形となっている。家々は密集しており、その家々の間を細い道路がいく筋も通っている。

　畸山は畸山下ともいう。集落の西側に一つの独立した山があり、これが畸山である。地名の畸山はこの山から付けられたものと言えよう。畸山下というのはそれをよく示している。村落としての起源伝承もこの畸山が関係している[①]。集落の西側は畸山にさえぎられ、南側は大きな川が流れていて、その近くまで家々が迫っている。この川は剡渓（あるいは剡江[②]）と言い、西の山中から流れ出て、渓口鎮を経て、畸山の南側を流れ、寧波市で甬江に合流し、鎮海で東シナ海に注いでいる。かつてはこの川を利用して水運が盛んに行われ、畸山の人々も筏を用いて物資を下流へ運び出していた。集落の東側には水田が広がっている。畸山の領域は剡江の南側にも広がっている。そこにまた一つの山があり、湖山という。

---

　　①　周の姜太公が麻の紐で二つの山を担いで来た。その山が畸山と湖山。この山がなぜここにあるのかについて以下のような話が伝えられている。
　○どうして山を担げるのかと大声できいたので、姜太公が驚いた。そのときに麻が切れて、山が落ちたという。
　○川の水で村が流されてしまうので、それを防ぐためにここに山を置いたという。
　　②　上流部においては剡渓と呼び、下流では剡江と呼ぶ。その渓から江へと変わるのは畸山より下流にあたる粛王廟鎮からであるという（寧波詞典編委会編『寧波詞典』1992年、8ページ）。

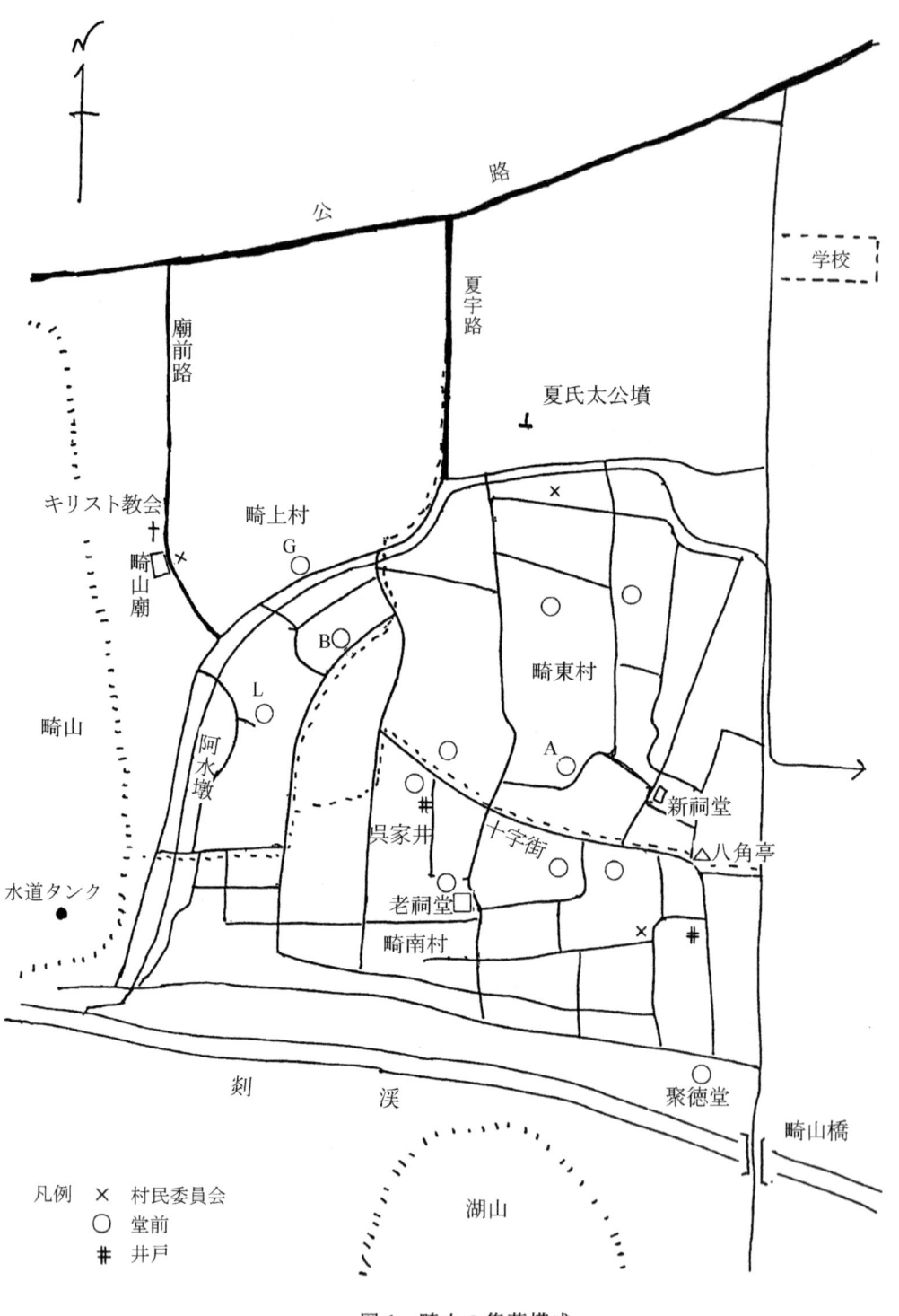

図1 畸山の集落構成

中国浙江民俗文化

写真1 嵊山全景（嵊山南端の水道タンク脇から撮影。右端の山が湖山、その横を流れる川は潚渓）

集落の境　大きな集村の姿を示す集落の内部に入ると、その集落も二つの部分に分けられることが判明する。一つは集落の周辺部の新しい住宅部分である。そこには新しい様式の住宅が立ち並んでいる。特に集合住宅が多く建てられている。それに対して、その内部には古くからの様式を示す住宅が密集している。その新旧の境界は西側と北側では一本の小川である。小川より東側・南側が古い集落で、外側が新しい地区ということになる。公路から畸山に入ってくる道もこの小川までが広い大きな道になっている。

　小川は阿水墩と呼ばれる。これは人工的に設けられた用水路と判断されるもので、湧水等の自然の水源はない。剡江の手前までで流れは消えてしまう。剡江より阿水墩の方が高く、そこから自然に流入してくることはない。現在は剡江をせき止めた欄江堰から取水して流し込んでいる。この堰は1954年に設けられたもので、それ以前は牛車で水を汲み上げて阿水墩に入れていたという。したがって、牛車を止めてしまうと水がなくなる川であった。現在、阿水墩は畸山の3か村を含めた7村の水田2000畝の灌漑用水となっており、その7村で畸山水利会を組織して阿水墩の維持・管理を行っている。これは堰ができてからのことで、解放前は畸山のうちの畸上・畸東の生活用水で、灌漑用水ではなかった[①]。この阿水墩が集落の西側の畸山の麓から始まり、北側を巡って東に向かって走り、さらに集落の東側では北上してから、東方の水田地帯へ流れていく。

　南側で古い住宅と新しい住宅の部分を分ける境界は明確ではないが、古い住宅群の南側を走る道路が境界となっており、そこから剡江の堤防にいたる部分が新しい集合住宅地である。

　東側では、「八角亭」と呼ばれる「涼亭」（涼み堂）の建物がある地点が境界となり、そこから南北に走る道路より東側が新しい部分となる。畸山の集落は西に畸山、南に剡江と湖山があるのに対して、東側にはなにもないので、風水をよくするために八角亭を設けたという。したがって、集落の東の入口を象徴するものと言えよう。

---

　① 飲用水は共同井戸から得ていた。畸山全体で6ヶ所の井戸があった。井戸はその近隣の人々によって利用され、その利用者が管理をしていた。現在でも使用されているのは大面井と呼ばれる1ヶ所である。1954年に堰が設けられてからは、阿水墩の水を利用するようになり、1984年に水道が敷設された。

古い集落部分は家々が密集している。道路は自転車が走れる程度の道幅で、基本的には歩くためのものであり、自動車は集落内には入れない。そして、道路に面して家の壁が続き、歩いていても展望は開けない状態である。しかし、道路はすべて同じ幅ではなく、自ずと重要な道は少し道幅が広い。その最も重要な道は、南側の剡江から老祠堂の前を通って北側に抜ける道である。この道の北側で小川を越えた先に、後に述べる夏家太公墳がある。もう1本の重要な道は八角亭を起点に西へ通る道で、これと南北の道路が交差する十字街が集落の中心という印象を与える。この十字街近くには商店がいくつかあり、人々の行き交いも多い。

(2) 自然村と行政村

　行政の変遷　現在の畸山は行政的には一つの単位となっていない。3つの村として編成されている。畸上、畸東、畸南である。この3区分は人民公社時代の生産大隊から受け継がれたものである。畸山の地域の行政は、他の地方と同様に、目まぐるしく変わってきている[①]。民国時代には畸山郷に属していたが、解放直後には江口区畸泉郷となり、1950年に再び畸山郷となった。そして、1953年に渓口区の畸山郷となった。1968年に人民公社制度となって、最初は渓口公社畸山管理区、ついで61年に畸山公社となった。これらの畸山郷とか畸山公社は、ここで考察の対象とする畸山あるいは畸山下という村名の範囲ではない。もっと広い地域区分である。畸山下以外にも多くの村落を含んだものであった。人民公社時代にも数回の組織変更があったが、一貫して畸山の内部は九つの生産大隊に分かれていた。その生産大隊のうちの3つが現在の畸上、畸東、畸南である。畸上、畸東、畸南という名称もその当時からのものである。

　3つの村　人民公社が廃止になり、畸山郷となったのは1983年であったが、この畸山郷は1992年の行政改革で廃止されて、現在は渓口鎮に属している。畸上、畸東、畸南という3つの村は、渓口鎮に属する多くの村の一つであり、3つの村のみで共同することはない。村長以下の役職者が3か村のみで集まって協議することもない。巨大な一つの集落である畸山は行政的には完全に3つの別の村として

---

　① 畸山の行政的変遷については奉化県地名志編集委員会編『奉化県地名志』（刊行年次不詳、記載内容から判断して1984年刊行）の「畸山郷」の記載を参照。

存在しているのである。行政機関が把握する表現によれば、畸山（畸山下）は「自然村」であり、畸上村、畸東村、畸南村は「行政村」ということになる。

　各村にはいくつかの役職が置かれており、また村政のための事務所がある。役職としては、畸上村の例を示せば、書記1名（党員の中から選ばれる）、村長（村民の中から18歳以上の村民によって選挙される）、会計、出納、婦女主任、治保調解がそれぞれ一人ずつである。任期は3年である。また、村の共有物としては村の弁公室（事務所）、精米場、老年協会（老人会）の建物がある。各村の内部はいくつかの組に区分されている。畸上村は8組で、畸南村は同様に12組に編成されている。組の名前は1組、2組というように番号である。基本的には近隣の家々が一つの組であり、組には組長がいる。

　戸数と人口　畸山は1980年代の数字によれば戸数1258戸、人口4161人であった[1]。調査時点での戸数等は表1の通りであるが、この10年間に戸数・人口ともに大幅な減少を示しているのが注目されよう[2]。この地方全体に示される傾向と言えようが、都市部への人口流出が進んでいるのである。旧来から畸山に居住する人々の姓はいくつかに限定されている。最も多い姓は夏姓であり、次いで皇甫姓、呉姓が多い。その他に40余りの姓があるが、いずれも新しく畸山に転入してきた人々である。古くからの集落部分に居住する人々はほぼ完全に夏、皇甫、呉の3姓に限定されている。

表1　畸山の戸数・人口・耕地（1993年現在）

	畸 上 村	畸 東 村	畸 南 村	畸　　山
戸　　数	334	433	376	1143
人　　口	962	1275	1100	3337
耕　　地	607	668	670	1945
山　　林	1700	1554	200	3454
竹　　林	50	26	不詳	(76)
果 樹 園	370	222	不詳	(592)

[1]　前掲『奉化県地名志』に示された数字。
[2]　たとえば、畸上村には1992年にも調査に訪れているが、その時点での人口は987人であったが、1993年末の第2次調査の際には962人となっており、1年余りの間に人口が25人も減少している。

生　業　畸山は農村であるが、純粋農村というよりも、兼業化の進んだ農村と言えよう。畸山の麓には多くの窯が見られるように、「陶器之郷」と呼ばれる。主要な製品は大きな甕であり、寧波市だけでなく、広い範囲で良質の甕として有名であるという。剡江の南側には奉化第2陶器廠もある。水田稲作は2期作で行っている。第1期は5月に田植えをし、7月下旬に収穫となる。その刈り取りと並行して第2期の田植えを行い、11月下旬に収穫となる。冬の裏作はせず、肥料となる草子を作る。1978年に生産請負制となった際に、各戸に耕地は分配された①。

廟と堂　畸山の麓には今は廃墟となり、倉庫として使用されている畸山廟があり、またその並びには天守堂がある。畸山廟は菩薩を祭る。解放前には夏・呉・皇甫の3姓でまつっていた。廟には廟堂娘が夫婦で住んで、廟の清掃をし、管理をしていた。廟堂娘は大元皇帝の子孫と言われ、差別される人々であった。天守堂はかつては集落内にあったが、3年前に現在地に移転した。畸山全体の信者は20人程度であるが、畸山周辺5キロメートル程度の範囲に信者は広がっており、畸山の信者の占める率は低い。現在天守堂にはだれも住んでいない。管理をしているのは畸上村在住の信者の代表である。

3. 家族をめぐる民俗

(1) 夫婦単位の小家族

老人世帯　畸山の各家を訪れてみると、どの家も家族員数が少ないことが印

---

①　畸上村の場合で、その分配方式を見ておこう。1978年当時607畝の耕地が畸上村にはあった。その耕地を評価して2区分した。すなわち、「優」は1畝当たり1400斤の収量があると認定し、「劣」は1畝当たり500斤とした。そして、全耕地について生産量を算出し、人口で割ったところ、1人600斤になった。これを基準に分配した。その際に、男女・年齢に関係なく均等に分配した。この分配は2000年までで、2000年になったら再分配することになっている。一人600斤を基準に配分された各戸の米のうち、年齢による口糧を引き、残りの米に対して農業税が課税され、それを納入し、その残りは政府に売却する義務があったが、1993年からは無理に政府に売り渡す必要がなくなった。その口糧は、1～3歳は230斤、3～6歳は370斤、6～9歳は400斤、9～12歳は450斤、12～15歳は500斤、15～17歳は570斤、18歳以上の男700斤、女640斤、56歳以上の男640斤、女600斤、60歳以上は500斤となっている。なお、毎年1回「糧食方案」で死亡した場合などの調整をしている。死亡した場合には、その人物の口糧分は政府に売り渡さなければならない。しかし死亡しても土地を返却することはない。以上は畸上村の分配の基準である。

象づけられる。子供があまり多くないのはもちろん一人っ子政策によるものと判断できるが、幼い子供たちが少ないのではなく、家には老夫婦のみが暮らしているという事例が少なくなかった。統計的には、現在の畸山全体で1戸当たり平均2.92人となり、たしかに少ない世帯構成である。しかし、その1戸がどのような生活の実態を示すものかは必ずしも明らかでない。2.92人のもっとも単純な姿を想定すれば夫婦1組と子供1人の世帯ということになる。これは1戸という単位を行政的に登録する際に、実際には一つの家屋内に多くの人が居住していても、その内部の「房」を拠点とした夫婦と子供単位に別々の戸として登録した可能性は大きい。戸数としては仮に3戸とか4戸として把握されているものが実際には日本でいう同一屋敷内に居住していることは、同じ浙江省の他の地方ではごく一般的なことである。ところが、畸山では1組の夫婦単位での生活を強調し、特に親夫婦が息子夫婦たちと共に暮らすことをしないのがこの土地の習慣だと説明する人が多い。四世同堂というような、数世帯の者が同じ家に居住するという教科書的に記述される中国漢族の家族の特色とは異なる家族の有り方がここでは示されているようである。以下ではその伝承的な姿を紹介しよう。

① ここの習慣では老後は夫婦だけで暮らす。息子とは一緒には暮らさない。嫁と口喧嘩をしないためである。畸山では老人だけの家が多い。これは奉化の習慣である。生活上の経費は子供たちから貰う。長男、次男などの区別なく、男子全員が原則として均等に負担するが、経済力によって差をつけることもある。娘は気持程度を負担する。（畸東村・70歳男性）

② 親夫婦は老後2人だけで暮らすのがここの習慣である。（畸東村・63歳男性）

③ ここでは親夫婦は老後を2人だけで暮らす。若者とは生活習慣が違うから。（畸南村・66歳男性）

このように異口同音に老夫婦のみで暮らすのが畸山では当たり前であることを強調している。夫婦単位での世帯形成を畸山の民俗として把握できるものと予想してよいであろう。そこで、いくつかの事例をとおして検討しておこう。

　事例［1］　この家は現在夫婦2人で暮らしている。夫には兄弟はいない。姉が3人いるがそのうち1人のみ畸山に在住している。夫婦には男子4人、女

子3人の合計7人の子供がいる。いずれも結婚している。その長男には自分の父親から譲られた1間の家を与えたが、そこには住まず同じ畸東村内で離れた所に新しい家を建てて、そこに暮らしている。次男は、結婚に際して畸南村に自分で新しい家を建てて、現在そこに住んでいる。3男も同様である。男子4人のうち3人が畸山に居住しているが、親とは全く異なる場所に住まいがある。そして、末子は結婚して渓口鎮に住んでいる。現在夫婦が暮らしている家は自分が生まれた家であり、親から譲られたものである。この家を将来は現在渓口鎮にいる末子に与えるつもりだという。（畸東村・夏姓・70歳）

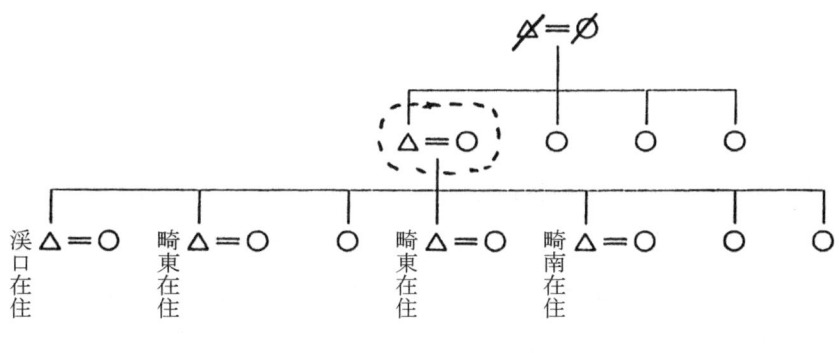

図2　事例1

事例[2]　現在親夫婦は夫婦2人のみで食事をする。その場所は夫が生まれた古い家である。しかし、ここにはだれも住んでいない。夫婦は新しい住宅に住んでいる。その新しい住宅は古い住宅から100メートル程度離れた所にあり、3間の建物である。そのうちの1間が夫婦の使用する部分で、残りの2間は長男夫婦の居住空間となっている。長男夫婦には男女各一人の子供がいるが、女子は学生、男子は人民解放軍に入っており、現在はいない。したがって、親夫婦と長男夫婦のみで一つの屋敷を使用しているが、それでも親夫婦はわざわざ古い住宅を管理し、そこに来て3度の食事を調理して食べている。なお、この夫婦には2人の男子と2人の女子がいるが、次男は現在南京に住んでいる。新しい住宅の場所はもともと物置や家畜小屋があった所であり、それを住宅にして新築したものである。（畸上村・夏姓・68歳）

事例[3]　現在夫婦2人で暮らしている。この家は36歳のときに自分で建てたものである。元の家は火災で焼けてしまい、その後借家をして住んでい

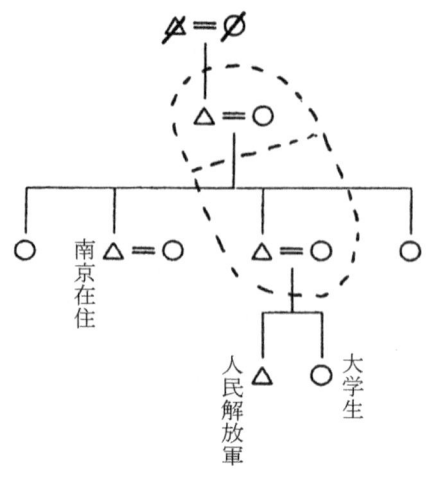

図3　事例2

た。子供は女子が2人、男子が4人である。第1子と第3子が女子で、長男は第2子、次男以下4男までが第4子以下となる。男子は皆結婚して畸山に住んでいる。いずれも別の家に住んでいる。末子になる4男が親夫婦の隣の家に住んでいる。財産は兄弟に同じように分配したが、この住まいは末子に与えた。（畸東村・夏姓・63歳）

事例[4]　現在の家には夫婦と未婚の末の娘が一緒に暮らしている。この家は妻の生まれた家である。妻は一人子で、兄弟はいなかった。妻と結婚してからこの家に入った。夫はここから75キロメートル程離れた所の出身で、戦争で家族全員が亡くなり、一人でこちらへ移住してきた。夫婦の姓は異なる。1950年に結婚した当時、妻の父親は死亡してすでにおらず、母親と妻の2人だけであった。夫婦には男子4人、女子3人の計7人の子供がいる。子供のうち初生子である長男のみが妻の姓を名乗り、残りの6人は夫の姓にしている。これは結婚に際して、「世志」という契約書を作成して決めた。現在一緒に暮らしている末娘が結婚して出て行ったら、自分たち夫婦2人だけで暮らすつもりにしているという。なお、この建物は末の息子にすでに分け与えてある。上の息子たちには同じ金額を分け与えた。末の息子は現在結婚して別に自分の力で家を建てて暮らしている。（畸南村・汪姓・66歳）

夫婦単位の生活　以上の例からでも、この地では老夫婦のみで暮らすのが一

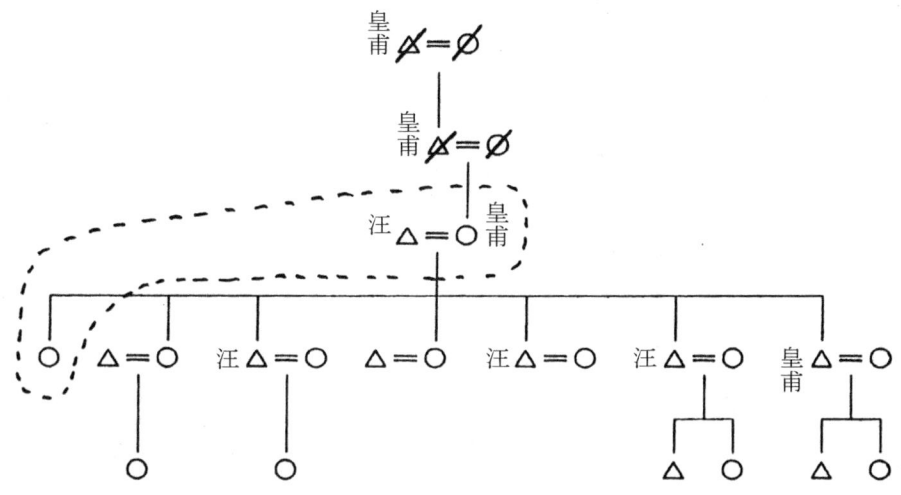

図4　事例4

般的であると言えよう。女子は他の家に嫁に行く。男子は結婚を契機にして新しい家を求めて、そこで自分たち夫婦の世帯を形成する。子供が順次家を出て、新しい世帯を形成していくとなると、最後に残る親夫婦のみということになる。したがって、現在の畸山においては夫婦家族が家族の基本的な型と言えよう。その親夫婦の居住していた家屋が結局末の男子（末子）に与えられることが多いと推測される。事例の［3］、［4］では、同居はしないが、すでに家屋は末子に分け与えられているし、事例［1］では将来は末子に与えるつもりであることを表明している。もちろん、この場合に日本でいうような跡取りとか嫡子という観念は一切ない。

　このような結婚を契機にして新しい住宅を確保して、そこに住むということは古くからの理想だったとしても、実行可能だったとは思われない。現在は集落の周辺部に多くの集合住宅が作られ、そこに結婚後住むという方式が一般化している。この集合住宅の最も早い建築は1979年頃とのことである。それ以降、各村は競って多くの集合住宅を作ってきた。いずれも棟割り長屋形式であり、古いものは平屋、近年のものは2階建てである。一例を示せば、畸上村に1985年に建てられた集合住宅は、1棟が12軒という長い建物で、その敷地は村が提供し、建物は個人負担で建てたという。その1棟に入る12軒は村が組み合わせたもので、特別親族関係等はないという。ほぼ同じ造りの集合住宅がいく

棟も並んでいる。このような集合住宅が、結婚を契機にして、夫婦単位の世帯を別の場所に形成することを可能にしていると言えよう。また逆に言えば、そのような夫婦単位の居住空間確保の要求が、経済の発展に伴い多くの集合住宅を集落周辺部に作らせることになったと言えよう。

(2) 相続と扶養

均等な権利と義務 畸山でも親の財産は男子が均しく相続する権利があり、事実そのようにしていると答える人が多い。たとえば、事例［3］では男子には財産を均しく分け与えたという。また事例［4］でも、親が住んでいる家は末子に与えられているが、それと同額の金額を上の兄弟4人にも与えたと言う。

子供たちが結婚すれば別に暮らす家を求めて自立するので、親夫婦は老後を自分たちだけで暮らすのが普通であることは指摘したが、その親夫婦の生活費等は子供たちの負担である。この場合も男子は全員等しい金額を負担するのが原則となっているが、経済力によって差も設けることも珍しくない。

事例［3］の人物は弟が一人いた。親の財産は2人の兄弟が半分ずつになるように分けた。父親は兄と同じ家で暮らしたが、その生活費は兄と弟が半分ずつ出していた。そうして、父親の葬儀費用も兄弟が半々に負担した。そして、自分は男子4人に財産が同じ量で行くように分け与えた。財産の分与は、息子がそれぞれ結婚する際に計算して行ったので、3回に分けて行った。なお、娘は財産分与の対象とはならない。嫁入りのときに嫁入り道具、他人から贈られた祝い品全部を持たせる。

相続をめぐる諸方式 事例として個別に確認することはできなかったが、家族構成の相違によっておこる相続の方式について以下に一般的な伝承を記しておこう。

①子供に男子がおらず女子のみの場合は、娘の一人が結婚後も親の世話をする。結婚の時に約束をして、娘に家その他の財産が与えられる。結婚の結果、その家は他姓となる。生れた男子は父親の姓を名乗るが、誰か一人は母親の姓を名乗る（事例［4］参照）。

解放前は、「入進女婿」といい、娘に適当な男子を婿養子として迎える。他姓の者であるが、婿に入るとその家の姓となる。娘の親と親子の関係になる。したがって、この場合は夫婦同姓となる。あるいは婿が姓を変更しない場合も

あった。そのときには生れた子供のなかの一人は母親の姓を名乗った。娘に婿を迎えるのではなく、養子を取ることもあった。「抱来児子」といい、子供を養子に貰い、その家の姓を名乗り、家の財産を相続する。この場合には、娘とは結婚しない。

②子供がいない場合は、五保戸といい、村で老後の生活費を出す。葬式も村で出す。そして、その家は村の所有になる。

解放前は、男子がいない場合、自分の兄弟の子供、すなわち「姓子」を迎える方式であった。最も望ましいのはすぐ次の弟の長男であるが、もしも弟に男子がいない場合はすぐ上の兄の末の男子である。兄弟に適当な子供がいない場合には、親戚のなかの子供を養子にとる。必ずしも同じ房でなければならないということはなかった。姓の異なる全くの他人から子供のときに養子を迎えることもあった。その場合は「抱来児子」といい、養子に来てから親の姓に変える。

4. 宗族と生活

(1) 親族の概況

自家人と親眷 家族を超えて展開する親族のあり方について先ず最初に概観しておこう。一つは自己中心的な展開である。以下のような民俗語彙として示される諸関係がある。

男性を起点にした場合、自分の父方の親族を「自家人」と呼ぶ。「自家人」は大きく「親脚」と「遠親」とに区分される。「親脚」は自分のオジ、イトコ、自分の兄弟の子供（オイ・メイ）、オバ本人（オバの家族は含まれない）であり、「遠親」は祖父の世代の親族である。それに対して、婚姻関係で成立した相手方の親族を「親眷」という。自分の世代も上の世代の者も区別なく、「親眷」である。父方のオバは「親脚」であるが、その家族は「親眷」となる。結婚した相手の家は「夫家」であり、その家の間での表現では「親家」という。

「自家人」と「親眷」の区別は明確であり、1年間を通しての訪問と贈答の場面に示される。たとえば、春節、端午節、中秋節の3回、娘は夫婦で実家に帰るが、そのときには金、酒、タバコおよびその行事特有の品（端午節は粽、中秋節は月餅）等の金品を持参して贈る。この往来は「親眷」のみが行い、自家人はしない。なお、通婚は「五腹之外」と行うことが古くからの決まりであ

り、現在も守られているという。太公、太太公を共通の先祖とする子孫の間では結婚できない。同じ姓でも遠堂太公の関係であれば通婚は構わないとされる。

族・房・脚　先祖を共通にする父系の子孫の組織は「族」と呼ばれる。その族内部には、その下位の先祖を共通にする子孫の組織がいくつも並立している。これが「房」である。さらに「房」の下にはいくつもの「脚」と呼ばれる組織がある。畸山では、族ー房ー脚という3つのレベルにおいて親族は集団として組織されてきた。この先祖と子孫を結ぶ紐帯は父・子という父系の原理である。畸山の古くからの家は夏姓、皇甫姓、呉姓の3つに限定されている。したがって、父系出自の親族組織である「族」はこの3つに限られている。しかし、各「族」が一つの組織を形成して活動しているということはない。いずれにおいても、「房」が基本的な単位となっている。1980年代の中ごろから急速に「房」の組織が復活し、活動を再開した。その拠点となった施設が「堂前」である[①]。堂前のことを改まって表現する時には「祖堂」とも言う。

(2) 夏姓の宗族

夏姓と畸山　現在畸山で最も多くの人口を占める夏姓がここを開発したのではないという。最初、この地には夏姓はいなかった。夏姓の先祖は浙江省鄞県鄞江橋の夏家が元住んでいた場所である。鄞江橋での夏姓の先祖は非常に貧しかった。それでここへ移住してきた。ここに来て呉姓の家に雇われて生活をしたが、次第に豊かになって来た。そして、この土地の中心的な姓となった。現在、呉姓は少なく、夏姓は3村あわせて1000戸位はある。畸東村の夏姓だけでも400戸になるという。畸山の夏姓の家々は皆先祖は同じであると認識されている。ここへ移って来た夏姓の先祖は畸山宗太公というが、実名は伝えられていない。この太公の墓は夏家太公墳といい、集落の北側に今も残っている。芝麻蒲という場所である。今は新しい住宅が立ち並んでおり、太公の墓もその住宅の地内になってしまっている。太公の子孫の半分は舟山列島にいる。そこには夏姓が1500戸を占める村があるという。その宗太公から54代で初めて族譜を作り始めた。造譜は民国時代の1910年に行われた。

夏姓の輩字　夏姓には輩字がある。現在使用されている輩字は12種類で、

---

① 堂前は各個別住宅内の正面中央の室のことでもある。

以下のような順序になっている。

必→定→高→明→伝→家→詩→礼→亦→世→康→寧

　輩字は族譜を作成する際に決めたもので、寧まで行ったら最初の輩字である必まで戻ることはしない。12の輩字が終われば、その時に新たにまた輩字を決める。この12の輩字のうち、現存する人で最も高い輩字は定である。今回面接できた人々で輩字を確認できたのは、63歳の人が明、68歳の人が家、そして70歳の人が詩である。年齢と世代は必ずしも対応しておらず、しかも現存者の間に上下6代の隔たりがある。輩字は「書名」に用いる。「乳名」には使用しない。現在は生れた時に付けられた乳名をそのまま成人後も使用するので、名前に輩字を見つけることはほとんどできない。しかも、若い世代には「書名」を別に付ける習慣はなくなっているので、輩字およびそれによって判断する輩行の序列は不明確になってきている。

　解放前の祠堂　解放前、夏姓の族は祠堂をもっていた。この祠堂は一般に老祠堂と呼ばれていた。それは新祠堂と呼ばれる別の祠堂があったからである。新祠堂は族全体のものではなく、豊かな房であった清門房が独自の祠堂を構えたものである。老祠堂は解放後はなくなった。新祠堂は建物だけは今も残っているが祠堂としては使用されていない。祠堂の「五代雲」という棚に「霊魂牌」が並べてあった。また、科挙試験等に合格した人物の記念の額が掲げられていた。老祠堂には財産があった。「祠堂宗地」あるいは「太公地」と呼ばれる水田100畝余り、それに「太公山」と呼ばれる山100畝余りであった。太公地は小作に出されたが、その小作人は入札「開明碼」で決めた。族に属する者の子供が小学校を卒業する時には、祠堂でご馳走をした。また、清明節の墓参に際して2個ずつの饅頭が与えられた（清明飯）。

　族　　長　現在も族には族長がいる。普通「族長太公」と呼ばれる。最も高い輩行の者で、同輩のなかでは年齢の上の者が就任する。現在の族長はなにも仕事はない。清明のときに夏家太公墳に12の房長が揃って墓参りをするが、房長を集めるのが仕事であり、ほとんど名前だけである。かつては太公地・太公山の管理をし、族全体の財産を守った。解放前には族長の下に6人の「幹手」がいた。

　12の房　夏姓の族には12の房がある。表に示したように、それぞれ名前がつけられている。その房の人々の集住する地区の呼び名が房の名前になっている

という。これらの房がそれぞれいつごろの先祖から始まるのかは必ずしも明確には伝えられていない。各房の下には脚がある。房はいくつかの脚に分かれている。場合によってはさらに下位の脚がある場合もある（小脚）。ただし、この脚はそれほど顕著な存在ではない。

表2　夏姓の12房

	房の名	堂前		房の名	堂前
A	清門房	明善堂	G	阿水墩房	秀水堂
B	橘頭房	橘頭堂	H	前田畈房	
C	前大房		I	後田畈房	
D	大楼房		J	大門頭房	
E	側楼房		K	改魂房	
F	中央房		L	厰堂房	祖徳堂

各房には「堂前」という独立した建物があった。現在は四つの房にのみ堂前はある。堂前は房の名前を付けて、たとえば清門堂前というが、また固有の名前が付けられている。清門房の堂前は明善堂というし、厰堂房は祖徳堂という。堂前は過去のものではなく、現在盛んに利用されている。堂前は宗教施設としての姿はない。祭壇もないし、恒常的に掲げられた宗教的な絵画もない。普段は単なる広い広間である。いわば房単位の公民館と考えればよいであろう。もちろん堂前は古くからあった建物であり、解放前は房の拠点となっていた儀礼のための施設であった。解放後機能を停止し、人民公社時代には倉庫その他大隊の施設として利用されていた。たとえば秀水堂が再び房の施設に戻ったのは1978年以降のことである。

以下で二つの房についてその具体的な様相を見ておこう。

(3)清門房

清門房と明善堂　夏姓の清門房には明善堂と呼ばれる堂前が存在する（表2のA）。集落の中央部やや東よりの所にあり、現在も使用されている。堂前は房の者が葬式や結婚式を行う施設として存在している。葬式は必ず堂前で行うが、結婚式は家が狭い場合に使用する。解放前には房には堂前以外に祠堂もあった。新祠堂と呼ばれるもので、現在も倉庫に使用されて古い建物が残され

ている。その他に共有の財産があった。これを「公産」と言う。その公産の代表が「大家地」と呼ぶ水田と「大家山」と呼ぶ山林である。大家地は30畝程あった。それを小作にだして、小作料を得ていた。大家地を耕作する者は清門房の人間の中で入札をして決めた。その小作料のなかから房で行う墓参りの経費を出し、残りを房の財産として積み立てていた。それを管理するのは「帳房先生」と呼ばれる会計であった。積立金によって祠堂、堂前の修理、行事に際して上演する芝居の経費、畸山廟の修理、そして房内の子弟の学費とした。これらの共有財産は解放後はなくなり、また祠堂もなくなった。

　清門房の房長は82歳の人物であるが、この人は現在シンガポールに住んでいる。家はこの畸山に残っている。解放後は房長としてやることはほとんどない。現在の役目としては房の太公の墓や夏家太公墳の管理をすることである。現在清門房で集まって行う行事はない。清明節の墓参（清明上墓）は各家毎に行っている。

　大脚と小脚　清門房の下には大脚、一脚、二脚、三脚、四脚という五つの大脚がある。そして、大脚の下にはそれぞれいくつかの小脚がある。たとえば四脚には五つの小脚がある。これは1から5までの番号で呼ばれている。一つの小脚に数十戸の家が帰属している。この大脚の四脚の先祖は夏茂連府君と呼ばれる人物であるが、今から何代前の人物かは明らかでない。小脚の最初の人物は輩字が必であったという。大脚、小脚ともにそれぞれ脚長がいた。しかし、普通はほとんど脚長という言葉は使用しなかった。造譜に際して族譜にそのように記載されるだけであった。

（4）厥堂房

　厥堂房と祖徳堂　厥堂房は現在他所に住んでいる者を含めると約70戸程である。その房の存在を教えてくれるのはやはり堂前の存在である（表2のL）。堂前は祖徳堂と呼ばれ、集落の西部の比較的畸山に近い所にあり、現在はその前が広い穀物干場となっている[①]。房の者の結婚式と葬式が行われる場所である。堂前は房長が管理しているが、その管理については1986年に改訂された「愛堂公約」

---

　①　現在穀物干場になっている広場にはかつては家がやはり密集していた。そして、そのなかに大楼房、側楼房、中央房等の堂前があった。60年余り前にここが火災となって、すべて焼失し、それ以降堂前は復活していないと言う。

が堂前の入口に掲げられている。その文面は以下の通りである。

写真2　祖徳堂

愛堂公約

一　祖堂里外、道地禁止私人堆放柴草、農具、什物。月洞門両側行路
　　暢通無阻。保持環境清潔衛生。

二　凡属本房宗親、遇有喜慶、婚喪事宜、均有権享受、事畢必須打掃
　　清潔。

三　凡属本房宗親、允許作臨時性工場（竹、木工等）、但不能長時堆
　　放材料等物、並不准弾綿絮。

四　房外戸租用作為喜慶礼堂、須経主管人同意、並応交付使用費、其
　　費別定。

五　在以上使用過程中、遇有一切損壊、応由当事人照値賠償、電費按
　　規定付清。

六　以上所定公約、事関維護祖堂利益、希各遵守執行。

　　　　　　　　　　　　　　　　　　　　　　　　1986年1月訂

祖徳堂の利用　これは堂前の利用規定であり、利用にあたっての心得が述べられているが、その第4項で房外の者の利用を有料で認めている。その施設利用料は現在以下のよう決められている。

一、做工匠（木・竹）
(1) 房内：毎天一元。
(2) 房外：毎天一元五角。
二、為婚・嫁・慶・喪等事
(1) 房内：毎場十元。
(2) 房外：毎場二十元。
三、以上租費必須在事畢付清

この使用料の規定は1989年12月に厰堂房幹事会で決められ、翌1990年1月から実施されているものである。その規定に基づき、厰堂房の人間も、また房に属さない人々も、冠婚葬祭という儀礼だけでなく、さまざまな目的でここを利用している。屋根があって雨があたらず広い空間であるから物を作るための作業をするにも適切な場所なのである。1992年の厰堂房の収支決算表は表3のようなものであった。

表3　祖徳堂の1992年会計決算表

一九九二年帳目公布			
収　入　部　分		支　出　部　分	
洪 行 女 出 嫁	10.00	購 買 収 款 憑 証	0.60
均 剛 起 屋 酒	10.00	電　　　　費	15.30
良 尧 生 日 酒	10.00	購 入 灯 泡 三 只	2.47
才 宝 子 結 婚	20.00	房 屋 保 険 費	9.00
志 芳 女 出 嫁	10.00		
安 康 女 喪 事	25.00		
伝 正 木 工	15.00		
建 一 木 工	7.00		
均 剛 木 工	10.00		
洪 行 木 工	10.00		
銅 鑼 出 租	1.00		
合　　　計	128.00	合　　　計	27.37
上 年 結 存	四拾捌元弐分		
本 年 結 存	壹佰四拾捌元陸角伍		

堂前の年間利用内容がこれで判明する。基本的には結婚と葬式である。自分の家の娘が婚出する際の祝い、それから息子が嫁を貰うときの婚礼がこの堂前で行われている。前者の出嫁の祝いが2回、嫁迎えの婚礼が1回である。その婚礼の1回は、使用料から判断して、同じ夏姓ではあるが、厰堂房には属していない。葬儀は1回のみであったが、この葬儀も金額から判断して房が異なる人物のようである。その他に、酒と記された利用が2回ある。1回は「起屋酒」となっており、家の新築に伴う祝いの席として利用したものと判断される。他の1回は「生日酒」とあり、誕生祝いの会場に使用したものであろう。これら儀礼や宴会の会場として利用するだけでなく、利用料の規定にもあるように、ここを作業場として利用することも多い。「木工」と記されているのが4回あり、そのうちの1回は娘の結婚で利用した人物と同じであるから、娘の嫁入り道具を作るために利用したものと考えられる。またもう1回の木工利用は「起屋酒」の人物であり、家の造作のため、あるいは家具調度品製作のためにここを利用したのであろう。

解放前の房の財産と活動 現在の厰堂房の共有財産はこの堂前のみであるが、解放前は、「公家地」（水田）80畝と「公家山」（山林）があった。公家地は小作に出された。「交租」（小作料）は収穫米から1畝につき200斤の米納入が基準で、最も高い量を納めることができる人に任された。房内に希望者がいない場合には、他の房の者でも構わなかった。公家山も同じ方法で貸した。山からは生活用の薪をもらう。畸山だけでなく、別の山にもあった。交租による収入は、以下のような経費に使用された。

① 清明節の墓参のとき皆にアヒルの卵を配る経費となる。1人に6個。ただし、小学校卒業生には12個、高校卒業生には18個。60歳になると12個。それ以降10歳毎に6個ずつ増やす。

② 正月年始まわりの餅を配る。その年の豊凶で量は異なる。豊作の年は1人6個、普通の年は1人4個。

③ 房の太公の誕生日のご馳走。

④ 正月1日の「拝金子」（太公の絵を拝む）時のご馳走。

⑤ 堂前の修理費。

⑥ 房の子供の学資。房の子供であればだれでも貰える。

房長と幹事会　房には房長がいる。現在の房長の名前は夏夫清（86歳前後）といい、明の輩字である。

現在、房長の仕事は堂前の管理、葬儀の時の「送材」（野辺送り）のとき鳴らすラッパ、銅鑼などの楽器を管理保管することである。堂前も房長が管理している。厰堂房には厰堂房幹事会があり、5人で構成されている。それは房長と房内の能力のある人4人である。房全体のことはこの幹事会で協議して決める。

脚　現在はあまり使用しないが、厰堂房には以下のように10脚がある。

解放後、脚の共同行事はない。解放前は、脚の太公の誕生日、春節（正月元旦に春夏秋冬の太公の写真を堂前の壁にかけて、拝み、食事をする）、太公陰寿、清明上墓等の行事があった。いずれも春夏秋冬の共同行事であった。

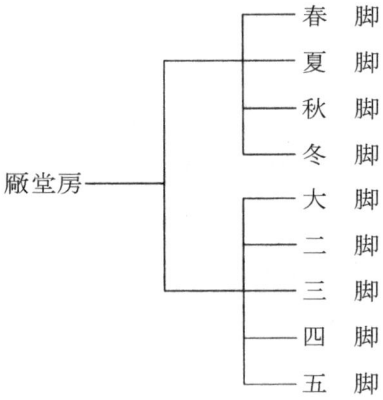

(5) 皇甫姓の房と脚

皇甫姓の太公は1000年前にここに移住してきた。山東省済南府歴城県から来たと伝えられる。皇甫姓の家々は集落の南部に比較的集中している。皇甫姓は祠堂を持っていたが、解放後なくなった。その場所は現在の畸南村老人協会の建っている所である。輩字は皇甫姓全体で共通しており、世→享→礼→金→忠→孝→伝→興という8文字である。

次のような房に分かれている。

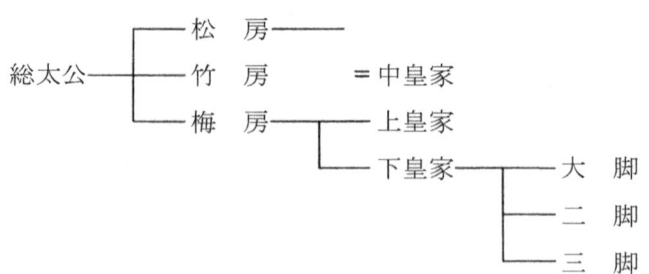

梅房の下位の房である下皇家は全部で80戸余りである。下皇家には房長が1人いる。房長は輩が一番上で、年齢が上の者。他姓の婿でも房長になれる。その場合は、妻の世代の輩字による。現在の房長の輩は「忠」の輩である。

堂前は松房、竹房そして下皇家にある。下皇家の堂前は余慶堂といい、結婚式、葬式、家具や布団を作る時に使用する。下皇家に属する者は無料で勝手に使用できるが、房外の人は房長の許可を得て、有料で使用する。鍵は房長が保管している。

下皇家の共同行事は解放前には清明節と春節の年2回あった。

① 清明上墓　太公の墓参り。帰ってから、アヒルの卵を男子には2個、60歳以上の者には4個与えられた。女子は貰えなかった。

② 春節　各脚長が拝歳餅を各家に配る。その量は卵と同じであった。

族長はいない。昔は族長がいた。脚には脚長のような役職はない。以前は脚長がいた。

写真3　余慶堂（葬儀の準備）

(6) 呉姓の族と房

　夏姓、皇甫姓に次いで戸数が多いのは呉姓である。伝承によれば、畸山にはもともと呉姓が早くから居住していたという。夏姓はその呉姓を頼ってこの畸山に来住し、その後繁栄して、現在のような家数になったとされている。呉姓は現在集落の中央部に比較的多く集まっている。そこには呉家井と呼ばれる井戸がある。呉姓は前呉家と後呉家の2つの房に分かれているが、それぞれの堂前もその近くにある。前呉家は南側、後呉家は北側になる。

(7) 聚徳堂

　夏、皇甫、呉姓の3つの姓のみが解放前から畸山に居住していた。その他の姓は、この3姓の者と結婚した場合であった。しかし、ここには焼物工場があるために仕事に来た人々が多かった。解放後にはそれらの人々がここに定住するようになり、今では3つの姓以外に多くの姓が見られる。それらの家々は大部分集落の外側の新しい住宅地域に住んでいる。当然これらの家々には祠堂はもちろん、堂前は存在しない。葬儀の執行や結婚式に不便を感じていたこれらの新しい家々は、1992年に自分たちの堂前に相当する施設を金を出し合って設けた。畸南村の集落の南端の剡江に近い堤防上にコンクリート製の建物を建てて、「聚徳堂」と名付けた。基本的には葬儀のための建物である。

　聚徳堂の関係者は37の姓にまたがり、全部で90戸である。そのなかには夏姓や皇甫姓も入っているが、大部分は他所から来た人々である。居住地区は大分部が畸南村で、一部が畸東村であり、畸上村の人は入っていない。これに加入した夏姓、皇甫姓の家は自分の堂前が火事などで焼失してなくなってしまっている人々である。関係者のなかから2人を代表者にして管理運営をしている。この聚徳堂の事を堂前と呼んでいる。

　また、畸東村では1989年に「人民堂」と称する葬儀執行のための建物を作った。畸東村で堂前のない家々はここで葬式を行うようになった。それまでは、自分の家で葬儀を出したし、婚礼も自分の家で行った。狭い家では隣の家を借りて行った。

5. 家・親族の現代

　畸山における家族・親族の様相を見てきたのであるが、調査が不十分であ

り、不明確な部分を多く残している。そのため現代の浙江省農村の家族・親族の動向を把握することには成功していない。しかし、いくつかの点で、この地の民俗とその近年の動向を明らかにすることができた。以下に、その点を整理して掲げてみよう。

① 畸山における家族の理念は夫婦とその子供を単位にした夫婦家族を基本にしており、現実もそれを実現している①。かつての居住条件は明らかにできなかったが、現在の大規模な集合住宅の建設は夫婦家族単位の住居の確保を可能にしている。四世同堂という教科書的な家の理解から随分と距離のある現実の家族の姿と言えよう。

② 相続における均等分割の観念は現在も強く、それを実際に実行しているものと判断される。そのことは親の扶養においても兄弟が均等に義務を負う形になっている。したがって、日本的な観念としての跡取りとか嫡子という考えは生じない。

③ 家屋の相続において、親が居住していた家は末子に譲られる傾向が見られる②。しかし、家屋のみのことで、財産分割は兄弟均等であり、親の扶養も兄弟平等である。したがって、末子相続というような形態ではない。

④ 親族としては父方、母方双方に展開しているが、その意味は明確に区別されている。父方の親族は先祖を共通にする子孫の組織として超世代的な関係として維持されている。

⑤ 解放前の宗族は祠堂を有し、族長がいて、族の財産によって様々な活動をし、大きな機能を持っていた。しかし、解放後、祠堂はなくなり、族の財産は消滅し、その活動はなくなり、宗族全体の組織は解体した。輩字は知識としては存続し、現在の年長者はその学名に輩字を用いているので、十分に認識しているが、若い世代は輩字を全く使用しない。

⑥ 宗族は族の下位がいくつかの房に分節していた。そしてさらに房の下に

---

① 寧波市北侖区渓東村でもやはり老後は夫婦のみで暮らすのが普通だと言う。また前掲『当代中国村落家族文化』によれば、象山県暁一村でも、子供たちは結婚後別に家を建てて独立し、老人夫婦は子供たちと一緒に暮らすことを望まないので、別々に暮らしていると言う（同書359頁）。

② 寧波市北侖区渓東村では解放前は親夫婦は末子と一緒に暮らしたと言う。

いくつかの脚があった。房には房長がおり、堂前という儀礼のための施設を持ち、また解放前には房としても財産を有して、年中行事として儀礼を行い、活動していた。解放後は財産はなくなり、その活動は停止した。

⑦ 人民公社時代が終わり、生産請負制になると、房を単位とした活動が復活してきた。いくつかの堂前が復活して、そこで葬儀と婚礼が行われるようになり、房という組織も明確になってきた。現在の房は堂前を共有する組織ということになる。房長も存在し、また房によっては幹事会なども置かれている。しかし、先祖祭祀等に房が機能することはない。

⑧ 房の下位にある脚はその機能を回復することはなく、非常に不明確になり、むしろ忘れられつつあると言えよう。

⑨ いずれの房にも属さない新しい家々がごく最近になって聚徳堂という房の堂前にあたる施設を設けたことは、現在の畸山において堂前の果たしている役割の大きさを示している。

⑩ 畸山では宗族全体の復活の条件はないが、房を中心とした生活互助組織は今後も拠点としての堂前を持つことで役割を増大させるものと思われる。先祖を祭る組織としての房ではなく、現実の生活における互助組織としての意味が強い。したがって、現在はまだ堂前を復活させていない房も順次堂前を再建して房の活動を再開するものと予想される。

摘要

家族·亲族的现状
——奉化市溪口镇畸山

福田亚细男

有关现代中国汉民族村落社会的第一阶段的资料搜集尚不充分。旧社会解放以来已经过去 50 年，在这期间，汉民族的民俗习惯发生了哪些变化，哪些作为传统的东西被继承下来了，都有待进一步研究。不仅如此，改革开放这一给中国社会带来巨大变化的政策又给民俗学增加了新的内容。在奉化市溪口镇畸山村的实地调查，主要考察了改革开放形势下，家族特别是有关亲族组织的现状。今归纳如下：

1. 现实生活中仍保留着以夫妇家族为基础的家族理念。
2. 兄弟间平均继承家业，并平均承担抚养双亲的义务。
3. 在房屋的分配上，父母多将自己居住的房子让给末子。
4. 亲族明确分成父方亲族和母方亲族。
5. 解放前的宗族有众家祠堂、众家财产，并进行各类活动，发挥着很大的作用。解放后，取缔了祠堂以及众家财产，宗族组织也随之解体。
6. 宗族内，族以下为房，房以下为脚，解放后，停止了这类活动。
7. 生产承包责任制实施以来，若干个堂前作为婚葬喜事的场所恢复使用，以房为单位的活动开始复兴，房这一社会组织再次明确。
8. 以脚为单位的活动未再次复兴，它的出现非常不明确。
9. 村内的新住家组织新建了自己的堂前，命名为"聚德堂"，相反的，从这一点可以说明各房堂前的意义所在。
10. 畸山村不存在宗族复兴的条件，但可以认为，以房为单位的生活互助组织，将以堂前为据点，发挥更大的作用，在一定程度上已超过了祖先祭祀的意义了。

村落集体仪式性文艺表演活动
与村民的社会组织观念

刘铁梁

在这一次中日联合农村民俗考察中,我一直把村落集体的文艺活动作为自己调查的中心内容。民间文艺活动,在中国浙江农村中有很大一部分是和节日仪式、宗教祭祀和人生仪礼等结合在一起的。可以说如果没有村落中各种仪式的举行,那么一些传统的"行会"表演、戏剧演出和某些实用性歌谣的诵唱,就失去了邀集的理由和进行的机会。反过来说,村落集体性的文艺表演活动,尽管有声有色和热闹非凡,满足了人们娱乐的需要,但是在习惯上经常冠以某种严肃的主题,配合一些庄重的仪式安排。世俗的和神圣的领域,在这些活动中是并存和相互交织的关系,很难绝然划清二者界限。本文目的是将我在浙江省几个村庄调查到的有关仪式与文艺表演合为一体的传统民俗现象,做一些概括的叙述,同时对这类活动所反映出来的村民的亲属与地域认同观念和它所具有的加强宗族与村落凝聚力的作用问题,提出自己的看法。

一、庙戏和祠堂戏

在奉化市溪口镇畸山村,结合宗教信仰仪式的戏剧演出活动,有"庙戏"和"祠堂戏"之分。这两种演戏名义的不同,表明村落中宗族观念与跨宗族的居住地域观念并行不悖地渗入村民集体文艺活动之中,也集中地体现出二者对于村民日常生活所发生的影响作用。

畸山村,按惯例每年正月初二要做戏,一连四天至初五,戏台在"畸山庙"院内正殿的对面。四天的戏,分别称作"天地戏""庙戏""龙王戏"和"祖先戏"。这是村中一次最大规模的酬神演戏活动,因此在每天开演之前,都举行隆

重的仪式，而内容有所不同。第一天的天地戏，是由村中一位老人站到庙门口，点三支香，执香朝门外前方拜三拜，然后进庙里将三支香插到供案上的香炉里，再向悬挂在供案后面的《天地图》拜过。庙戏，是族长于开戏前，代表全村人向"畸山菩萨"跪拜行礼。龙王戏，是族长率众人先到山上的"龙庭"，将"太白龙王"神牌请下来，供于庙中后亦施礼。祖先戏，要由各姓族长代表族人先到祠堂拜祖先，然后请来祖宗的木主，即最高祖先的木制灵位，供于庙中桌案之上，再拜。无论哪一种酬神演出，均需完成各自的礼拜仪式之后才能开锣唱戏。其中，在请龙王时气氛比较热闹，需敲锣打鼓前往龙庭，在请祖先时需要在祠堂前放炮仗。

　　四天的戏剧演出过程中，有专人照顾香案，香火始终点燃着。特别是演祖先戏时，要有专人陪祖先看戏，照料香火，不离木主灵位左右。每天向神灵、祖先所供奉的食品有所不同，敬天地和龙王时，四张八仙桌上所摆放的都是素菜，因为村民认为天神地祇和龙王只享用素餐，敬畸山菩萨和祖先时，所摆的有荤菜也有素菜。八仙桌的放法，按桌面木板纹的走向也有所不同，敬天地、畸山菩萨和龙王时，木板纹是横向与门口平行的，敬祖先时，木板纹是竖着指向门口的。大概是因为畸山菩萨和祖先均为人神，所以在给他们的供桌上要放有酒杯，此外，给祖先预备有筷子，给菩萨预备的是刀子。用筷子与刀子的区别，究竟有什么意义还不太清楚，据提供上述情况的夏能青老人讲，菩萨是来娱乐的，他并不吃东西，所以不放筷子给他。

　　在畸山村，专为畸山菩萨作的戏称为庙戏，但正月里四天为敬诸神与敬祖先所演出的戏剧，由于地点都是在庙内戏台，所以也都可称为庙戏。每年农历六月十八，是菩萨生日，白天抬菩萨出庙门在村中巡游，晚上作庙戏。一年中其他节日，特别是元宵节等农闲节日里也经常举行庙戏活动。

　　在任何时间，都可以进行祠堂戏的演出，地点是在各姓祠堂院内。据夏志成老人说，祠堂请戏主要是宗族中有人发财了，他愿意出钱请戏班子，给全族人演戏。届时，管账人发给本宗族各户一张戏票，其他戏票要出钱购买，票价只有一种，视请戏班子的费用高低而定。晚到一小时以后来看戏的人，票价可以便宜一些。祠堂中看戏，规定老人坐在中间座位，年纪轻的人坐在侧面，特别是女人只能在两侧的廊檐下面。虽然不排斥村里其他人来看戏，但给本族人做戏的目的十分明显。祠堂演戏，通常也抱有酬谢神灵的心理，由于畸山村在农业之外，人们主要是依靠烧窑制缸发财，所以认为祠堂演戏是一种还愿行为。烧窑人说，他们

是"火里淘金",风险较大,全靠土地菩萨保佑。土地上不仅生长庄稼,而且提供了制作缸用的泥土,所以畸山村相信窑上有保佑他们的土地菩萨,虽然演戏前不用请它来,但平时祷告时就说过:"土地菩萨,今年收成好就给你请戏!"

从上述庙戏与祠堂戏有所区别的仪式和惯例来看,两种请戏在满足人们娱乐需要的同时,还满足着人们不尽相同的信仰心理需求。正月、畸山菩萨生日和其他时间的庙戏,主要是为酬谢全村落的保护神,全村人不分男女老少大都前来看戏,与神同乐。而没有固定日期的祠堂戏,虽然不举行祭祖仪式,但团结本宗族人,祈求神灵保佑家业兴旺的目的比较明显。可见,庙戏与祠堂戏举办的动机是不完全相同的,前者通过与跨血缘关系的村民集体的敬神仪式相结合,可以达到凝聚全体村民的作用,后者比较重视血缘关系的认同和家族内长幼尊卑的秩序,可以起到加强宗族观念、扩大宗族对外影响的作用。

解放后,由于庙宇和祠堂逐渐废弃,畸山村的演戏活动已不再有庙戏和祠堂戏的分别,上述情况是解放前的事情。夏志成老人本人在解放前当制缸老板时,请过祠堂戏,他还记得用六石大米的花销请一次戏。一般来说,请祠堂戏所需费用主要依靠族中个人捐款和卖戏票所得,而请庙戏则主要依靠"庙田"的收入,庙田也叫"众家田",多由各姓后继无子的人家将私田送给庙里积累而成。畸山村四个缸窑于端午、重阳两节日,也有出钱请戏的惯例,地点有时在庙里,有时在祠堂。庙戏和祠堂戏的不同出钱办法在今天已发生变化。现在已不再有以一姓家族为单位,由族中富户出钱请戏的办法,也没有专项经费来代替过去庙田收入作为请戏的款用。近几十年来,主要是依靠各家各户自愿捐款的办法请戏,而最近十年左右,由村办工厂牵头并拿出较多的钱来请戏的办法最为多见。实际上,在畸山村按三个行政村(畸东、畸南、畸上)① 分别积款的办法已成为惯例,这说明三个行政村同时也是三个集体经济单位,在请戏方面发挥着重要作用。1990年,畸山村曾作过18天的戏,畸东、畸南和畸上三个村分别负担经费,每个村承包6天,均采取由各户自愿出钱的办法,每户从5元到几十元不等。看来,由于政治、经济的变化,畸山村的庙戏和祠堂戏有所分别的现象早已成为历史,但细推起来,传统的请戏方式似乎还保留着影响。首先,畸山村今天并不是一个行政大村,没有统一的管理机构,可是在文化活动上,它却习惯上联合三个行政村

---

① 奉化市溪口镇畸山村是由三个行政自然村组成的一个大村,人口共有3337人,1143户。

为一个整体，这与当年庙会规模是一致的；其次，由三个行政村分别请戏，虽然同当年以宗族为单位请戏在性质意义上不同，但从经济负担能力上看，两者的地位相仿。畸山村由夏、皇甫和吴三大姓人口组成，过去请祠堂戏时，基本以同族人为基本单位。不过总的来说，畸山村请戏形式与名义的变化表明：今天村民的村落集体观念仍然强烈地保留着，而宗族血缘观念已受到较大的冲击。

在所调查的其他村庄，昔日普遍有庙戏习俗，而祠堂戏并不是一个普遍现象。后者的有无，可能与村中祠堂文化是否发达有密切关系，但问题在于，我们还不能根据有无祠堂戏来判断祠堂文化是否发达。在有些单姓村或主姓村，例如在金华地区兰溪市姚村，有总祠堂大、小各一所，各房族祠堂（"厅"）竟有23所之多①，但那里就没有"祠堂戏"的说法，究其原因可能是在这个主姓村的戏台上所演出的戏剧，已经起到了加强宗族凝聚力的作用，特别是清明节的"鬼戏"具有明显的祭祖与追悼先人的功能②。再如温州市瑞安县梅头镇东溪村是单姓村，有姜氏祠堂一座，建于明代嘉靖年间，1990年被列为县级文物保护单位。这个祠堂在土改前有"宗田"十多亩，由八大房族每年轮流管理。宗田收入，一是用来每年办一两次"祠堂酒"，二是用于请戏（宗田中有"请戏田"），但演戏地点不在祠堂而在"娘娘庙"戏台。可见，东溪村由于是一个单姓村，宗族与村落几乎成为一回事，因而也就在请戏方面没有必要区分祠堂戏和庙戏。

在我们所调查的一些多姓村，同样没有祠堂戏，和作为多姓村的畸山村仍然不同。例如温州市东林乡东明村和宁波市北仑区溪东村等。在东明村，没有祠堂戏可能与周围地区祠堂文化本来就不十分明显有关，现在连祠堂旧址都难以寻觅。溪东村的祠堂已移作他用，在历史上也没有在祠堂中演戏的习惯，只有一处戏台在嘉溪庙。浙江南部，总的来说祠堂文化比较发达，但即便是这边的多姓村，也不一定有祠堂戏。如温州市苍南县桥墩镇碗窑村，人口由余、陈、朱、江、胡、华、巫七姓组成，300多户人家中有200多户是窑工户，以制碗和种植业为经济来源。这个村每年都要请几次戏班，都是在"三官庙"戏台上演出，没有庙戏与祠堂的分别。三官庙除供奉"三官菩萨"（"天官""地官""水官"）之外，神龛左边有"土地爷"，右边有"公主"。敬土地爷一项，与其他村庄是共同的，

---

① 详见小熊诚：「姚村における宗族组织と祖先祭祀」，福田アジオ编『中国江南の民俗文化』，日本国立历史民俗博物馆1992年3月发行。
② 详见拙文《江南农耕文化调查中的民间文艺》，同上。

但敬"公主"却颇为奇特。传说这位公主,名叫许远,是一位带兵之人。碗窑村最早的一代祖先,即江、胡、华、巫、余五姓兄弟,都曾是许远的下属。清代康熙年间,五姓兄弟从福建迁来此地,才有了碗窑村,所以村民共认许远为"公主",并崇拜为神。这一传说究竟有多少历史因素,暂且不论,但传说反映出碗窑村村民各姓之间有一种同舟共济的向心力,则是确实无疑的。碗窑村的祭祖仪式一般在家中进行,一年中只有清明和中秋才进祠堂。村民为祭拜"窑祖爷"鲁班,在正月十五前后有"作福"仪式,届时各家各户将钱款集中起来,到外村买来糯米,统一做成叫作"糍"的糕点,分给各家吃,全村人还要在一起聚会进行娱乐。另外在"四年两头"(每四年一个周期的第一年和第四年)的正月十五前后还要举行"作醮"仪式,请师公前来设坛化符,且在遴选师公时非常严格,通过抛明阳卦(即将一段竹子劈成两片,抛起落下看竹片正反面情况)的办法逐次淘汰。正月十八一定要请木偶戏,叫作"请三官爷作福"。二月二十七是土地爷生日,也要演戏。朱金柏(70岁)所提供的这些关于碗窑村节日仪式与演戏习俗的情况,可以和畸山村加以对比。畸山村有祠堂戏,而碗窑村没有,后者只有庙戏,这似乎说明,共认"公主"为全村各姓家族保护神的碗窑村,并不需要通过请戏来炫示某一姓家族,他们更关注于全村的事情。

图1 奉化市溪口镇畸山村畸山庙

总之，畸山村的演戏分别为"庙戏"和"祠堂戏"，这种情况并不是到处都有，但它却提醒我们，对村落中戏剧演出与节日、仪式的密切关系，应当注意调查，从中可以发现村民的社会组织观念究竟具有怎样的性质和特殊表现。自然这还需要结合生产活动、日常人际关系、村民组织制度等，一并进行深入考察。

图2 奉化市东岙乡西岙村张姓祠堂

二、"菩萨巡游"及会班组织

在浙江农村的许多庙会上，每年有抬出神灵偶像于乡里当中作游行表演的仪式，民间称之为"菩萨巡游""抬菩萨"和"行会"等，这种由村民自发组织和参与的集体活动，是宗教信仰同民间艺能互相结合的产物。农民通过这种隆重而热烈的举动，创造出人神交流的象征性情景，也荟萃了众多的民间艺术形式，因而能同时满足人们信仰心理与娱乐的需求。

考察这一类庙会的习俗，可以从民间信仰与艺术审美等不同角度进行，这里仅就其象征性行为和活动规模与范围所表现出来的村民的社会组织观念，做一些观察。

在湖州市东林镇东明村，调查到几十年前村中"抬菩萨"的一些情况。东明村由各有十几到几十户人家的9个自然村组成，大体上是由于河道交叉而被分隔开来的，在各村之间，村与田、路之间，有众多桥梁联结，加上分散于各村的小型庙宇较多，素有"十桥十庙"之称。东明村西南兀立一座"东林山"，上有

"三王老爷庙",据说村中各庙所供的菩萨中多是三王老爷的"家里人"。例如9个自然小村最北端的"九百亩"村有"三侯庙",庙里的菩萨和三王老爷是外甥与娘舅的关系,但谁是娘舅谁是外甥,说法不一致,多数人说山上的三王老爷是娘舅。每年二月廿一日,东明村人举行隆重的"抬菩萨"仪式,将三王老爷(即大老爷、二老爷、三老爷3位菩萨)从庙中抬出,穿街走巷送往九百亩,在那里住上3天后,再抬他们回东林山。人们称这一次抬菩萨是"接娘舅"。此外,农历九月廿六和十月廿五还举行另外两次抬菩萨,但时间没有那么长。

很显然,抬菩萨及其有关传说,像村中那些精美的石桥一样,将9个自然村联结成一个村落整体,具有团结东明村不同姓氏和不同聚落的象征意味。中年农民吴阿大和73岁的谈年发都向我叙述了当年举行仪式的情景,吴阿大虽没有亲眼见过,但过去经常听当铁匠的父亲谈到这些事情。吴的父亲在抬菩萨时还曾"扎过香"。所谓"扎香",是一种虔诚拜神的行为,将铁钩子穿进腕下或胳膊下的皮肤里,用以悬挂香炉,双臂各挂香炉一两个,走在菩萨轿前。谈年发老人的叔叔还曾在胸前扎香。扎香不会在皮肤上留疤,也不会流血,据说青壮年村民经常主动要求担当此任,以逞英雄。由于游行须经过龙山井、和尚湾、老街、绳家浜、沙滩、横埭、东溪桥,最后到九百亩,故历时约半天时间。其中"老街"也叫"老市""东林市",解放前十分热闹,队伍经过这里停的时间比较长,不仅本村人还有外村人都集中于此观看。抬菩萨,激发起信仰的狂热,同时显示出东明村同心协力的精神。

老街过去的店铺,据吴阿大讲有茶馆14户,饮食店2户,南货店(卖烟、酒等)4户,药店3户,百货店1户,肉铺3户,皮匠店2户,棺材铺1户。附近的农民经常到这里购物、喝茶歇息,因此老街成为东明村和周围其他村庄的一个经济与信息交流中心。老街人称本村其他8个小村的人和外村农民均为"乡下人",说明老街曾有过一度的繁荣时光。居民有来自本乡的,也有来自外乡、外省的,吴阿大父亲就是南京附近来的(现已去世)。吴阿大25年前(22岁)曾回原籍,名字上家谱,从原来的张姓。老街人现在多数从事农业,但居住的房屋还保留着店铺的老样子,讲起过去"抬菩萨"的事,他们比其他小村里的人更为清楚。类似这种有多种经营的村落,调查中还遇到余姚市河姆渡村。此村有许多人家除从事农业外,传统上还经营生意、做丧衣、摇船摆渡、烧砖窑、打小工、当泥水匠等,这和古老渡口的地理位置有关系。村民的姓氏达70多个,几乎没

有大的家族,但以前居住在这里的主要是应、王两姓,以后又有孙、王、冯、钱、杨等姓人户进入。现在还保留孙、钱、杨三姓的祠堂,但孙、钱两姓的祠堂已住人进去,只有杨姓祠堂仍放棺木用。总之这是一个宗族势力衰退的杂姓村落,但各姓人户之间关系融洽,且与外村交往很多。在节日习俗方面,河姆渡村正月没有龙灯会,但在三月十五,以本村为主联合周围几个村一起举办"行会",由抬菩萨的仪仗队作为先导,跟随着高跷会、抬阁会、畜牲会、花篮会、旗队等,最后是龙灯会,所谓"龙压阵"。向我们介绍情况的方银伟(65岁)、方文财(65岁)、楼成明(41岁)等都说,村民最重视"行会",认为只有举行这个活动,"年成"才会好,人们才会太平,所以在规矩上参加行会之前都要换上清洁的衣服,回来后要"吃素"七天。传说过去有舞龙的人回家后吃了荤食,被菩萨看见了而受到惩罚。

图 3　湖州市东林乡东明村"老街"

像上述有经常从事非农业常住人口的村落,那些逐渐进入村庄的杂姓人家,究竟在"抬菩萨"和"行会"之类仪式表演性活动中起到了怎样的作用,看来有

必要结合村落的历史给予深入研究。1993年9月初在日本新潟县卷町福井区考察，福井这个村落由于有一条古道从中穿过，故此有很多店铺，像一个集镇。店铺经营对于这里耕地不足的农业，是重要的补充，但经营店铺的人户与一般农民户在日常生活和节日活动中结成怎样的关系，还有待向日本民俗学者求教，以有助于对两国农村相类似的问题作出观察与思考。

"菩萨巡游""行会"队伍的规模和节目的多少，除了物质条件、技能条件和观念上的重视程度等因素之外，显然还受到举办团体——村落或村落联合体人口数量与地域大小的影响和制约。从宗教信仰的表现上看，每一处的游行表演仪式都与民俗对地方保护神的认同有直接关系，仪式队伍的规模同地方保护神观念的特定范围应该相适应。所以在规模上，河姆渡村的行会比东明村的抬菩萨要大，东明村是一个大村单独举行，而河姆渡村是六七个村落联合举行。而宁波市北仑区溪东村每年二月十五前后，参加与周围二十几个自然村联合举办的庙会游行仪式活动，历时三天三夜，规模和游动范围都更大。行庙会之前，溪东村所在的大碶镇周围区域内，二十四个庙的代表——"督理"集中在一起开会，商讨本次"行会"队伍的先后秩序，推选指挥者——总督理。一般来说，每次都由石湫庙的代表做总督理，因为石湫庙是二十四庙当中最大的一个，被称为"老行宫"。行会时，来自各庙所辖的人群队伍集合于石湫庙，首先进行迎庙中所奉"大地菩萨"神像出宫的仪式，然后开始游行。队伍最前面是24杆"帅旗"组成的旗队，每一杆旗都代表一个庙，需3人擎起（其中由1人举旗杆，2人拽绳）。在威风凛凛的旗队后面，是一个大锣，叫"杉木挂锣"（肩扛一根杉木，前端挂锣）作为菩萨仪仗队的先导。仪仗队由4个"喝道衙役"、4张（2组）"肃静、迴避"牌和"大地菩萨"轿等组成（其他菩萨的轿子也可抬进队伍，但轿中无菩萨，以轿代表之）。轿后通常有扮演囚犯的还愿人群跟随。最后则是高跷会、九莲灯会和龙灯会等表演队伍。队伍每天赶赴8个庙所，将大地菩萨迎进庙中坐一坐。溪东村虽有嘉溪庙，但不单独举行庙会游行活动，令村民所自豪的是，每次参加行会，嘉溪庙的精美轿子都受到欢迎，经常有外村人上前抢夺这顶轿子，尤其是渔民。据说，嘉溪庙中的菩萨，"钱阳王"曹彬，救过海上的捕鱼船。①

---

① 溪东村参加各村联合庙会游行仪式情况，主要由邵中庆（79岁，曾参加仪式活动）、乐松年（62岁）、邵有发（73岁）、王信月（60岁）等人讲述。

从上述几个地方庙会游行队伍的组成和走动区域来看，可以把这类集体仪式活动分为两类：1. 单一村落型，2. 村落联合型。在小的村落当中难以有条件组织起来，即便是一个村单独组织，这个村也实际上包括几个自然村。由此看来，村落联合的方式对于举办这种集体活动是最为有效的方式。此外，还应该看到，由各个村或各村之间的人自愿结合，以具体节目承担者的身份组织起来的"抬阁会""龙灯会""炮担会""香会"等"会"班，成为仪式游行的骨干力量。

各村"抬菩萨"情况表

村	畸山村	东明村	河姆渡村（联合他村）	溪东村（联合他村）
庙	畸山庙	三王老爷庙		石湫庙、嘉溪庙等24庙
菩萨	畸山菩萨	三王老爷	三灵官、岳帝	大地菩萨、钱阳王等
日期	农历六月十八日	农历二月二十一日~二十四日，九月二十六日，十月二十五日（3次）	农历三月十五日~十八日	农历二月十五日~十七日
抬菩萨队伍节目组成	①鸣锣开道者 ②牛头夜叉2 ③小鬼6，油脸鬼1 ④惩罚"刁刘氏" ⑤黑无常、白无常 ⑥判官和打伞人 ⑦菩萨轿4人抬 ⑧鸦片鬼 ⑨大头鬼、小头鬼 其他： ①放炮仗、放铳 ②乐队：锣、钹、扁鼓、咚鼓 ③卖菩萨糕	①放铳 ②吊香炉（"扎香"） ③抬菩萨8人 ④乐队：鼓1、锣1、钹1、唢呐2、箫1、笛1 ⑤扮地戏	①放铳 ②肃静、迴避牌 ③菩萨轿2 ④鼓和乐队 ⑤旗锣2 ⑥高跷会 ⑦抬阁会10组以上 ⑧扮动物（"诸牲会"） ⑨花篮会 ⑩香炉会 ⑪旗队，大旗3、小旗和五色旗50以上 ⑫龙队，大龙24人舞，小龙7~8条	①帅旗队，24面，每面3人 ②杉木挂锣2 ③喝道衙役2 ④肃静、迴避牌各2 ⑤菩萨轿若干 ⑥扮犯人 ⑦高跷会 ⑧九莲灯会 ⑨龙灯会 其他：炮担2

在北方，可能有不同的村落仪式队伍的组织形式。我在北京房山区张坊镇调查时发现，这个镇在山外平原的几个村庄，正月里分别组织起"少林会""旱船会""高跷会""作腔会"等，但并不合并为一个整体队伍，而是互相交换演出，有时也到更远的村里（如在拒马河对岸的河北省涞水县的村中）演出。村民说，这是一年当中村与村之间"行大礼"的举动。在进村时，"走会"的头目根据与该村的交情深浅程度，施行不同的礼节，或跪拜或欠身拜，到了交情很厚的村子

甚至跪着、爬着进村口。可见,走会在当地具有联络村落之间感情的明显功用。这一交换演出的走会形式,可称之为不同于前面所说两种类型的第三种类型:村落分工交换型。

由于有多种节目的行会加入,浙江农村的敬神游行仪式既庄严肃穆又热火朝天,特别是各种民间技艺的会集,给人们以赏心悦目的感受。在队伍经过的地方往往呈现出欢乐的场面,表演者和观众之间互相鼓舞和感染,因而产生强大的社会影响作用。根据这一次还不完全的调查所得资料来看,文艺表演的节目内容在各地抬菩萨游行队伍里所占的比重存在着差异,但却是不可或缺的。有些表演内容直接表现了宗教信仰观念,几乎就是宗教幻想情节的小戏,有些是和宗教文化有关的道具表演,如"花篮会""香炉会"等;有些属于纯粹娱乐性的节目。各个会班在庙会以前一个多月就要进行演练,因而活跃了村里的娱乐气氛。会班培养和造就了村中一批民间艺能表演者。

图 4　宁波市北仑区溪东村老人演练器乐

总之,与村落的演戏活动相比较,抬菩萨游行这类集体活动一般体现出村民有更为广泛的生存地域观念。在这里血缘性组织观念表现不甚突出,而村落地缘集体观念和与其他村落共处一地的观念较为突出。特别是通过在物力与会班人才方面的比赛,在村与村的联合中树立本村的良好形象,以表达扩展村落生存合作空间的愿望,这个动机在仪式表演活动中表现得最为明显。会班的组成,从本质上说是超越

血缘，也超越地缘的社缘关系，例如河姆渡村和其他几村，跨村组织的龙灯会，不仅参加菩萨巡游仪式，还单独到县内外许多村庄表演，在节日中为各村各户祝福，且抱有获得经济收益的目的，过去是"吃斋饭"，现在主要是收红包。除龙灯会等少数会班，大部分会班随菩萨巡游仪式的消失而已经多年没有活动了，不过，传统民间文艺表演形式现在不仅仍然保留在上年纪人的记忆中，而且在"老人之家"的娱乐当中也有所演练和传承。如溪东村老人之家的民乐队，以当年参加过"行会"的邵姓几位老人为骨干，经常一起活动，当我们中日联合考察团离开溪东村时，老人们用他们深情的表演前来送行，令我们感动不已。

村落文化应当借鉴传统而进行新的建设。满足村民之间和村与村之间信息交流和感情联络的需求，仍是当前特别应该注意的问题。在高度现代化的日本，传统的节日习俗在村庄里早已发生很大变化，如在福井区以前盂兰盆节跳假面舞的习俗，现在已没有了，一年当中过去至少有两次的小剧演出（由 5～6 人表演），现在也不进行了。只有老人俱乐部里有时还学一学老歌[①]。在我们中国，希望在社会进步的过程中，能够把村落集体活动的某些传统形式予以合理的保留，以作为健全当代人精神生活的借鉴。

---

① 1993 年 9 月在日本新潟县卷町福井区，吉川与一（81 岁）和平冈マサイ（75 岁）向我讲述。

要旨

村落の集団的演芸活動と村民の社会組織観

劉　鉄　梁

　本稿では、浙江省農村における集団儀式と文芸活動が一体となった伝統民俗行事について論じる。これには、宗教儀式と結びついた演劇と、廟会の時の練り歩きながらの演技の二種類を含む。

　奉化市畸山村では村での演劇を「廟戯」と「祠堂戯」の二つに分けている。これは、血縁宗族と地縁村落をそれぞれ別に考えるという村民の社会組織観をはっきりと反映している。調査では更に、畸山村でのこのような形態は、劇団の招き方についても、名義や金の出し方、劇の舞台の設置場所などで、それぞれ二種類の異なるモデルに別れることが分かったが、この事は省内のその他の村にも普遍的に存在するわけではない。祠堂で特徴付けられる宗族組織は各村でさまざまな働きを発揮する場合もあるし、また廟の建物を象徴とする村落地域組織に取って代わられることもある。人口、姓氏の構成、農業とその他の経済状況、信仰の影響力などは、いずれも劇団の招き方に違いを生じさせたり、またはモデルを変化させる原因となる。

　村民は毎年行う「菩薩かつぎ」あるいは「行会」と呼ばれる行列による演劇活動で、その土地を保護する神の象徴性を利用し、村落集団あるいは村落連合の団結協力精神を顕示する。参加者が各種の「会」で班を組織することは、宗族血縁関係と村落地縁関係にまたがる社縁組織関係が、村民間の交流に重要な位置を占めることを明らかにしている。村のなかでの、よそから来た家族の活躍ぶりは、我々が研究する際に注意しなければならない問題である。この種の儀式演劇活動は、宗教と芸術が農村生活のなかで生み出した密接な関係を明らかにしている。

村をめぐる人々
－寧波北侖区大碶鎮渓東村の場合－

朝岡　康二

1. はじめに

　本稿は浙江省寧波市北侖区大碶鎮渓東村における、村を出入りする人々の来訪・来住・移動・移住などについての聞き取り調査の報告である。調査は都合3回おこなって、異なる人からの聞き取りにより正確を期したが、通訳を介してのことだから、言葉の障害はいかんともしがたく、また筆者に中国に関する基礎的な知識が決定的に不足しているから、多々誤りが含まれているものと思われる。識者のご教示をいただければ幸いである。

　なお、渓東村の地理的・歴史的位置づけ、村落形態・姓族と居住形態・生産構造などは、他の報告者によって詳しく報告されるであろうから、ここでは重複を避けて、必要最小限のことに触れるだけに止める。

　渓東村は、北侖区大碶鎮の南端、かつての鄔隘郷に位置し（さらに以前は霊岩郷に属していた）、三方を山に囲まれた北面に広々と水田が広がる人口1300人ほどの農村である。かつては村の廟である「嘉渓廟」に由来する村名で知られていた。この地域は一般に1村1保であったから、嘉渓村は同時に嘉渓保でもあった。

　現在の渓東村は、背後の山間に独立する集落、烏石礎も含む行政村を意味する。したがって、渓東村の中心をなす集落が旧嘉渓村ということになり、この集落は、王・楽・朱・陳・邵の5つの姓族によって構成されている。各姓族はそれぞれ一族の堂前（現在は廃棄されている）を中心に住区を形成し、村内で棲み分けてきたが、もっとも大きな姓族である楽氏は村外の楽姓祠堂（湖塘村

にある）を拝する。したがって、ここには村の宗教施設である廟と姓族の施設である「堂前」もしくは「祠堂」が個別に存在していることになる。

集落の中央に広場があり、広場の一隅に毎朝小さな市が立つ（かつてここには庵があり、数名の尼僧が暮らしていたという）。ここから村内四方に道が延び、道に沿ってそれぞれ集落が形成されており、この広場が村の中心のひとつである。もうひとつの中心は村の入口の廟の近くにあり、村の事務所、老人会集会所、かつての村営工場などが集まる一区画である。

集落の左右に分流する渓流には、何箇所か石を敷き詰めた洗い場が設けられており、女たちが集まって炊事の支度や洗濯をおこなっている。

三方から迫る山々は松・杉を植林して薪を伐採していたが、現在は山裾を竹林に作り変えている。また、緩斜面から水田地帯の周辺を畑にして、果樹（蜜柑・山桃など）や茶の栽培をおこなっている。解放以前には北面に広がる水田の水稲栽培、裏山の薪木の採集を主たる生業としていた。

この村にはかつて、40畝ほどの田地を所有する地主が1名、小地主が2名いたほか、2～3畝を所有して20畝ほどを小作するいわゆる富農が4名おり、あとの大半は小作や雇工（雇用労働者）であった。この地域の大地主は近隣の町、小港・横河などに居住しており、この村の人々はそうした大地主の土地を小作していた。また、三方を取り囲む山林は、湖塘村の地主・范氏の所有で、その山を借りて植林し（以前は松、現在は杉に替わった）、10年～20年くらい育てて薪に切り出していた。この薪は、当時、柴楼村にあった煉瓦工場に、あるいは大碶鎮で販売していた。このほかに養豚が盛んであった。

清明節から10月までが農繁期で水田作業をおこない、それ以外の時期は山仕事に従事していた。

2. 出稼ぎの村

この村も解放後、人民公社時代・「文革」時代・改革開放時代と社会的な環境変化にともない、その様相を大きく変貌させてきた。かつては閉鎖的な純農村であったが、現在では村内を歩くと老人と若い嫁や子供ばかりが目につく出稼ぎの村である。

社会的な変化は様々の生業を生み出し、あるいは消滅させてきた。その結

果、専業の農業従事者は減少して、今では多くの場合に、老人夫婦が孫の面倒をみる傍ら、自家消費分を耕作しているといった状態である。

　一時期は北侖や大碶鎮に建設労働者（煉瓦工・左官）として勤めに出ていた男たちが多かったが、これも現在は減少している。寧波や北侖には、安徽省などからの出稼ぎ農民が殺到して、周辺の農村出身者よりもはるかに低賃金で働いているからである。

　村内には養豚場・電気工場やその他の小規模な工場がいくつかあるが、これではとても村内労働力を吸収しきれない。それでは現在、渓東村の働き手たちはどうしているのであろうか。

　実は、今も出稼ぎに出ていることには変わりなく、年間を通して村外で働き、旧正月（春節）以外は村に帰ってこないのである。その多くは、金文字看板を作る仕事に従事している。

　ここで金文字看板とは、銀行・ホテル・商店などが入口に掲げる金色の文字のことで、真鍮板を切り抜いて裏から打ち出し、それに縁をつけて立体的にしたものである。

　この加工業は近隣の湖塘村から始まったという。他所で加工技術を身につけて湖塘村に帰省した人が、村内に小工場を作って成功したのが始まりである。その後、この工場に雇われて技術を身につけた村人が、次々とここから独立し、湖塘村内には個人経営の零細工場がたくさん生まれて、ついには働き手の8割ほどがこの仕事に従事するほどになった。こうして湖塘村は文字看板製作を主たる生業にする村となったのである。

　金文字看板が流行しはじめたのは、浙江省の最南の温州地方からであるという。それが数年後に寧波に及んで、さらに省全体に広がっていったらしい。およそ10年くらい前からの現象で、これに便乗して成功したのが湖塘村というわけであるが、湖塘村が繁栄すると、渓東村の人々も雇われて小工場に通うようになり、やがて加工技術を習得していく。湖塘村と渓東村とのあいだにはかねてから密接なつながりがあったから、雇われた者も多く、技術伝播も速かったのである。その後、渓東村にもいくつかの小工場が生まれて数年前まで操業していたが、現在は旧人民公社時代の村営織物工場跡の一隅にひとつだけを残して、他は廃されている。

なぜ小工場が廃されたのかというと、今ではこの周辺地域（寧波や北侖区）の需要をすっかり満たしてしまい、近隣の注文が激減したからである。このために、今度は年間を通して北京や遼寧など遠方に出稼ぎに出るようになった。

　以前の北京は、プラスチック看板や木製看板が多かったが、現在はそれが急速に金文字看板に置き替わりつつあるという。一方、広州地方でも、改革開放の当初はネオンサインが多かったが、現在は金文字看板に替わりつつあるといい、このためにこちらに出ていく者もいる。

　出稼ぎ者は、北京・天津など大都市の近郊で小工場を経営しているほかに、こうした同郷者の経営する工場に雇用されて働いている。この仕事は恒常的なものではないから、稼げる時にできるだけ稼いでおこうということらしい。金文字看板の値段は1m×1mで30元くらいで、自分で工場を経営する者（出稼ぎ者の1割程度）はたいへんによい収入になり、なかには6カ月で20万元も儲けた人がいるというが、雇われている者はそうはいかないようである。

　出稼ぎ者の半分は独身者であるが、妻帯者の場合、妻は子供の面倒を見ながら内職の刺繍などをして留守をまもるのが普通であるが、子供だけ残して夫婦ともども出かけている場合もあり、この時には両親が孫の面倒をみながら農作業をおこなっている。生活費は毎月1回送金してくるが、出稼ぎ者が帰ってくるのは、年に1回、正月（春節）の時だけである。村内のあちこちにこの出稼ぎ収入で建て替えた新しい家が目につく。

　以上のように、この村の働き手の多くは、出稼ぎに出て村を空けている。その結果、今度は村内の労働力が不足して、逆に他省からの出稼ぎ農民を雇い入れることになったのである。

　現在の中国の大都市はどこでもそうであろうが、農村地域からの夥しい出稼ぎ農民が流入している。寧波も同様であって、清明節のころの寧波駅前には安徽省や湖南省からやって来た農民が溢れかえって、大変な喧噪になるらしい。そこへ村の責任者が出かけて、適当なグループを選んで雇い入れて、廟に付属する小屋に住み込ませ、茶摘みや茶畑の耕作・裏山を拓いての竹の植林・竹材の切り出し作業などに従事させているのである。

　湖南省から来る人々は夫婦連れが多く、彼らは茶摘みや茶畑の整備に雇い入れる。女は主に茶摘みに従事し、1年間に3回摘み入れをおこなう。1回目は4

月～5月中旬、2回目は6～7月末、3回目は8月半ば～10月までである。忙しい時には男も茶摘みに従事するが、普段は茶畑の耕起・施肥などをおこなっている。したがって、かれらは4月から10月までのあいだこの村で暮らすことになるのである。

　もう一方の安徽省から来る人々は、男だけのグループが多く、山の木を伐採して村まで下ろし、その跡地に竹を植林する作業や、成長した竹を刈り取る作業に従事している。たまに女も一緒に付いてくる場合があるが、彼女たちは賄い係を努めることになる。

　以上のような安徽省・湖南省の出稼ぎ者を数年前から継続して雇い入れており、多い時には30名ほど、現在（1994年8月）は7名が廟で暮らしている。茶摘みに雇われた女のなかには、のちに村の若者の嫁になった者も数名いる。

3. モノ作りの職人

　前述のように、現在の渓東村はすっかり出稼ぎの村となっており、農業は一部の専業者と老人に頼っているが、それは改革開放政策にともなうものであって、本来はまったくの純農村であった。それも解放以前は、小作農や雇用労働者ばかりが多い貧しい村であった。また、その時代には職人たちも村内にはあまりおらず、モノの加工やその他の特殊技能の多くをよそから折々に訪れてくる回村職人に頼っていた。この回村職人には、現在はもう見られなくなった業種も少なくないが、まだ継続しているものもないわけではない。

　以下では、どのような業種の人々が村内にいたのか、村の周辺に暮らしていたのか、あるいは他所から訪れてきたのかを網羅的に整理しておきたい。

　初めに、モノの細工にかかわる職人から見ていくことにして、そのほかの諸々の業種については次節で取り扱うことにする。また、かれらが用いる材料・技法・作る製品などについても、あわせて簡単に記述することにしたい。

○木匠（箱物職人）

　民国時代には木工職人が村内に1名いた。その後に増加して1970年ごろがいちばん多く、20名ほどに達していたという。これには1956年以来の人民公社の労働点数制度が関わっていると思われるが、詳しくは聞きもらした。いずれにしても、1986年以後は工場務めなどが増えて木工職人は減少し、現在は5名

ほどになっている。かれらは、先輩職人に弟子入りして技術を身に付け、建物の窓枠・扉・椅子・卓・箪笥などを作っていたが、1986年からは小工場ができて（現在も村の外れの小屋で営業している。旋盤など若干の加工機械がある）、それに伴って仕事の内容も変化したという。村外からの注文も多くなって、時には出職するようになったのである。

この地方の伝統的な木工製品には以下のようなものがある。

○房前卓・引出し付の卓。ベッドの脇などに置く。
○常櫥箱・開き戸・引出し・開き戸がセットになった箪笥。箱の外側を黄色に塗り、板戸と箱の内側は赤色に塗る。嫁入り道具のひとつである。
○馬桶箱・馬桶（おまる）を載せる箱台。縁は黄色に、板面は赤色に塗る。これも嫁入り道具のひとつである。
○八仙卓・魯般尺で3.2×3.2尺の卓。儀礼に用いる。（魯般尺は1m＝3.4尺　1尺＝27.5cm）。
○円卓・日常の食卓。大小にいくつかあり、特に決まっていない（1.5m径～80cm径）。
○棺桶・棺桶は生前に作る場合と没後に作る場合がある。多くの老人は60歳を超えると、予め墓と棺桶を自分で作って死後の準備をする。この村では夫婦2人分を自分の寝室の脇に保管している場合が多いが、廟に収納しておくところも少なくない。生前に予め作っておく棺桶のことを「寿材」といって、これはきれいに塗りあげた立派な作りである。これに対して、死亡してから急いで作る棺桶を「亡材」という。「寿材」は注文を受けた村内の箱物職人が作るが、「亡材」は急ぐことが多いので、村外の職人の手も借りることがあるという。また、現在では大碶鎮で既製品を入手することができる。16歳以下の子供の場合には簡単な木箱で間に合わす。

○円木匠（結桶職人）

以前は村内に3名の桶職人がいたが、現在は1人だけである。筆者が調査に訪れた時には、この人も村外に長期の出稼ぎ（金文字作り）に出ており、直接にその仕事を見ることはできなかった。

結桶職人は湖塘村・新安村・沙堰村からもやってきた。注文があると通いで来て製作したが、必要に応じて呼ばれるので、決まった季節にやってくるというも

のではなかった。もっとも、1986年以後はプラスチックが普及して桶の需要は半減し、嫁入り道具として誂えるものが中心になった。このために結婚式の前には、引き続き10日以上も通い詰めて作らせることがあったという。この村の結桶職人には会うことができなかったので、参考までに奉化市渓口鎮の畸上村で調べた桶職人の製品例をあげておく。ここでも多くは嫁入り道具である。

　○便桶（肥桶）・天秤棒で担いで、畑に肥料を運搬するのに用いる。
　○馬桶（おまる）・彫刻入りの朱塗り。嫁入り道具のひとつ。
　○茶盤（茶盆）・朱塗りで嫁入り道具のひとつ。
　○同盤（お数盛り盆）・朱塗りで嫁入り道具のひとつ。
　○鑊蓋（鍋蓋）・鍋で飯を炊きながら、同時にその上で蒸し物などのおかずを作る時に使用する。上部を高く盛り上げた鍋蓋。

この他に大小の脚桶がある。

○竹籠細工

解放以前は寧海から男ばかりが5〜6名の組を作ってやってきて、10月から旧正月までのあいだ、村内の家を借りて注文を集めて製作していた。そのメンバーは、毎年ほぼ決まった人々で顔見知りとなっていた。

孟宗竹は冬期が細工に向いているので、この時期に加工にあたるのが一番よいという。そのために、来村する時期が秋から正月にかけてと決まっていた。竹林を持つ人は自分の林から切り出して加工させ、持たない人は竹材を購入して加工させたという。

その後の人民公社時代には、寧海から熟練者を呼び寄せて、村内の若者を大勢集めて技術講習をおこなった。その結果、5年ほどのあいだに技術を持つ者が17名ほどになった。かれらは労働点数制の下で仕事を行い、村内の注文を引き受けていたが、やがて大碶鎮・余姚・民楽などに自転車で通って、頼まれた仕事をおこなうようになった。しかし、現在はこのうちの1名が営業しているだけで、他は廃業してしまった。なお、現在、老人会などが経営する竹林の竹は、まったく加工せずに丸竹のままで外に販売している。

○甕売り

瀬戸物はすべて購入しなければならないが、種類によって入手方法に若干の相違があった。それは、この地域の周辺には甕類の産地がいくつかあったから

である。
- 〇漬物甕（冬瓜を漬ける）・甕に入った酒を購入して、飲み干すとその空甕を利用する。あるいはザーサイを甕入りで買って、これを転用する。もっとも、ザーサイの甕は大碶鎮の漬物屋で空になったものも売っており、これも利用する。普通品は5年前に3元であったが、奉化（渓口鎮畸上村）の製品は高級で4元以上した。
- 〇醤豆腐甕・これも中身の入ったものを買い、その甕を引き続き用いる。
- 〇ピータン用の甕・必要に応じて奉化まで買いにいった。
- 〇七石碚（水甕）・米碚（米甕）・これらの大甕類は大碶鎮や寧波市まで買いにいった。

このように、甕類は用途によって購入方法などに若干の相違があるが、10年ほど前までは、漬物甕をはじめ各種の甕を売りにくる行商人が多かったという。荷車に色々な種類の甕を積んで、野菜の塩漬けをつくる時期に合わせて回って来たという。これらの行商人は奉化や渓口鎮からやってきたが、船の通っていた宝幢村まで船で運び、そこで荷車に乗せ替えて引いてきた。

その当時は七石碚のような大きな甕もこの行商人から買っていたが、これが20元ほどで、ザーサイ用の小甕は5元であったという。甕類は一度買えば30年くらいは使えるものだそうで、七石碚などは衣服入れや穀物入れにも用いている。

この地域の代表的な甕の産地は奉化市渓口鎮畸上村である。渓東村でも渓口鎮の製品は特に上品とみなされていた。そこで、別におこなった畸上村における甕類の行商に関する聞き取りの概略を、参考までに記しておく。

四明山の麓に位置する畸上村の焼物がいつから始まったかは明らかではないが、長い伝統をもっていることは確かである。解放以前には5家族の共同経営であった登り窯は、この村の重要な産業として、村の生活・経済に大きな影響を与えていた。なぜならば、直接に窯業に関係しない場合にも、その燃料である薪木の採集、あるいは製品の運送・販売などが多くの村民の生業の一端となっていたからである。この村には、何代にもわたって甕売りを生業としていた家があり、一時期は村の働き手（男子）の4人に1人は甕類の販売に関係を持ち、6人に1人は専門におこなっていたというほどである。

甕類は大きくて重量があり、破損しやすいから、移動が困難で販売手段には工夫が必要となる。しかし、幸いにもこの地域は比較的に水運に恵まれていた。

畸上村は奉化市につながる河川の最上流域に位置し、甕を焼く登り窯は河岸に接して築かれていた。とはいっても、畸上村に川港があったわけではなく、船の入らない浅瀬がかなり下流まで続いている。そのために、なんとか船の入る后笠というところまで、一連につないだ竹筏に載せて運び、河原に荷を下ろして、あらためて船に積み替えて下流に運搬する手はずを踏んでいた。

船荷は、奉化からは各地につながる運河網に入り、寧波・余姚・紹興・上虞・蕭山・象山などに販売されていった。こうして、寧波を経由して大碶鎮・宝幢村にももたらされたのである。

解放後に畸上村の商圏はさらに拡大して、慈渓・天台・三門などにも売りに出たが、水運に頼るところばかりではなく、新昌・寧海などにも、荷車に積んで出るようになった。

当時の船はジャンク型の帆船であった。そこで、まず鎮海に出て風待ちをして、北方に向かう時には、舟山・袋山を辿って、衢山・嵊山まで出かけ、主に漁民を対象に魚の塩漬け用を販売してきたという。南に向かう場合には象山に達した。象山は塩業が盛んであったから、たいへんによく売れたという。また、東に向かう時には、定海から舟山列島に向かったという。その逆に、蕭山から杭州まで足を延ばした者もいたという。こうした行商中は、船のなかで寝泊まりして暮らしていた。

販売の方法は、人により販売先により多少の相違があり、売れる製品の種類もことなった。

例えば、舟山に行くのは正月から6月までのあいだであった。それはこの時期が漁期で、採れた魚を塩漬けにする甕が必要になるからである。

7月～8月は農村に売り先を変えるが、10月以降は、米の収穫後の野菜の塩漬けをする季節であり、また正月の年糕の糯米を水に漬けるなど需要が増える季節であったから、特に販売に適していた。

もっとも大きな甕が七石碏で、水甕・堆肥甕・便甕・米甕として用いたが、また、酒作り用として造酒工場でも使用した。この系統の甕は1石入りの甕まで石数に応じて大小があり、需要の多いのは4石・5石入り（四石碏・五石碏）

であったという。これとは別にもう1系統、大きさを「号」で表すものがあり、最大が1号（3石入り）最小が5号（0.8石入り）であった。この系統では3号がもっとも売れたという。野菜漬や雷魚の塩漬けに使用したからである。もっとも、寧波市内のような都市部では、一度に漬ける漬物の量が少ないから、5号以下の「大落雨壺」「小落雨壺」がよく売れたという。

この近辺の窯業産地は、ほかに奉化と天台にあったという。奉化のものは畸上村の製品と類似した黄色であるが、天台のものは緑色を帯びていて、器形も異なっているという。

○煉瓦工・左官

解放以前は、村内に煉瓦工や左官はおらず、必要に応じて寧海からやってきた。しかし、改革開放以後はこの仕事につく村民が増加して、毎年30名ほどが北侖港や大碶鎮に出稼ぎに出るようになった。しかし、それも現在は減少して、出稼ぎの中心は先に述べた金文字看板作りになっている。

○墓碑彫リ

寧海からやってきた人が村内に長年住み着いており、現在も墓碑彫りに従事している。墓石は舟山から船で運搬してきたという。

○塗装工

椅子・卓・簞笥などを塗る。特に嫁入り道具は需要が多く、赤・黄など派手に彩色して仕上げる。現在も2名が村内で営業しており、ブリキの門扉のペンキ塗りなども行っている。

○炯孟鉄匠（鍛冶屋）

耙（馬鍬）・鋤頭（鍬）・釘耙（金浚え）などの小型農具や大樹刀（大鉈）・弯刀（鉈）・稲剃（鎌）などの刃物をそれぞれ各家で所有しており、これらは鍛冶屋が製作したものを入手した。

村を回ってくる回村鍛冶屋もいたが、大碶鎮には4軒営業していた。そのうちで近年まで残っていたのは一軒だけである。また、鄔街郷（3.5km）にも鍛冶屋がおり、こちらの方が品質は優れていたという。こうした鍛冶屋から新品を購入して使用し、破損・磨耗したものの修理は、主に村にやって来る回村鍛冶屋に頼んでいたという。

村に来る鍛冶屋は、毎年、春耕の前（2〜3月）にやってきたが、解放前には

毎年同じ人が来ていた。新調する場合の鉄材料は、鍛冶屋に用意させる場合と、廃鉄器を持っていく場合とがあった。回村鍛冶屋は2カ月ほど営業して、5月頃までに帰って行った。

近年も鄞県沙堰村（4km）から2名来ており、この人たちが来ない時には、鎮海県鄔隘から2名やってくるという。どちらも自分の村で鍛冶屋をやっており、出職の対象にしているのは渓東村だけである。村に来ると適当な空家を借りて仕事場とするが、決まった常宿はないという。

犂・耙（馬鍬）の刃先は鄔街郷の雑貨店から購入した。以前は刃先だけが鉄であったが、のちに全部鉄製となった。

〇補鍋匠（鋳掛屋）

昔はもっぱら鑊（鉄鍋）を煮炊具として用いた。鑊の大きさは、現在は直径1.6尺が一般的であるが、以前は飯炊き用は1.8尺（1尺＝30cm）が普通であった。また、おかず用には1.4尺を使用して、通常は2口の竈にこのふたつを載せて用いた。現在も2口竈を広く使用しているが、同時に電気コンロにアルミ製の鍋（電飯鍋ともいう）も使われている。

鑊は、普通は大碶鎮の雑貨屋で購入した。10年以上継続して使用できるが、底に穴があくと補修して用いた。この補修にあたるのが補鍋匠（鋳掛屋）である。これには以下のふたつの説明があった。

（1）鋳掛屋は鎮海県札馬村（鄔隘からさらに1km）から1月に2回ほど直しにやってきた。村の広場（現在、市場の開かれる場所）に道具を広げて営業していた。

（2）「文革」中の1970年ころまで来村していた。毎年、決まった人が金華や蘭渓からやってきて、村を回って修理して歩いた。春は4月、秋は8月・9月に天秤棒を担いでやってきた。1人で来る場合と2人で組んで来る場合があった。直し代金は穴ひとつにつき3角くらいであった。かれらは大碶鎮の宿屋に泊まることが多かったが、時には村内の直し仕事のある家に泊まることもあった。その場合には家で食事の面倒をみた。

（1）は解放以前の状態を表し、（2）はそれ以後の「文革」期までのことを示すのではないかと考えられるが、いずれにしても「大躍進」時代から「文革」期まで鋳掛屋が活動していたらしいのである。

○収舊貨あるいは換糖（屑屋）

稲刈りは5畝の田を刈るのに4名であたって2日くらいかかり、稲剃（稲刈鎌）は1本（単価1元）で2回（10畝？）しか使用できない。そこで、切れなくなった廃品を屑屋に売った。屑屋は、天秤棒を担いで小さなデンデン太鼓を叩きながら村を回って歩き、銅・鉄・布・鍋などの廃品を出すと交換に飴をくれた。このために「換糖」という言い方がある。飴はかれら自身でつくったもので、30cmほどの円盤から、その都度出した廃品に相当する分だけ切り出してくれた。温州・黄岩など南方からくる人が多かったが、30年ほど前から来なくなった。

その後、3kmほど離れた宝幢村に空部屋を借りて住み込み、廃品回収を仕事にする人がいた。この人は正月以外は故郷に帰らず、男1人で暮らしていた（出身地不明）。このほかに4人組の屑屋もおり、それぞれ分かれて付近の村から廃品を集めてきたが、10年くらい前に帰郷して、それっきり戻ってこなかった（出身地不明）。

○ベッドの網と布団作リ

台州から専門の職人が男女組でやってくる。季節は決まっていないが、11月と12月にくることが多い。それは、ベッドと布団は嫁入り道具で、正月明けに結婚が集中するからである。

かれらは、注文のあった家に泊まり込んで仕事をする。女が糸を紡ぎ出し、男がそれをベッドの枠木に張り込んでいく。張り込む時に、網の中央におめでたい「囍」の文字を編み込んで浮きあがらせたり、年号を入れたりする。現在来ている人たちは、特にこの飾り細工が上手であるという。もっとも、以前のベッドは木枠に半割りの竹を並べて固定したもので、網を張るようになったのは20年くらい前からのことである。

かれらは同時に布団も作る（同行の女があたる）。嫁入り道具の布団は、現在では10組ないしは12組揃えて持っていくのが慣例であるが、以前は、村内の年輩の女が作るものであったという。20年くらい前から割竹のベッドが網張りベッドに変わり、同時に布団も職人に作らせるようになったのである。

○鑞匠（錫細工）

錫製品には蠟燭台・杯・酒注ぎ・茶注ぎ・菓子入れ・瓶などがある。蠟燭台

は周年（年忌）などの儀礼に用いる必需品であるが、同時に嫁入り道具のひとつでもある。嫁入りの際に持参する錫製品は、蠟燭台2個・菓子入れ（1kgのビスケットを入れる）・酒注ぎ2個・茶注ぎ1個が最低のセットとされる。これらを、結婚を見越して予め注文して製作させた。

以前は4月～8・9月に、金華・蘭溪から大勢の職人がやってきて、注文を受けた村内の家に泊まるなどして細工をおこなっていた。かれらは色々な金型を持っており、それに熔かした錫を流し込んで形を作り、製品に組み立てる。1組作るのに1人ならば2日くらいかかるが、2人組でおこなうと、能率がよく早かったという。1978年以前は1組で100元ほどであったが、現在は350元くらいはかかるという。

職人が来なくなって以後は、大磽鎮にいる職人に注文するか、出来合いの製品を購入することになった。大磽鎮には錫細工職人は1人しかいなかったという。

○篾匠（竹蓙細工）

竹蓙作りは、寧海から毎年かならず8～9月ごろに刃物1本を持ってやってくる。4月にくる場合もあるが、これは少ない。8～9月になると、この細工に向く竹がとれるからである。

かれらは男女1組で来ることが多いが、兄弟の場合もある。注文するときには、予め竹林から竹を切り出して用意しておく。25kgの竹材で1枚の竹蓙ができるが、2枚・3枚まとめて注文することもある。かれらは注文主の家の空ベッドを借りて泊まり、3食の提供を受ける。

竹を細かく割り裂き、これを台所の鍋で煮て柔らかくし、同時に虫も殺す。竹を割り裂くのは男の仕事で、柔らかくなったものを編んで蓙に作るのは女性の仕事である。この手間賃は1枚20元で昔から変わらないという。昨年は4組8名がやってきたという。なお、烏石甏には安徽省懐寧県からも来ていた[①]。

○截猪人（去勢師）

豚を買い入れると雄豚にはすぐ去勢をおこなうが、雌豚は生後2月ほどたっ

---

① 菅豊「中国・江南の渡り職人についての断章」民具マンスリー第27巻3号に烏石甏の事例が詳しく報告されている。

て40斤くらいの大きさになってから去勢する。これらの去勢は専門の職人に頼む。これを「截猪人」といっているが、各家ごとに豚を飼育していた時代には、大磽鎮にいる去勢師が半月おきくらいに村を回ってこの仕事をおこなっていたという（現在は養豚場での飼育に変わっている）。そして、この仕事をおこなう職人は必ず特定的姓であったという。去勢は雄豚の方が難しく費用が高いが、人によって得手不得手があったともいう[①]。

〇屠夫（食肉加工人）

家で飼って成長させた豚は、1頭ごとに大磽鎮にある屠再場（肉市場）に売り、自分たちが食べる分は改めて少しずつ市場で買ってくるものであった。豚の解体が上手な人はどこの村にもおり、廟や祠堂の祭などで1頭まるごと豚を供物にする場合には、こうした人々に頼んで解体してもらったという。

4. 村を訪れる人々

前節では、主にモノ作りに関わる人々の様相を述べてきたが、ここでは、そのほかの雑多な職能者を紹介しておきたい。これらの人々にも、村に住み込んでいる場合（村民が従事する場合と余所から来て住み着く場合がある）、村外からときどき訪れる場合、隣村や近隣の町に住んでいてこちらから訪れていく場合がある。初めに、村外から訪れてくる人々についてみていく。

〇変戯法（猿芸人）

夏の夕食の後、外で涼んでいる時をねらってやってくる。銅鑼を叩いて人々を広場に集め、人垣ができると、連れてきた猿に帽子と着物を付けて、いろいろの所作をやらせる。猿芸のあいだには手品もみせて、2時間くらい興行し、その後に皿を回して金を集める。

多くは安徽省から来るという。大人2名（夫婦の場合もある）・子供2名・猿1匹が1組である。終了すると、普通はその夜に村から引き上げるが、適当な宿がない場合には村に泊まり、その時には空いている倉庫や小屋を借りて寝る。村に止まった翌朝は、お碗を持って家々を回り、朝食をめぐんでもらう。

---

① 去勢については、菅豊「『非牧的家畜』の管理と利用」（本書所収）を参照されたい。

○買瀾泥假薬（薬売リ）

　季節は特に決まっていないが1年に1組か2組やってくる。普通は3〜4名で組を作って来るが、同じ組が毎年来るわけではなく、一度来た組は3年くらいあいだをあけて再び訪れるものだという。

　銅鑼を叩いて広場に人を集め、最初に気功を演じて自己紹介をおこなう。次に薬（漢方の飲み薬）の宣伝をおこない、先祖伝来の秘密の処方であるなどと能書きを述べ立てて、通常は5元で1箱だが、特別にまけて2箱にするなどと勧める。また、見物人のなかから具合の悪い人を選んで診断をおこなった上で、薬を勧める。このほかに鍼で治療し、その後に貼り薬を用いる。また、灸もするし、体の痛む箇所から血を抜く治療もおこなう。これにはガラスコップを用いる。

　たとえば、腰痛の場合に、初めは鍼で直してあげるといって鍼による治療を施し、次に悪い血が残っているといって血採りをおこない、最後に薬を飲ませる。金を取るのは薬だけで、鍼灸や血採りなどは無料である。

　多くの場合、4人組のうちの1人が気功をおこない、1人が鍼灸を受け持ち、1人が薬を調合し、1人が病気をみるなど、それぞれ役割が分かれている。ただで治療を施すために薬はよく売れるが、実際にはあまり効かないという。

○江湖医生（町にくる医者）

　近隣の宿屋におよそ15〜20日ほど泊まって、町や周辺の農村一帯に、散らし広告を貼り巡らして宿に待機し、広告をみてやってくる病人の治療をおこなう。買瀾泥假薬に比べると比較的よく直るが、正式の病院の医者とは方法が違う。施薬・鍼灸・血採りを行うだけで、注射や手術はしない。

　村民の治療にあたる者は、この他に村内に保健医生（裸足の医者・女医）が一人いる。1970年代に鄔隘衛生所に学んで医生になった人である。現在は町の病院で出産するように変わったが、2・3年前まではこの保健医生がお産の世話もした。保健医生のいない時代には、産婆がお産の面倒をみていた。産婆は村内の老女で、子供のできる家に1月ほど泊り込んで、お産を手伝い、その後も産婦と子供の世話をした。

○取牙虫（虫歯直し）

　女性（40才くらい）が1人、時には2人連れで村にやってくる。山東省・安

徽省・四川省からやってきたという。1人で来る場合はもっぱら大人の虫歯を直し、2人組の場合には子供もあつかう。

この人たちは骨で作った2本の針を持っており、この針で悪くなった歯のなかから歯の虫を取り出してみせ（生きたイモムシが実際に出てくるという）、もう虫を取ったから良くなったというが、本当はあまり直らないという。直らないことは分かっていても、痛くて我慢のできない時には、つい診てもらうことになるらしい。

○郎中（夜尿症直し）

郎診ともいう。男性（40才くらい）が多く、特定の人がいつも来るというわけではない。たくさん薬の名前の書いた旗を掲げて、ラッパを吹き、銅鑼を叩いて村内を回って、人々を広場に集める。初めに気功を見せてから、夜尿症の子供の治療をおこなう。まず鍼で治療して、次に薬を飲ませる。最初はよく直るが、次からはあまり効かなくなるらしい。だから、最初は本物の薬を飲ませているが、以後は偽薬に変えているのではないか、との噂もある。

○算命先生（運勢の占い）

盲人（男性が多い）の占い師で、日を限らず村にやってくる。昔は多い日には1日2回も来ることがあったが、現在は、湖塘村・鄔隘村までこちらから出かけていくという。

村に来る時には、1人で杖を突いてくる場合もあったが、妻や子供を連れていることが多かった。銅鑼を鳴らして村内を回り、呼ばれると占いをおこなった。

近辺の湖塘村・小白嶺村・鄔街卿村・鄔隘村・塔時藇村などから来たが、あまり遠いと言葉が通じなくなるから、寧波周辺地域に限られる。塔時藇村からくる人が一番上手で人気があったという。

占いの仕方は、「生辰八字（生年・月日・時間）」を用いて、その人の寿命・出来る子供の数などを示す。普通はなにか問題がある場合に頼むが、この占いは必ずよい結果が出るものだという。だから、この占いは、元気づけのためにおこなうものなのである。また、なにかの問題があれば、その解決策も教えてくれるという。

たとえば、なかなか病気が直らない時には、部屋や墓の風水が悪いといっ

て、風水を改善するために置く鏡やガラス瓶の位置を教えてくれる。

　また、先祖が冥界でお金に困っている場合には、お供えを作り、線香、蠟燭を灯して紙銭（錫箔紙を元宝の形に折ったもの）を焼くように指導する。言われたようにするとすべて順調になるという。算命は、これらの計算をすべて頭のなかでおこなうのである。

　このほかに、見合いをした後は必ず相性を占ってもらう。これは現在も行われており、占いの結果が悪ければ縁がなかったことにするという。以前は1回1元であったが、今では12元もするという。

〇卜科先生（邪気払い）

　算命より格が上で、昔は近隣に1人いたが、現在はいない。普段は算命と同様の占いをしていたが、これも一般の算命に比べてよく当たったという。しかし、もっとも重要な役割は、墓に憑いた邪鬼を払うことであった。

　墓に悪い鬼（死霊）が取り憑くと、子孫の家に悪事が起こり、特に若者の死が続くという。こうした兆候がみえると、まず算命に占ってもらい、その結果、墓に死霊が憑いていることが分かると、今度は卜科に頼んで払ってもらうのである。

　卜科は、墓の前で銅貨64枚を白糸で繋げた数珠状のものを上下に動かしながら、咒語経（色々な経の集合であるという）を唱えて、咒語の力によって死霊を払うのである。

〇剃頭（床屋）

　1957年ごろに柴楼村から上手な床屋（王金墩）がやってきて村内で営業し、4年ほどのあいだに村人5～6人がその技術を習らって床屋になり、そのうちの1人が現在も営業している。現在、村内に床屋が2軒あるが、もう一軒は、大碶鎮で技術を身につけてきた女性である。

　それ以前は鄞県・宝幢村や石湫村から剃刀・鏡・ナイフ・耳掻き・剃刀用の革帯などを持って日帰りでやってきて、注文をとって村内を歩いた。石湫村は祠堂や廟の多い村であるから、「廟堂長」・「吹行」（これらについては後述する）などが多く、かれらが床屋として回ってきたのではないかという。

　『中国民間文学集成・浙江省寧波市北侖区　故事・歌謡・諺語巻』には、床屋として出歩く者が大碶鎮・石湫村、柴橋鎮・四脚亭村、長山鎮・長山嶴など

に住んでいると出てくる。

この他に、渓東村の廟である嘉渓廟の廟堂長も床屋をやっており、解放後にはその息子が村内で営業していた時期がある。

○報春牛（暦売り）

12月23日前に、財人菩薩（布袋）と竃君菩薩（竃神）のお札を売りにくる人たちがいる。各家の戸口に勝手にお札を貼ってからお金を要求し、同時に蠟燭・線香なども売っているが、この人たちを指す特別の呼称はない。これに対して、3月に暦（農事暦）を売りにくる人のことは「報春牛」という。報春牛は銅で作った牛型の鉦を叩きながらやって来たというが、どこから来たかは不明である。

○老大江寿戯班（京劇団）

かつては後述の廟の祭（菩薩の誕生日。10月25日〜27日が祭日）に際して、廟前に舞台を築き、寧波から劇団を呼んで京劇を昼夜2回興行した。この時には総勢40〜50名もの団員がやってきて、廟に宿泊して各種の演目を演じたという。

○発財戯（人形使い）

地主など有力な家では、家業などが思わしくない時に、人を呼んで人形劇をおこなわせることがあった。これを「発財戯」という。木で作った男女の人形計4体を、2名が手で、他の2名が紐で操り、鉦（2名で叩く）に合わせて舞わせた。これらの人々は、廟堂長が柴橋村から呼んできたという。

5. 特別な能力を持つ人々

村内・村の周辺・近隣には様々な特別な能力を持ち、それに見合った役割を果たしてきた人々がいる。これらの人々は必ずしも職能区分が明確ではなく、機能の重複も少なくないが、聞き書きのままに列記しておく。

○風水先生

現在も1人おり、特に墓の風水指導をおこなっているというが、聞き取りをおこなっていない[①]。

---

　① 渡邊欣雄氏が詳しい聞き取りをおこなっている。

○道　士

この付近には道士はおらず、葬式に際しては尼僧・僧侶が参加していた。

○僧侶・尼僧

以前は村内にいくつか寺と庵があり、僧侶や尼僧がかなりいた（庵のほうが多く、したがって尼僧が多かったという）。しかし、現在は村内に僧侶・尼僧ともにおらず、必要なときには阿育王寺（近隣にある大寺。アショカ王を祀る）から呼んでくるという。また、阿育王寺には、村の老女たちがグループを作って、特定の故人の供養のために、春秋に1週間くらい泊まりがけで出かけることがある。僧侶のあとについて経を読んで過ごし、紙銭や紙で作った日用品の模型（テレビ・ラジオなどもある）を焼いて供養するのである。

民国時代には、大きな地主の家の葬儀は、僧侶1名と小坊主6名が参加して読経するものであったが、現在の葬式に尼僧や僧侶が参加することはない。もっとも、以前も貧農の場合には僧侶などは参加せず、村の老女を4名ずつ頼んで「弥陀経」を唱えてもらっていた。この経を「演口経」といったらしい。現在も村の老人グループに念仏を頼んでいるが、こうした念仏には金銭が絡んでおり、これについては後述する。

○肚仙先生あるいは渡仙婆（口寄せ）

「肚仙」と「渡仙」は同音で同一の職能を指すが、以下では聞き取りに従って記述する。

一般に女が多いが男もいる。鄔隘の80歳になる女性が有名である。札鄔には30歳の男がおり、余姚や慈渓にもいる。余姚や慈渓に行くときには、どこに住んでいるのか分からないので、人伝てに探してからいく。

肚仙（渡仙）にはふたつの役割があった。ひとつは病気を直すことで、もうひとつは亡くなった人を呼び出すことである。以前はこの両方を行っていたが、死者を呼び寄せる方は迷信であると排除するようになって、今は病気治療の方が多いという。不思議なことに、病院では直らない病気が1回の治療で直ることがあるという。

肚仙が呼び寄せる死者は一般に親・夫などで、特に若死にした人を呼び出す場合が多かったという。呼び寄せた人の霊が入ると、声色が急に変わって、男の霊なら煙草を吸いながら話をし、子供の霊ならば子供の声になるという。

例1・妻が病気に掛かって直らなかったので、冥界で悪いことがあったと考えて、自分でお経を唱えて紙銭を焼いたが、良くならなかった。そこで渡仙婆のところにいった。渡仙婆は「冥界を訪ねて聞いてきたが、あなたが家を新しくしたので、訪ねてきた霊があまりにきれいになったので驚いている。これが原因で病気になったのだ。大した病気ではないから安心しなさい」という。しかし「送ったお金（紙銭）が少し足らない。もう少し送りなさい」というので、その通りにしたら良くなった。

例2・4人一緒に兄弟親族がまとまって、死んだ母の様子を聞きに渡仙婆のところにいった。亡母の年齢・墓の場所・墓を作った月日・墓の方向を聞いてから、線香を3本立てる。線香を灯すと眠くなってあくびをし、やがて声が変わって男の声になる。男の声で、亡母について聞きたいことをもう一度繰り返し、その後に亡母のところに行ってくるという。やがて男が戻ってきて、亡母は広さ3間の住宅（冥界）に住んでいるなどと具体的な様子を伝えて、亡母に間違いないかどうか聞く。確かにその人が亡母であると確認すると、男は再びいなくなり、替わって亡母が登場して声色も女になり、列席する者の名前をひとりずつ呼んで間違えることがなく（予め渡仙婆に教えてはいなかったという）、孫を見ると、この子は自分が送って授けた子である、などという。その上で、冥界での現在の様子を伝えてくれた。次に亡父も登場したが、どうしたわけか亡父の方はなにも話さなかったという（話をしないのに、なぜ亡父と確認できたかは不明）。亡母は現在の生活はまあよいから心配ない、といって安心させてくれた。この時にはお礼に5元出して帰った。今から30年ほど前、29歳のことであった。この渡仙婆はまだ存命である。

例3・ある女が上海の病院に3000元もかけて入院したが直らなかった。その人の亡夫は生前共産党員であったから渡仙婆を信じていなかったが、近所のおばさんが渡仙婆に依頼して病人のことを伝えると、亡夫の住んでいる部屋（冥界の）が低くて、体に合わないのが原因であるという。そして、尼僧に頼んでお経を唱えてもらい、紙銭を焼くように勧めるので、その通りにしたら良くなった。これは1989年のことで、この人は今でも元気に生きている。

例4・病気になると「鬼（死霊）が憑いた」と言って、家族の一人が肚仙のところにいく。そこで病気の内容などを話すと、肚仙は線香を灯して香炉を焚

き、やがていびきを3回かいて、「肚仙」を体内に迎え入れて、声が「肚仙」のものとなる。その後、いろいろと話しているうちに、声の主である「肚仙」には、だれの死霊が取り憑いているのかが分かってくる。

取り憑く死霊には2種類あり、ひとつは事故死者の霊である。事故死には産病死が含まれ、戦死は除かれる。通常死も事故死も葬式の方法に違いはないが、事故死者は家のなかに入れない。

もう1種類は若年死で、16歳以上の未婚者が対象となる。若年死者の場合には、陰配（一種の冥婚）をおこなうこともある。

だれの死霊がついているかが判明すると、「肚仙」は病人の家に行って確かめてくるといい、先生の体から出ていく。このあいだは通常の地声に戻る。再び帰ってくると、死霊が希望していることを伝える。死霊の要求には食物の場合と金の場合がある。「肚仙」が死霊の希望を伝えると、先生の声は再び地声に戻る。謝礼は20元くらいである。厳密には、「肚仙」が憑いていない状態を「外殻」といい、憑いている時に初めて「肚仙」となる。「肚仙」もまた死霊であるが、生前に「外殻」の友人であった。そして、「外殻」から借金をして返済しないまま死亡したために、生前の借金を冥界で返すべく「外殻」に協力しているのだという。

家族は憑いた死霊の注文に従って、それが食物の場合には、要求された料理を作って四仙卓にならべ、線香3本・蠟燭2本を灯して病人に拝ませる。すると死霊は去っていく。金を要求された場合には、それに見合った金額の紙銭を燃やして死霊を送り出す。

紙銭には決まった計算の仕方がある。基本になるのは読経の回数である。紙銭に換算する経典には短経・中経・長経の区別があり、全部で8種類（心経・金剛経・土地経・阿弥陀経など）ある。短経は1000元を単位として、長経は100元を単位として計算する。短経は400字を1句として1000回読了すると1単位（1000元）となる。長経は2000字を1句として、100回（時に200回以上の場合もある）読了すると1単位（100元）となる。中経は2000字が1句で100回が基準であるが、単位は特に決まっていない。さらにこれを紙銭に換算して、単位に見合っただけの紙銭を焼く。普通、死霊が要求する金額は短経2000元、長経500元であるという。

死霊に奉納する金額が決まると、必要な回数の読経を唱えるが、これは病人自身以外であれば誰でもよく、近親者に限定されることもない。金を払って他人に念仏を唱えてもらうこともできる。また、寺や市場で売っている念仏証文（経典名と念仏の回数を印刷した色紙）を買ってきてもよいし、他人の唱えた念仏の回数を記した証文を買うことも自由である。

これ以外にも各種の念仏を必要とする場合に、念仏を読経する者を金銭で雇い入れたり、個人の念仏証文の売買がおこなわれたりする。こうして念仏は実入りのよい商いとなり、専業的なグループができるまでになった。

〇念仏者

2・3年前から、葬式・死後14日・35日・49日・100日・1周忌に念仏を唱える習慣が復活(?)して盛んになった。葬式で唱える念仏を「演口経」といい、民国時代の貧農は村の老女に頼んでおこなっていたというが、現在では、この「演口経」のために盲人が念仏者になることが多いという。算命よりもこちらの方が儲かるためである。

この村の念仏グループは3人組と孤立した1人に分かれており、他に両方に付き合っている者が1名いて、合計5名である。少数派の方は、不足する分を他村（主に柴楼村）から雇ってくるといい、柴楼村にもグループがあって協力しあっているという。現在の念仏の費用は、昼1日が20元、夜は1晩40元である。

6. 嘉渓廟に関わる人々

渓東村の入口には廟が残っている。この廟を「嘉渓廟」といって「土地菩薩」を祀るが、宋代の曹彬公（曹濱公ともいう）を祀っているともいう。

曹彬公は、または「建陽王（済陽皇とも）」といい、この土地に生まれた人物であるとの俗説もある。かつてはこの「嘉渓廟」に由来して、渓東村のことを嘉渓郷といってきた。

この廟は、1961年に廃されて、以後、瓜の種を煎る小工場や物置として利用されていたが、数年前に日本在住の華僑の寄進によって再建され、これに伴って廟の儀礼のいくつかが復活し、1994年の夏の調査に際しては、盆行事の念仏供養をおこなっているのを見ることができた（7月は死霊に念仏を唱える月と

されて、7月の1月間にわたり、毎日7名の念仏者が廟に集まって「金剛大七経」1巻を唱えるのだという）。

　以下では、この廟にまつわる人々について見ていくことにするが、その前に、かつて行われていたこの廟の儀礼・役割などについて、ごく簡略に触れておきたい。

○廟の行事

　廟と村民の関わりにはいくつかの側面がある。ひとつは、新年の早朝に供物をもって廟に行き、あるいは結婚・新築・誕生日（50歳・60歳・70歳など）・寿墳（生前につくる墓）の祝いに際して菩薩を家に迎えるなど、各家々や個人の祝事・祭事に関わる部分である。

　もうひとつは村全体に関するもので、これには後述の大きな行事のほかに、毎月1日と15日あるいは60日ごとの庚申の夜に念仏を唱え、7月15日を挟んで先祖供養の読経をおこなう、などがある。これらはながく中断していたが、1976年から一部が復活した。

　（1）曹公祭

　村全体にかかわる大きな行事には、10月25～27日におこなう菩薩（曹彬公）の誕生日があり、「曹公祭」あるいは「廟頭祭」などともいい、念仏を唱える。かつては、10月25日の昼に豚と羊を丸ごと供え、さらに角卓を添えてそのほかの供物も並べる。26日にも同様のものを昼と夜で取り替えて供え、27日には昼だけ供える。したがって、この祭の供物は合計で4組、豚と羊が4頭ずつ必要となる盛大なものであった。

　「曹公祭」は村の祭であるから、その費用は村全体で責任を持ち、この賄いのために「廟頭田」と称する8畝の公田があり、この上納を費用にあてていた。廟に関する公田には、廟の管理責任者である柱首（後述）が管理する10数畝があり、使用目的によって「廟頭田」のほかに「菩薩田」「灯頭田」「龍灯田」などと名称を付けて、その上納分を各々の行事に割り当てていたらしい。以前はそれぞれ「会」（たとえば菩薩田の耕作権をもつ菩薩会など）が作られていた（現在は入札制度をとっているようである）。

　「廟頭田」の場合も、当年の耕作者が「曹公祭」の各供物を提供する習わしになっていたが、前述のように「曹公祭」の供物は各年4組を必要としたか

ら、「廟頭田」は4分されていた。

　一方、この村は5姓（楽・鄭・王・陳・胡）で構成されているから、4分した「廟頭田」を各姓族ごとに2畝ずつ割り当てていた。実際には、楽・鄭・王の各姓と、比較的に規模の小さい陳姓と邵姓を1組として4グループにしたのである。これを各グループごとに世代の上から毎年交替して耕作する仕組みになっていた。同世代がいる場合には年齢順に決めたという。

　現在は、各家から供物を1卓ずつ持っていき、25日から廟に泊り込んで念仏を唱える形式になっている。

　（2）上灯節

　1月14日～1月18日には「上灯節」をおこなう。この5日間も豚・羊を1組ずつ供えて念仏を唱えるが、この期間はだれもが自由に礼拝できたという。この費用は「灯頭田」から出すことになっていた。

　（3）行会

　かつては2月15日～2月17日に「行会」をおこなっており、最後の「行会」は1945年であった。

　「行会」には「行新会」と「行老会」の2種類があった。

　「行老会」とは、大碶郷・烏隘郷・塘崎郷・高塘郷（現大碶鎮）の村々と、隣接する鎮に属する霞溥郷の1村落に置かれた24の廟（別表）が共同でおこなう行事であったが、その規模を縮小して7箇所の廟がおこなうものを「行新会（「行太平会」ともいったらしい）」といった。「行新会」は「行老会」を簡略にしたものらしいが、一説には、毎年おこなった「行新会」はあまり盛大ではなく、数年に1回おこなう「行老会」が華やかで盛大であったという。

　「行老会」は、石湫村の「老行宮（一説に東獄宮）」を中心にした祭礼であった。「老行宮」には大夫公（文官）と王林公（一説に王霊公、武官）が祀ってあり、この2神を中心におこなわれた。2神の神格については諸説あって不明であるが、この2神の像を輿にのせて、24箇所の廟を巡回するのが「行老会」であって、この行列にともなって、各廟からはそれぞれ自分の廟の菩薩の輿を担ぎ出して、他の23箇所を巡回した。この各廟の輿は空輿で、菩薩はそれぞれ自分の廟に待機していた。巡回する空輿には虎の皮を敷き、その上に線香と蠟燭を灯していたという。

その様子は次のようであったという。

　旗持ちやラッパ・銅鑼などに先導された王林公と大夫公のふたつの輿が前の廟に属する人々に担がれて嘉渓廟につくと、この輿を渓東村の人々が受け継ぎ、これに曹彬公の空輿を伴って隣村の廟まで届ける。その廟前には3卓の料理が用意してあり、向かって左が王林公、中央が大夫公、右が当該廟の供物で、王林公に限って精進料理を供えたという。ここで「老行宮」を乗せた2個の輿だけが廟の門の中に入り、ここで担ぎ手はこの村の人々にかわる。一方、空輿の方は門前で止まって、担ぎ手だけが門の中に入って線香をあげ、供物を分けて貰って次の廟に向かう。こうして、遠征するもっとも遠い廟は25kmほど先であったという。24の廟をめぐって空輿が自分の廟に戻ってくると、爆竹をならし、太鼓を叩いて歓迎し、輿を廟に収納して、すべての行事が終了する。

　このように「行会」とは「老行宮」の王林公と大夫公の巡回を中心に、24の廟が共同でおこなうものであった。

　「行会」に際しては、各廟ごとに「督理（責任者）」を選出し、そのなかから総督理を決めて、総督理のもとにその年の巡回順序を決めたという。

　各廟の督理は「柱首」があたるものであった。「柱首」とは廟の管理責任をもつ者であるが、多くは保（行政単位）の責任者である「保長」が兼務していた。この地域は原則的に1村1保であるから、民国時代末期の嘉渓村の場合、小地主であった邵順慶が保長・柱首・督理を独占して、公田の上納米を掌中におさめ、「公堂地主」と揶揄されていたという。

　このほかの日常的な行事の管理は、「柱首」の下に「小柱首」がいた。「小柱首」は各姓族から選出されて、それぞれ責任を持つことになっていたという。

　以上が廟と村民との関わりであるが、それでは行事期間以外の廟の管理はどのようにおこなわれていたのであろうか。ここに興味深い問題がある。

○廟堂長あるいは廟祝

　かつては各廟の付属小屋に「廟堂長」「廟祝」「廟伴」などと呼ばれる家族が住んでいた。そして、この家族が、廟の掃除や菩薩の世話（毎朝の菩薩像の洗顔・献茶・衣装の着替え・蠟燭・線香の始末）などにあたってきたという。

　興味深いことは、どこの村でも村に帰属する人々が廟堂長に従事することはなく、必ず外から呼んできたということである。また、嘉渓村の場合には、廟

堂長は特定の姓でなければならないとされており、このために本来の姓をその姓に改名したという（後に子孫は元の姓に戻した）。

　そして、清代には、その姓の人は科挙をうけることができなかったといい、村民はかれらを一段と低く見下しており、一方、かれら自身も自らを卑下して、村民に対して腰を低くし、いつも丁寧な挨拶をしていたという。

　また、廟堂長一家は、農業に従事することはなく、収穫期に箕を担いで村の各家を回って米を集めて歩いたという。それが1作あたり1000斤、この地域は1年2作であるから合計2000斤にもなった。だから、特に貧しいというわけではなかったらしい。

　また、かれらは村人の婚姻に際して両家の手伝いをして、なにがしかの金を得ていたともいう。

　廟堂長一家の主は、招待先に出す披露宴の案内状の祝文字を書き、これを先方に届ける役割をしたが、大地主の結婚披露宴の時には、呼ばれて庭で祝いのラッパを吹く仕事にもあたったという。このために別名で「吹行」ともいった。そこから「吹行」がラッパを吹くような立派な披露宴を「吹行酒」ともいう。また「吹行」は、「寿墳（生前に自分の墓を作ること）」の祝事に際しても、同様にラッパを吹き、胡弓・打楽器などにも優れているものであったという。もっとも、嘉渓村の廟堂長は、ラッパもそのほかの楽器もできなかったので、「吹行」には村外から知人を呼んできたらしい。一説に廟堂長は必ず改姓したが、「吹行」は姓を変える必要はなかったともいう。

　「廟堂長」の妻（同姓である）のことを「廟堂娘（婆）」ともいい、こちらは嫁入りの3日前から花嫁の家に泊り込み、万事花嫁の世話をした。なかでも花嫁の化粧、特に前髪をあげて額をきれいに手入れすることを「開瞼」といって、花嫁支度の重要な部分であった。「廟堂娘」は2重にした糸の一方を口でくわえ、もう一方を手で張って産毛をはさみ、手際よく抜くという。さらに「廟堂娘」には花嫁を婚家まで導いて行く役割があり、これを「送嫂」といった。花嫁に付き従って婚家までいく者は、「廟堂娘」と輿を担ぐ4名の男たち（「抬轎」といってやはり同姓であった。「廟堂長」が集めてきたという）だけであった。

　したがって、嘉渓村におけるこの姓は、必ずしも廟堂長一家に付随する特別

のものではなく、この他にも職能がいくつかあった。既述の「発財戯」もその1例であって、この人々も要求があると「廟堂長」が手配していたという。また、床屋も本来は同様の身分の人々の仕事であったと理解されている。

　この姓の人々は、鶏・豚・雄牛の去勢もおこなっていたという。これが前述の「㓾猪人」である。鶏の去勢人は、笠をつけて独特の呼び声を掛けながら、1月に1～2回、決まった人が村を回ってきたといい、これを「閹鶏」といった。

　また「換糖」も、かれらと同様の人々が従事していたという。

7. 祠堂と祠堂伴

　渓東村には、各姓族の堂前（姓族集団の住宅に付属した祭祀場）があり、このことは既述したが、独立した建物である祠堂はこの村にはなかった。ただし、渓東村で最も有力な楽氏の場合、村内には堂前を持たず、隣村の湖塘村にある祠堂でおこなわれる清明節や冬至祭、あるいは2月15日前後の「灯籠会（龍灯会ともいう）」などに参加していた。というよりも、楽姓の一族の中心は湖塘村であって、その祠堂は6～70畝の大公田を持ち、相当の歴史を有し、また省外に広がる同族の祭祀対象となっていたのである。1994年にこの楽氏祠堂を見学して楽氏族譜を拝見したが、これらについては別の機会に譲るとして、ここでは、この祠堂の日常的な管理に携わった「祠堂伴（廟における廟堂長・廟堂伴に対比できる）」の出身について、少し触れておくに止める。

　楽氏祠堂の「祠堂伴」には、特定の姓の者が1952年まで代々従事していたが（世襲であったらしい）、1953年に農民となってこの仕事を辞し、別の姓の家に引き継がれたという。

行会に参加する廟

廟　名	所在地	郷	注　記
白石廟	霊岩村	大碶郷	
金桔廟	西山村	大碶郷	または金霊廟か。
呉君廟	漕頭村	大碶郷	
老鷹頭廟	老賀村	大碶郷	
東楼廟	前宗村	大碶郷	

中国浙江民俗文化

前頁表の続き

廟　名	所在地	郷	注　記
宝聚廟	堰墩村	大碶郷	
林頭廟	先峰村	鄥隘郷	
盤碶廟	新蠹村	鄥隘郷	
新豊廟	新豊村	鄥隘郷	
曹崎廟	民楽村	鄥隘郷	
唐将軍廟	烏石蠹村	鄥隘郷	
嘉渓廟	渓東村	鄥隘郷	
新安廟	柴楼村	鄥隘郷	新安村と柴楼村の境。祀る村。新安・柴楼村。
柴楼廟	柴楼村	鄥隘郷	新安村と柴楼村の境。祀る村。新安・柴楼村。
上湖唐廟	後漕湖村	鄥隘郷	
湖塘廟	湖塘村	鄥隘郷	祀る村。湖唐村・烏隘村・札馬村。
孟君廟	石湫村	鄥隘郷	
竹山頭廟	石湫村	鄥隘郷	
楊六軍廟	新和村	鄥隘郷	
青林廟	青林村	塘崎郷	
楊四軍廟	龍山村	塘崎郷	
楊五軍廟	新路村	塘崎郷	
盤渓廟	共同村	塘崎郷	
妙林廟	妙林村	高塘郷	祀る村。沿海村・大同村・永豊・五星・前顧村・後顧村・永久村・妙林村・鎮安村・その他
澎亭廟	清水村	霞溥郷（鎮外）	祀る村。清水村・その他

摘要

村落的人口流动
——宁波北仑区大碶镇溪东村

朝冈康二

本稿主要报告有关宁波北仑区大碶镇溪东村的人员流动情况。现在的溪东村年轻人大多从事铜字的制作，有的甚至上北京、南京做铜字生意。在这以前，由于该村三面环山，北面为水田，村民主要以稻田生产为主，同时从事山林的种植、采伐、养猪等，是一个纯农业的村落。可是在民国时代，溪东村是一个十分贫困的村庄，地主、中农极少，大多是佃农、长工，村里几乎没有专业的手艺人，木工、水泥匠、铁匠、焊锡匠等日常生活中不可缺少的手工业者，医生、以及各类艺人都是以村外的来客居多。有关手艺人来溪东村的这类调查结果，到底能反映出该村什么样的一般情况，仍十分不明了，只能侧面地了解该村外来人员情况的一个大概。

同时还介绍了溪东村与周围邻村的村民往来情况。人们认为村外有能占卦算命的人，也有能让人与阴间的灵魂交流的半仙，必要的时候，村民便外出求仙算命。由于这一地区深受佛教的影响，算命先生、半仙经常把"念经字据""纸钱"作为工具来沟通阴间与阳间的交流。

村口的嘉溪庙是最近修建的，过去在这里举行过周围各村组织的"老行会""新行会"，由此建立了与周围各村的近邻关系。原来的王、乐、朱、陈、邵5个聚落也可能是因为嘉溪庙合并成为现在的溪东村的吧。

嘉溪庙里长年住着叫"庙祝""庙堂长"的人，他们负责庙内日常事务，据说这些人都为外来人员。

「非牧畜的家畜」の管理と利用

菅　豊

はじめに

　中国の広大な国土は気候、風土の変移に富み、多くの植物相、動物相を保持している。中国の人々は多様な自然環境の中、早くより農耕を発展させ、それに伴って様々な動植物を人為的な管理のもとに内部化する、いわゆるドメスティケーションを推し進めてきた。本稿で取り扱う中国・江南地域では、穀物や蔬菜、果樹などの耕種と家畜飼育とを有機的に連関させた有畜農業を行っており、家畜に対する豊富な民俗知識、民俗技法を保持・継承している。

　一方、日本は、東シナ海（東海）を挟んだこの中国・江南地方の農耕文化と密接な関連を持っているものの、基本的な農業生産形態として無畜農業を長きにわたって営んできた。日本の農業は、古くより幾度となく大陸文化の影響を受け、稲作技術をはじめとして多くの農耕に関する知識、技術を受容・導入し、当然家畜とそれに伴う技術も伝えられた。それにも関わらず、高度な家畜文化を開花させることはなかったのである。したがって、日中それぞれの農耕文化の特質を究明する上で、両農耕文化における動物に対するアプローチの指向性の違いを検討することは重要な意味を持つはずである。

　文化の指標として動物を捉える視点は、狩猟採集民、あるいは牧畜民、遊牧民といった動物自体を生計維持の中心的資源として活用してきた人々に主として向けられてきた。それは、戦後の生業文化研究が稲作文化、あるいは照葉樹林文化といった農耕文化に比重が置かれたという研究状況に対する反動と位置づけられるとともに、別の側面からいうと文化を自然や動物でうまく読み解くために、よりいっそう動物の重要視される文化を選択した結果だともいえる。

生業を経済的な活動の意味だけではなく文化行動として見ていくためには、生業の中に現れる知識・技術といった生活技術の位相から、言語行為、社会構造、信仰体系など抽象度の高い文化位相へと昇華していく過程をさらに読み解かねばならないことはいうまでもない。ヨーロッパや西アジアの牧畜文化・社会の特質を卓抜な解析力で解きあかした谷泰が、「インタースペシフィックな家畜との関係パターンが、イントラスペシフィックな人間対象に対する関係行動、関係認知に転用されるという、もしそういうことがあったとすれば、牧畜という生業は、単に経済行為や技術文化のレベル以上の、社会関係にかかわる文化のレベルに対しても、意味をもつことになる」（谷、1976）といみじくも指摘するように、生業が文化に対して持つ影響力・規定力を推し量ることが生業文化研究には求められるのである。その点では動物を文化の指標とする場合、それと取り結ばれる関係性のより強固な狩猟採集社会、牧畜社会を対象としてきたことはうなずける。

　本稿で対象とする中国・江南地域はそのような生業形態の分類でいうとあくまで農耕社会なのであり、牧畜社会などとは異なったサブシステンス・エコノミーの中心が存在し、そこに登場する動物―家畜と野性動物―は牧畜社会のそれと比べそれほど大きな影響力を持たないことが予想されるかもしれない。家畜に限定してみても、中国の当該社会に主として飼養されているものは非群居性、雑食性の有蹄類（ブタ）、及びニワトリなど「非牧畜的家畜」（梅棹、1976）なのである。しかし、当然ながら「非牧畜的家畜」とはいえ、それを生業の対象とする人々との関係行動（谷、1976）は、いささかも瑕疵を受けるものではないことはつけ加えておかねばならない。また、その関係行動が予想以上に、様々な文化位相に影響を与えていることを示唆しておかねばならない。

　ただ筆者は、この問題を解きほぐすための資料を現状では十分に持っていない。そのため本稿は、あくまで中国・江南地域の農耕文化における動物の意義に関する予備的考察として位置づけられるものであり、より高次な抽象化された文化事象への昇華の可能性を探るために必要な、生業としての家畜飼養という一次的な文化行動についての資料報告にとどまるものである。

1. 家畜を取り巻く環境と経済状況

　面積約960万平方キロメートルにものぼる中国国土は、大きく東部季節風湿潤区、西北乾燥区、青蔵高寒区の3つの自然区域に分けられる。東部季節風湿潤区はモンスーンの影響で温暖湿潤であり植物栽培に適した区域で、農業地理学上「農区」として扱われ、一方後2者は乾燥しているため牧畜を主体に生活を営む「牧区」として扱われている（沈、1989）。「農区」の領域は、中国の開発の歴史推移の中で北方、あるいは西方に拡大傾向があるが、依然、国土の52％を「牧区」が占めている。

　「農区」と「牧区」とでは、家畜飼養の方法・形態・経営方式において大きな違いがある。「牧区」は、天然草地でヒツジ、ウシ、ウマ、ラクダなどの大規模な放牧群を専業的に飼養するが、「農区」では、飼料をもとにブタ、ウシ、ヤギなどの舎飼いや、ニワトリやアヒルなどの家禽類の飼養を、農業とともに兼業的に行うのがその基本となっている。その点において、「農区」は「非牧畜的家畜」の飼養地帯と言い換えることができよう。中国の「非牧畜的家畜」は1980年度の飼養頭羽数でみると、ブタ（全世界の生産頭数の約40％）、家禽（全世界の生産羽数の約13％）ともに、世界第1位の生産数を誇り（沈、1989）、中国は世界レベルで見ても「非牧畜的家畜」の卓越地帯であり、さらにその生産は中国でもその南東部の「農区」に集中しているのである。

　本稿で対象とする浙江省寧波市域は、「農区」の細区分である「長江中・下流農区」の東端に位置する。この「農区」は、西は湖北省宜昌、東は上海までの長江流域の沖積平野に広がり、無霜期間年210〜270日、年降水量1000ミリ以上の温暖湿潤地帯である。湖沼が多く分布し、それをつなぐように河川、クリークがめぐり、そこでは水稲生産を中心とする中国有数の集約経営、高生産農業が行われ、養魚、内水面漁撈、養蚕などとともに「非牧畜的家畜」が農業の中に積極的に組み込まれている。

　寧波市北侖区渓東村は、市の中心部より東方約20キロに位置する村である。渓東村は、天台山系に連なる太白山（海抜656.9メートル）の山裾に立地し、南面にはその山塊を抱え、北面には水網（クリーク）の密集した平野部を持っている。

戸数約440戸、人口約1300人のこの村は、村の資料によると1992年度で水稲早稲821アール、晩稲1030アール、竹林162アール、蜜柑・桃などの果樹園148アール、茶畑150アール、スイカ畑70アール、大麦160アールの耕地面積を持つが、これには含まれないと思われる蔬菜栽培が多く見られる。それはここ数年来の市場経済導入による生産作物の自由化にともない、商品作物の栽培が増え、水田の畑作地化が進みつつあるからである。

　市場経済への移行は、家畜を取り巻く状況、そしてそれらを利用する状況にも大きく影響を及ぼし始めている。農業生産力が高まったこと、また近年の工場での雇用が増えたことにより収入は増え、家畜を飼育する意義が低下してきた。もともとブタやニワトリといった肉用の家畜・家禽は、自家消費に利用するのはわずかで、その多くを商品として売買していた。しかし、今では他の良い収入の途が確保されたため、相対的に家畜飼育の経済的なメリットが少なくなったのである。また、自家消費の面でも経費と手間暇をかけ、死なせるリスクを負うより、収入が増えた分、購入した方が楽なのである。

　今でも確かに多くの動物たちが、この村の中にひしめいている。ブタの嬌声が家の中から漏れ、ニワトリ・アヒルが庭を闊歩し、イヌが路地を疾走する光景は失われていない。筆者の調査では、肉用のブタ（約300頭）、ヤギ（約150頭）、肉用・役用のウシ、スイギュウなどの大型の家畜を始め、卵肉兼用のニワトリ、アヒル、ガチョウなどの家禽がこの村では飼育されている。また、日常的な食には用いられないが、イヌなども多く飼われている。

写真1　ヤン（羊、山羊）、乳肉兼用

中国浙江民俗文化

写真2　ツーモーア（芝麻鴨、アヒル）、紹興鴨の仲間と思われる。

写真3　ニェデェーア（呆？鴨、アホなアヒルの意）、バリケン種で就巣性を持つ。卵肉兼用。

写真4　コウ（狗、犬）、村の中で放し飼いにされている犬は、食用である。

しかし、ブタなどのように、肉を自家生産していた頃には食用とする頻度が低かったものが、購入による肉確保が始まると消費が急増し、一方、ニワトリのように食用とする頻度が最も高かったにもかかわらず、ブタ肉を多く食べるようになったため、逆に消費に占める地位が相対的に低下したというように、食生活の面からいっても確実に変化しつつある。現在、この村での動物性のタンパク源としての利用の頻度をみると、ブタが最もよく利用されているといわれ（1人あたり約250グラム/日）、次いで白鰱（学名 *Hypophth almichthys molitrix*）、草魚（学名 *Ctenopharyngodon idellus*）、青魚（学名 *Mylopharyngodon piceus*）などの淡水魚、ニワトリ、ウシ、アヒルの順であるが、日常的な食材としてはブタと淡水魚がその大部分を占めているようである。十年ほど前は肉利用の中心であったニワトリなどは、旧正月などのハレの日の食材になってきているという。

　かつては家1軒に対してブタは2頭、ニワトリ10羽程もいたといわれるが、多くの村人が、この数年を境に個人的・小規模な方法で家畜、家禽を飼うことを止め始めており、今後、この村の家畜飼育、肉利用の様相は大きく変わっていくものと予想される。

2. 伝統的家畜飼養、利用の様相－ブタを中心として－

ブタの飼養過程と販売

　渓東村では、ブタ、ヤギ、ウシ、スイギュウ、ウサギが家畜（ここでは家禽と区別して狭義の家畜を意味する）として飼育されている。本稿では家畜飼育の中心であり、食利用の指向性の最も高いブタを主に記述する。

　中国は世界有数のブタ生産国であることは既に述べたが、その飼育の歴史は今より9000年以上も遡るという[①]。渓東村から西方50キロ程はなれた余姚市には、新石器時代における農耕生活の始源をたどる上で重要な河姆渡遺跡があるが、ここからも大量のブタの骨が出土しており、この地域において6000年以上も前に、ブタの飼育が行われていたことは明らかである（林、1992）。この

[①] 1973年に発掘された広西省桂林南部、甑皮岩遺跡からは、完全にイノシシと区別できるブタの骨67個が出土し、9000年以前から中国でブタの馴化、飼育が行われたと推定されている（林、1992）。

ような歴史的な深度とあいまって、広い範囲に広まったブタ飼育は多くの地方品種を生み出すこととなった。中国の畜牧学会の発表によれば、1980年において153種ものブタの品種が確認されている（笹崎・清水、1985）。これらの多くの地方品種は、華北型、江海型、華中型、華南型、西南型、高原型の6つの地域タイプに分類される。

浙江省には北部の太湖周辺平野部、沿海部には江海型のブタが、中南部の山間部には華中型のブタが分布する。江海型ブタでは多産性で有名な「梅山豚」が、華中型ブタでは国内外にその名を轟かしている金華ハムの原料となる「金華豚」が、その代表的な品種である。渓東村など寧波市域は、江海型ブタの分布する地域であるが、華中型のブタの分布域とも隣接している。

渓東村で現在飼育されているブタは、そのほとんどが外来種であるヨークシャ（約克夏）種にとって変わられている。このブタは渓東村ではエカッ（A克）①と呼ばれ、30年ほど前に近在の養豚場から導入された。それまでは通称ハッツ（黒猪）と呼ばれる在来種が飼育されていた。

ハッツはその名の通り体毛は黒、あるいは黒白斑で、耳が大きく前にたれていて、顔面に多くの肉襞を持つ、成長したハッツは、体長がオスで約140センチ、メスで約110センチ、体高がオス約75センチ、メス約60センチほどになり粗食に耐え、繁殖力も割合高かった（平均的な1腹の産子数約12頭）といわれる。しかし、成長が遅く、また成豚個体の体重も80〜100キロ程度と比較的小ぶりであったため、同一飼養水準では成長が早く、しかも成豚250キロほどにもなるエカッにとって代わられ、10年くらい前にこの村から姿を消した。

ブタの飼養には、その糞を農耕の肥料とするという二次的な目的以外に、目的の異なる2つの経営形態がみられる。まず第1に、販売用、あるいは食用のブタを肥育する肥育豚経営で、第2に肥育用の素豚を繁殖する繁殖豚経営である。現在では、この2つの形態は分業的に営まれることが増え、一般の家では子ブタを購入し、肥育させて利用し、5〜6軒の家で繁殖豚を持って子ブタを生

---

① 原則として現地で採集した語句の表記は、基本的にインフォーマントの発音を筆者が聞きなしたものをカタカナ表記する。漢字に当てはめられたものを（ ）内に表記し、日本語の意味が必要なときはそれに併記する。漢字表記がインフォーマントでもできないものは［?］印を付す。

産、供給している。以前からこの分業的な飼養形態はあったが、村外との交流が増えて後、子ブタの入手がさらに容易になって、1つの家で繁殖から肥育までを担うことは少なくなった。子ブタは、肥育用の素豚として生後2月齢で売買される。これを繁殖豚のいない家では購入し、去勢して10月齢～12月齢まで飼育し、売ったり、食肉処理して利用したりする。

　屋敷地内には、木柵や石板で囲い、屋根を藁などで葺いたツージーピン（猪厩品）、あるいはツージーケ（猪厩間）と呼ばれる豚舎があり、ここでブタの面倒をみる。人の残飯の他、米糠、サツマイモ（芋蔓も）、雑草などを主に多彩な餌を与え肥らせていくが、出荷直前1カ月前から、大麦も与えてさらに肥育に努める。個人的、小規模に家で飼育する場合、今でこそ年に2～4頭の生産が可能であるが、かつては成豚1～2頭飼うのがやっとであった。

　現在の渓東村では、日常的に食べる自家消費用のブタ肉は、村のほぼ中央にある市場に来るサッツードゥ（殺猪屠）、あるいはサッツーレン（殺猪人）と呼ばれる食肉業者から購入している。先にも述べたように、ブタはそのほとんどが販売用であり、旧正月や婚礼など肉が大量に必要なとき以外は、飼育しているブタを利用することは滅多になかった。肉が必要なときはこのサッツードゥから購入するわけであるが、また自分の飼っているブタが成長したらたいていはこのサッツードゥに売り払っているのである。

写真5　市場でブタ肉を売るサッツードゥ

中国浙江民俗文化

写真6　ブタ肉の量り売り

　サッツードゥは、農家から直接ブタを仕入れ、自分で食肉処理し、精肉、小売りする職業で、ブタの食利用に関する諸過程を一括して担う点で日本本土の肉屋とは異なっている。渓東村には、サッツードゥはおらず、近隣の石湫村、徐洋村から1人ずつ村の市場に1日交代でやって来て、肉の販売をしている。この2人のサッツードゥが同時に売りに来ても、渓東村だけではそれほど多くの需要が望めないので、両者で話し合って、売りに来る日をずらしており、販売価格も同じである。旧正月など季節的に消費が高まる時にはブタが品薄になるので、サッツードゥは各農家を回って高値でブタを買い付けてくれたが、ブタがだぶつく夏場などは、サッツードゥのところへ持ち込んでも買いたたかれたという。最近では、近在でのブタの飼育数が減少したため、他地域からも仕入れているようである。

ブタの繁殖

　ブタの種付けをクェイニツ（関肉猪）という。たいてい自然村には、クーツー（姑猪）と呼ばれる種付け用のオスが1〜2頭おり、自分が持っているメスに子どもを生ませたい時には、発情時にクーツーを持っている家へ連れていきクェイニツしてもらう。メスの持ち主は、1回種付けしてもらう代価として10年ほど前までは約10元、現在は20元をクーツーの持ち主に支払う。

　クーツーの性成熟は比較的早く、生後2月齢位から交尾を始めようとするが、一般に5〜8月齢に成長した段階から種付けに利用し始める。おおよそ5〜6年は種付けに使用するが、2〜3歳のクーツーが、子どもを最も多く孕ませる

ことができると考えられている。クーツーは去勢していないために成長は遅いが、長期にわたって飼育するために最終的には150キロ位まで大きくなる。ただし、肉質が去勢ブタに比べ劣るので、種付けブタとしての役割が終わった後、廉価で売買される。

クェイニツは、健康な子ブタを多く生ませるために旧暦の4、8月に行うのがよいとされるが、現実にはメスの発情期にあわせて行われるために一定しない。忙しい時には、日に2回もクーツーに種付けさせる。この時は1回目の種付けの方が成功率が高いという。種付けして数日間は、栄養価の高いトウモロコシの粉などを与え体力の維持を図る。種付け繁忙時には、卵や泥鰍（学名 *Misgurnus anguillicaudatus*）、黄鱔（学名 *Monopterus albus*）の煮た物など動物性タンパク質を給餌すると、さらに精力が増進すると考えられている。

メスの繁殖豚はツーニャン（猪娘）と呼ばれる。メスは生後約2月齢にもなると、ツーニャンツォーラ（猪娘叫了）と表現する発情を迎える。しかし、体が小さすぎるのですぐには種付けしない。だいたい早くても4月齢、3回目の発情期で、体重が30キロほどになってから交配を始める。遅いものになると7月齢に最初の交配を行うものもある。クーツーは常時種付け可能であるが、ツーニャンの方は約21日毎に訪れる発情期に合わせなければならない。発情期は約3日間で、これが近づくと性器周辺が赤みを帯びてくるのでわかる。発情期には、独特の大きな鳴き声が止まず、餌の取り方も少なくなる。人が近づいても逃げずに、逆に寄って来るようならば本格的な発情であるとされる。

ツーニャンは発情するとクーツーのところへ連れていき交尾させるわけであるが、ツーニャンの体軀がまだ小さい場合、クーツーの体重を支えきれずに後背から押しつぶされてしまう。その時は、後脚を補助するためにクゥーツ（架子）という木の枠に載せ支えながら交尾させる。

妊娠期間は約114日[①]と考えられている。ツーニャンとしては7～8年使用し、20回位も出産させることができる。多くの子ブタを生産するために、分娩間隔を短くする必要がある。しかし、ツーニャンは子ブタが離乳するまでは

---

① ブタの標準妊娠期間は116日で、品種や飼育環境によって変化する。早晩の範囲はおよそ104～133日である（上坂、1965）。

発情しない。そのため、できるだけ早く離乳させるように、生後半月ほどから子ブタに採餌の訓練をさせ、50日齢には離乳させる。すると2カ月ほどで、またツーニャンツォーラ（発情）になるわけである。従って1年の分娩回数は多くても2回が限界である。

初産は7～8頭と1腹の産子数がすくないが、2胎目になると9～10頭、3胎目以降はほとんど同じで12～13頭、多ければ15頭も出産する。ほ乳期には豆かす、魚粉や魚肉などを与えるという。子ブタは離乳し、生後2カ月になって健康であることが確認された後で、市場などで売買される。

ブタの去勢

購入した素豚は肥育、肉質改善のため去勢をしなければならない。去勢はこの村ではチェツ（結猪）と呼ばれている。専門の知識を有する職能者、通称チェツドゥビ（結猪肚皮）がこれを行う。チェツドゥビは村々を回って家毎に去勢を請け負っていく。オスとメスとでは去勢の時期も違うし、またその手間のかかり具合から要する費用も違っている。オスは一般に2月齢で購入してきたらすぐに行う。また、既に1月齢位で去勢済みのものを購入することもあり、この方が高価であるが育ちが良かった。メスは3～4月齢で体重30キロになったら去勢する。現在は去勢の費用はオスが10元、メスが20元前後である。去勢ブタは雌雄ともニョツ（肉猪）と呼ばれるようになる。生後6カ月までのブタをシャオツ（小猪）、それ以降の成長したブタをターツ（大猪）と区別するが、肥育豚はすべてシャオツの段階でニョツになるのである。当然、去勢しない繁殖用のクーツー、ツーニャンは別の一生を歩むことになる。

チェツドゥビは、切開用の約15センチのナイフであるチェツトウ（結猪刀）と消毒薬のディエンチュウ（碘酒、ヨードチンキのこと）を持参し、去勢の申し込みのあった家で処置する。オスの場合は簡単で、まずチェツドゥビの膝の上に仰向けに載せ、後脚を誰かに押さえてもらう。そしてチェツドゥビがチェツトウで陰嚢の皮を少し切り、根本から絞るようにして睾丸を外に出す。それをチェツトウで切除し、傷と周辺にディエンチュウを塗り消毒する。

メスの場合は、体内から卵巣を探さなければならないので、素人には困難である。まず、足を縛って地面に横たえ仰向けにし、押さえてもらいながら後脚の内側の付け根の部分の毛を少し剃る。そこをチェツトウで切開し、指でまさ

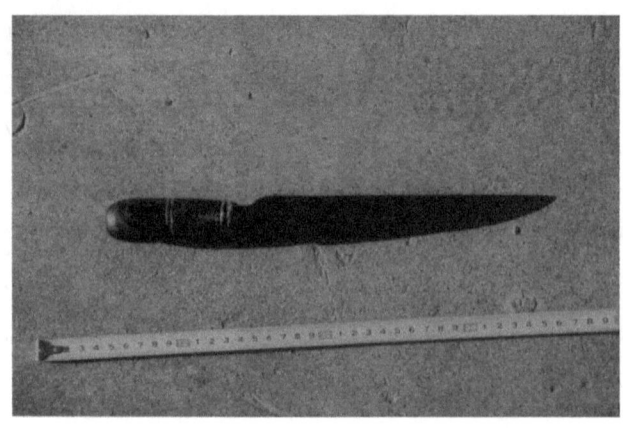

写真7　チェツトウ（結猪刀）

ぐりながら卵巣をさがす。卵巣が見つかると、チェツトウの後端についているコウツ（鈎子）で引っかけ、卵巣を外に出して切除する。傷口はオスと同じように消毒をするだけであるが、出血がひどいときは糸で縫合することもある。しかし、なれたチェツドゥビだと、傷口をできるだけ小さくし、指で卵巣を探すのもすばやく行うので縫合の必要はないという。チェス（結死）といって去勢が原因でブタを死に至らしめることもかつてはたびたびあったらしく、その際は子ブタ購入時の値段の半分ほどを、チェツドゥビが子ブタの持ち主に賠償する取り決めになっていた。現在は、地域の獣医が去勢を行うことが多く、チェツドゥビの活躍の場は狭まってきている。

ブタの食肉処理

　先にも述べたように、肥育したブタはそのほとんどを生きたままサッツードゥに売り、旧正月や結婚式など大量に肉が必要なときに限って自家で消費する。そのような場合は、当然自家で食肉処理しなければならない。ブタを殺す技術は男ならばある程度は知っているが、いざ殺すとなると誰にでもできるわけではない。サッツードゥに頼んで処理してもらうこともあるが、1頭15元ほどの謝礼をせねばならず、たいてい村内でその技術に秀でた人に頼んでいた。必ず自然村に1人や2人、食肉処理を得意とし、ブタの殺し方、解体法を熟知した者がいるものだという。食肉処理を手伝ったものは、料理の相伴にあずかれるほか、肉の一部を謝礼にもらえる。

　ブタを殺すときには、長椅子や、サッツークゥー（殺猪架）という木製の食

中国浙江民俗文化

肉処理用台を庭に出して行う。この上にブタを横たえ、1人が後脚、もう1人が尾を押さえ、暴れないように固定する。ブタを殺す人は頭部を押さえながら、刃渡り15センチほどのシャオトウツ（小刀子）でウーロンドゥイ（?）という部位を刺し、動脈を切る。絶命するまでここから数分間、心拍とともに血が吹き出す。これをこぼさないように洗面器で受けて、すぐに女たちが調理する（調理法は後述する）。1頭から3〜4キロの血が採れる。

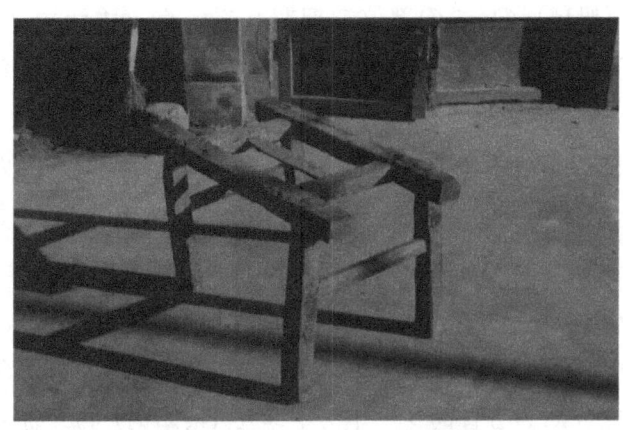

写真8　サッツークウゥー（殺猪架）

　　血を抜き終わり、ブタが絶命すると解体にはいるが、その前に全身の体毛を取り除く。大きな桶に沸騰した湯を溜め、水を少し加えて80℃程度にする。ブタをこれにいれて、中で転がしながら毛の抜け具合を確かめていく。すぐに抜けるようになるとテーツーボ（推猪刨）という道具で毛をむしり取っていく。長く太い毛を抜き終えた後で、再びサッツークゥーに載せて仰向けにし、残っている細かい毛を手のひら大の刃物ピートウ（劈刀）で剃り落とす。そして水をかけ全体を洗い流す。

　解体は、まず頭を切り落とす。これにはこつがあって、ニュフ（肉斧）で首回り、後頭部を切っていくが、この時頭蓋骨と頸椎の間にうまく刃を入れないと骨にあたってなかなかうまく切れない。次に腹部にシャオトウツで少し切れ目を入れ、そこから手を入れて腹膜を持ち上げるようにして脂肪と内臓の間を削ぎながら開腹する。この時腸を破らないように、刃先の深さに注意する。前脚の肩甲骨を切断し、さらに大きく腹を開き、食道・気管の方からすべての内臓を剥ぎ取って桶に入れる。肛門はシャオトウツで丸く切り取る。

残った肉部は背中の方から切って半身にし、さらに細かく各部位に切り分けていく。肉の分別が終わったところで、内臓の調製である。心臓、肺など各部位に分けて、胃や腸などは内容物を取り除いて、裏返しにしてよく洗う。

ブタ肉の各部位とその利用法

渓東村の人々は、ブタを肉利用する時、大まかにツートウ（猪頭）、チーティニュ（前腿肉）、オウティニュ（后腿肉）、ターパイ（大排）、ヨウツトン（腰子塘）、ナイブ（奶部）の6つの部位で把握している。チーティニュ、オウティニュはあわせてターティ（大腿）とも呼ばれ、これとターパイ、ヨウツトンが、現在、特によく利用される。渓東村の市場に来るサッツードゥは、日常的にはこの3種の部位を基本に販売している（写真5参照）。店先では、それぞれの部位毎に大きな肉の塊を並べ、客の希望に応じて目の前で切り売りするわけである。ターティ、特にオウティニュは最も肉質がよいとされ1キロあたり11元で売られている。ターパイがこれに次いで1キロあたり10元、ヨウツトンは脂肪分が多いので若干安めの1キロあたり9元で売買されている。ツートウとチーティニュの境目にある首肉ソードゥイニュ（槽頭肉）は、赤みも少なく堅くて最も旨くないので5元ほどである。

まず、ブタの頭の部分であるツートウであるが、これは1個25～30元で取り引きされている。しかし、現在、ツートウの大部分は、サッツードゥから加工して売る飲食店や露天商などに回されており、渓東村ではなかなか手に入らないという。祭祀などでどうしても必要なときには、ブタを飼っていない場合、サッツードゥにあらかじめ予約しておかねばならない。ツートウは祝事に欠かせない縁起物で、サッツードゥはツーウェイパ（猪尾巴、尾）も一緒につけて売る。この両者を供えることで、ブタ1頭丸ごと供えたことになるといわれている。食するときは頭部を半分に割ってノー（脳）を取り出す。これは蒸して切り、醤油をつけて食べる。ツーウェイパや残りのコンブ（空部、鼻）、アルトゥビ（耳朵皮、耳の意味）、ピーデ（皮蛋、目、ピータンに似ているためにこの名で呼ばれる）、セドゥ（舌頭、舌）、ツードゥイニュ（猪頭肉、ほほ肉）は、煮てレンパン（冷盤、前菜の盛り合わせ）にする。縁起を担いでアルトゥ

ビはソンフン（順風）、セドゥはチュエンドゥ（賺頭、儲かるという意味）①と言い換えて呼ぶ場合もある。昔売っていたツートウは大きかったが、今は肉が高値で売れるのでできるだけ肉を多くとるように頭を小さく切るようになったという。

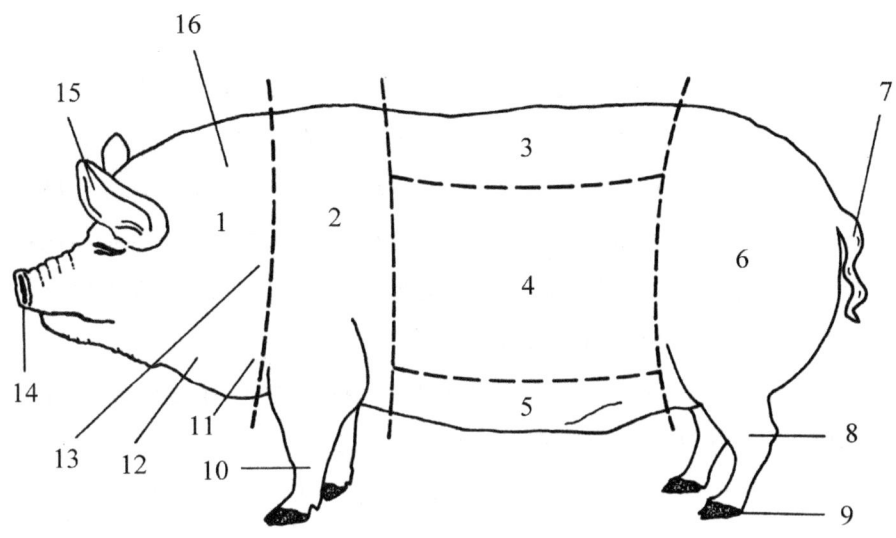

図1　ブタ肉の部分名称

1. 頭肉、ツートウ（猪頭）
2. 肩肉、チーティニュ（前腿肉）
3. ロース肉、ターパイ（大排）
4. バラ肉、ヨウツトン（腰子塘）
5. 腹脂肪肉、ナイブ（奶部）
6. モモ肉、オウティニュ（后腿肉）
7. 尾、ツーニープ（猪尾巴）
8. 後肢肉、オーデイ（后蹄）
9. 蹄、ツーデイコ（猪蹄克）
10. 前肢肉、チンディ（前蹄）
11. 殺すときに刺す部位、ウーロンドゥイ（？）
12. 下頸肉、トウチン（頭頸）
13. 上頸肉、ソードゥイ（槽頭）
14. 鼻、コンブ（空部）
15. 耳、アルトゥビ（耳多皮）
16. 後頭部の肉、オースチン（后千筋）

チーティニュ、オウティニュ、ターパイ、ヨウツトンなど肉部の中心は、煮る・炒める・蒸すなど様々な調理法で食され、その多岐にわたるバリエーションはここでは紹介しきれないが、先にも述べたように、このような肉を日常的に、

---

①　周達生氏の報告によると広東でも「猪舌」を「猪脷」と言い換えている。これは舌の広東語発音シイッが、商売で欠損する意味になるシイップン（蝕本）に通じるからであるという（周、1994）。

そして新鮮な状態で食べれるようになったのはごく最近の話である。それまでは旧正月などに自家消費のためブタを殺し、その時使い切れない肉を保存して、しばらくの間食べつないでいたのである。それゆえ、これらの肉を保存する技術が重要であった。また、ブタは油脂源としても無視できぬ大きな意味を持っていた。

ブタ肉の保存法

10年ほど前までは、ブタを殺すと、冬季ならばそれから1週間位食べる分を残して、あとは保存肉に加工していた。肉を保存する方法にはエニュ（塩肉）、ツェイニュ（酔肉）、チャンニュフン（醤肉風）の3種類があり、ほとんど冬季に行われていた。このうちエニュが作るのも簡単で、しかも長期保存ができ長く食べつなぐことができるので保存肉の中心であった。保存肉にはサシの多く入っている、ハッツが適している。

まず、エニュであるが、これは咸肉とも書かれ、いわゆる肉の塩漬けである。各部位毎に食肉処理した肉を、塩がよくなじむようにさらに細かく切る。エニュには、通常チーティニュ、オウティニュ、ヨウツトンの肉を主として用い、内臓はエニュにはしない。

これに塩を擦り込み大きな壺に入れて、押さえつけて堅くする。上部にさらに塩を載せ重石をして蓋をする。肉5に対して塩1の割合で塩漬けにする。保存中には、かき混ぜたり、塩を加えたりはしない。また、保存が長くなると多くの肉汁が出てくる。これを捨てるとエニュは腐れてしまうので、肉をすべて消費するまでとっておく。これで約4カ月は味が変わらないが、それを過ぎると徐々に痛んでくる。しかし、できるだけ長く食べ続けられるように努力していた。春先暖かくなると、突然腐敗が進むことがあるので注意する。エニュには様々な食べ方があり、特に、エニュをよく洗って卵と一緒に蒸したエニュタンデー（咸肉燉蛋）やトウガンとともにスープにしたエニュトンコウトン（咸肉冬瓜湯）が最も好まれていた。

次にツェイニュであるが、これは肉の酒漬けである。肉部以外でも内臓もツェイニュにすることができる。また、ブタに限らずニワトリやアヒルなどもこの保存法を用いる。作り方は、まず酒漬けにするものをきれいに洗い、水をよく切って細かく切る。これを1回煮て、冷ましたものを瓶や壺に入れて、塩、

砂糖少々と紹興酒や紅酒を加える。酒は肉が浸るまで入れる。これに蓋をして冷暗所で保存すると、2週間ほどで食べ頃である。食べる時は、容器から出してそのまま食する。この方法で保管すると1〜2カ月保存可能である。ツェイニュは保存法であるとともに、日常的な調理法でもある。

最後にチャンニュフンがあるが、これは干し肉である。チャンニュフンには主としてチーティニュとオウティニュの肉を用いる。まず肉をよく洗い、醤油がよく染み込むように切り目を入れる。これを容器に入れ、肉が浸るほど醤油を注ぎ込む。蓋をして最低1日は漬けたままにしておき、肉にむらなく醤油を染み込ませる。肉が程良く紅くなると取り出して、日陰の風通しの良いところで乾燥させる。家の裏の軒先の下などで、ほこりをかぶらぬよう紙で覆って吊るす。3カ月ほど保存可能であるが、長く乾燥させたものは堅くなってしまう。チャンニュフンを利用するときには、食べる分だけを干しているところから切り取ってきて調理する。これを薄く切って蒸してそのまま食べる。3つの保存法の内、チャンニュフンが最も旨くて、長期食べ続けても飽きないが、作るのに手間がかかり、保存もエニュほどきかないので多くは作れない。

以上の3方法が肉の保存法であるが、皮も油でかりかりに揚げ、保存することができる。これは一般にニュビュザッザッ（肉皮油炸炸）の名で親しまれており、食べる時は湯で戻して、炒めて食べる。

ブタの内臓、血、油脂利用

中国では一部の内臓や、骨などを除いて、全身余すところなく利用するが、それは渓東村も例外ではない。内臓、血、脂身を食品として頻繁に利用しているのである。

内臓食の調理法は多様であるが、主としてレンパン（冷盤、前菜の盛り合わせ）や、炒め料理に利用することが多い。部位毎に、この地方で食するレンパン以外の代表的な調理法を紹介しよう。

シン（心、心臓）は細かく切って、タケノコ、チンゲンサイ、ニンニクなどと炒め、最後に水を差して蓋をするチャオツーシン（炒猪心）にすることが多い。ケー（肝、肝臓）はごちそうで客のもてなしなどにも使う。調理法はチャオツーケー（炒猪肝）といって、チャオツーシンと同じである。フィー（肺）はニンニクや塩漬け野菜と炒めたり煮たりしたチャオフィトウ（炒肺頭）にし

て食べる。ターチャン（大腸）、ショチャン（小腸）はチャオトゥチャン（炒肚腸）、トゥツ（肚子、胃）はチャオトゥ（炒肚）という炒めものにする。ツードンクン（猪洞官、肛門）も塩でもみ洗いし、小麦粉をつけて腸と一緒に炒めるが、旨いのでたいていは料理中に作っている人につまみ食いされてしまうという。トゥツの上にモージャンユ（網腸油）という脂肪が付いており、これを油がわりにしチンゲンサイと炒めて、ユーツォチンツァイ（油渣青菜）という料理にする。ヨウツ（腰子、腎臓）は細かく切って、さらに切り目をつけ、ニンジンやハクサイなどと炒めるチャオヨウホァ（炒腰花）に利用する。クーテー（苦胆、胆のう）は苦いので食べられず、またツージャン（子腸、子宮）、イェクィ（食管、食道）、シクィ（気管）、マージャン（盲腸）なども食べない。これらの内臓食は、自分の家でブタを処理した時に行われていたが、現在では村の市場で購入することもできる。シン、ケー、ヨウツ、トゥツは1キロあたり12元〜14元と肉部に劣らぬ程の価格がする。ただしターチャン、ショチャン、フィーは4元〜6元、モージャンユは4元程度と安い。最近、冷凍したケーがこの村にも入ってきており、1キロあたり3元と安いが、生のケーに比べ味が劣るので人気がない。

写真9　冷凍の肝臓売り

　自家で食肉処理する過程で得られるツーシュ（猪血）は、固めて調理する。血を洗面器に集めてすぐに水と塩を加え、しばらく攪拌する。5分程でこれは固まるので、沸騰した湯で10分程煮る。固めて煮るまでに時間をおくと、再び液体に戻って二度と固まらないので、できるだけ早く煮なければならない。

煮上がったツーシュは、細かく切ってニンニクや塩漬け野菜と炒めるチャオシュ（炒血）にしたり、豆腐と煮込んだツーシュトゥタン（猪血豆腐湯）というスープにしたりする。渓東村の市場には、ツーシュを売っていないが、大きな町には1キロあたり0.6元くらいで売っている。

　ブタの食利用は以上のように肉、内臓、血と多彩であるが、もう1つ油脂としての利用を忘れてはならない。渓東村ではツェユー（菜油・ナタネ油）、モーユー（麻油、ゴマ油）、サンユー（生油、ピーナッツ油）、トゥユー（豆油、ダイズ油）、ミーユー（棉油、メン油）など植物油も使うが、一般的には調理油としてはツーユー（猪油）が好んで使用されている。

　油はフェイニュ（肥肉）、またはユーニュ（油肉）と呼ばれる脂身から取る。ただし通常、一般のフェイニュは赤身同様食利用されるので特定の部位の脂身を用いる。肉部を大まかに6つの部位で把握していることは先にも述べたが、その部位の1つナイブ（奶部）から取る油をペイユー（板油）といって、100キロのブタから6〜10キロ取れる。また腸の外側に着いている脂身から取った油は、ホァンユー（花油）といって、100キロのブタから4〜5キロ取れる。ペイユーの方がホァンユーに比べ良質の油が多く確保できる。油を取るフェイニュは寒い時期には、台所に吊るしておいて、料理のたびに炒って使う。1カ月ぐらいは痛まないが、暖かい時期には腐れるので油分だけ精製する。鍋を強く熱したところへ細かく切った脂身をいれ、押しつぶしながらかき混ぜる。しばらくして油がたまり、肉が茶色になって縮んだら、油だけを専用のクァン（礶、壺）に移す。残った肉のかすをツーユーツォー（猪油渣）と呼び、野菜と炒めてこれも食する。油は炒める際に使用する他、子どもたちには栄養があるといって醤油と混ぜてご飯にかけて食べさせることもあった。

ブタをめぐる儀礼

　今日でも、祭事にブタを使用する伝統文化は連綿と継続しており、儀礼的な場面におけるブタの地位は他の動物に比べ高い。またブタは日常の食料として希求度の高かった動物であることは、経済的に向上する中、その消費が大きく伸びていることからもわかる。このように重要な家畜を飼育するにもかかわらず、その飼育の安寧を願う儀礼はあまり多いとはいえない。筆者が渓東村で確認したのは、旧暦の年末に行われる儀礼のみである。

旧正月の前、旧暦12月25、26、27日の3日間の内1日を選んでツージーピン（猪厩品、ブタ小屋）で儀礼を行う。これをチンツージートゥ（請猪厩頭）という。ツージーピンには、ツージープーサ（猪厩菩薩）がおり、ブタの成長を見守ってくれていると考えられている。チンツージートゥではこれにブタの繁栄の祈願をする。この儀礼の日には、ツージーピンの前に祭壇をしつらえ、線香、ろうそく、魚・ブタ・ニワトリのサンセン（三牲）、タマゴ、豆腐、酒（3杯）、醤油と塩を混ぜたもの、ニンニク（1株ずつ魚の上に置く）などを供物として供える。祭壇の下では紙銭を燃やす。特別な宗教者が関わることはなく、身内だけで行われる。ウシ小屋であるニョウジーピン（牛厩品）にも、ニョウジープーサ（牛厩菩薩）がいるといわれ、ここでもチンツージートゥと同様の儀礼が行われるという。

3. 伝統的家禽飼養、利用の様相－ニワトリを中心として－

ニワトリの飼養過程

　渓東村では、ニワトリ、アヒル、ガチョウが家禽として飼育されている。本稿では家禽飼育の中心であり、食利用の指向性の最も高いニワトリを主に記述する。

　中国はブタとともに、世界有数のニワトリ生産国であることは既に述べたが、その飼育の歴史は今より7000年以上も遡るという[①]。ブタ同様に、多くの地方品種を生み出しており、中国の畜牧学会の発表によれば67種のニワトリの品種が（笹崎・清水、1985）、また、全国家禽品種資源調査では72種が確認されている（中国農業科学院畜牧研究所、1989）。これらの多くの地方品種は、品種改良が個別的に行われてきたために、ブタのような地域タイプに分類できない。ただし、品種の分布には偏りがあって、中国北方、西方には少なく、本稿で対象とするフィールドを含む中国東南部に多くの品種が存在する。上海市、浙江、福建、台湾、広東、江西省の全域、広西、湖北、湖南、江蘇、安徽省の大部分、及び河南省の一部という中国東南部は、面積的には国土の約

[①] 河北省武安県磁山洞穴からニワトリの骨が出土しており、7000年以上前からニワトリ飼育が行われていたと推定されている（中国農業科学院畜牧研究所、1989）。

13パーセントしか占めないにもかかわらず、ニワトリの品種は約66パーセントと中国ニワトリ品種の3分の2を保有しており（中国農業科学院畜牧研究所、1989）、この地域が中国の中でもニワトリ飼育に積極的に取り組んでいたことが理解される。

浙江省において、上海市近郊の北部では肉用種の「浦東鶏」、中部の山間部では卵用種の「仙居鶏（梅林鶏）」、そして、杭州近郊の簫山、紹興では卵肉兼用種の「簫山鶏」という地方品種が有名である。渓東村では、外来種としてバラッカ（白洛克）、ワンラッカ（黄洛克）、メイリンジー（美浚鶏）、在来種としてペンヂーチー（本地鶏）の4品種が飼育されている。バラッカ，ワンラッカは中国で「洛克鶏」と呼ばれる品種、バラッカは白色ロック、ワンラッカは黄斑プリマス・ロックの変種の「浅黄洛克鶏」である。いずれも肉用鶏として60年代にこの村に導入された。メイリンジーは、品種の特定ができないが、解放以前に導入された外来種で、卵用鶏であるという。

ペンヂーチー（本地鶏）は、字義の通り、本地の（この土地の）ニワトリという意味で、日本語で「地鶏」と表現するのと似て品種名を指し示すのではない。別名ロッコーチー（落家鶏）とも呼ばれ、どのような地方品種の系統に属するのか定かではない[①]。この村では4つの品種の内、9割がたはこのペンヂーチーを飼っており、外来種は人気がなく在来種の飼育が優勢である。その理由としては、在来種のみ就巣性[②]を失わずに持っており自家で再生産ができること、この村における養鶏が商業的な専門化が進んでおらず、卵肉兼用種が有利

[①] このペンヂーチーと関係をもつ品種を特定することは困難であるが、筆者の聞き取り調査では、杭州近郊簫山、紹興で飼育されている卵肉兼用種の「簫山鶏」とその性格が似ている。類似点は卵肉兼用種であること、就巣性を未だに強く持つこと、去勢の技術が付随していることである。一方、寧波の南方に位置する中部山間部で飼育されている「仙居鶏（梅林鶏）」とは、その性質が大きく異なる。「仙居鶏」は卵養鶏に特化しているため、飼料の消費量をおさえるように小型化され、就巣性をほとんど無くしたものに改良されている。

[②] 就巣性とは、タマゴを孵化させるために巣にこもり抱卵する性質である。キジ科の鳥類の1クラッチ（1かえしのために産む1セットのタマゴ）は他の鳥類に比べ元々多く（10～15個程度）、家禽化されたニワトリの多くは、採卵の目的からこの1クラッチの個数を増やす、あるいは就巣性自体を無くすように改良されて来ている。当然、就巣性がなくなるということは、孵化、及び育雛の管理を人間が何らかの方法で代行せねばならないということである。

であること、またベンヂーチーの肉を旨いとする伝統指向が存在することの3点が考えられる。

写真10　ベンヂーチー（本地鶏）

　家畜・家禽はその利用目的に応じて、飼育技術、飼育形態が大きく変わってくる。ニワトリもこの例に漏れず、たとえば採卵を目的とする卵用鶏の飼育の場合、就巣性の除去や、極端なオスの選択間引きが行われるし、反対に肉用鶏の場合、個体を大きくするように改良され、去勢等の肥育技術が適用される。中国の一般的な傾向としては、このような専門特化した利用目的のニワトリよりも、卵肉双方を獲得するための兼用種が普及しているようである（笹崎・清水、1985）。渓東村でも卵肉兼用の在来種を中心に飼育され、そこに適用された在来飼育技術は、その卵肉獲得という双方の目的に呼応している。

　渓東村では、飼育したニワトリ自体はほとんどが自家消費用であるが、タマゴは逆にほとんどが販売用である。たいていの家が、1軒で10羽程度飼育しており、最近その数は減ってきている。ただし、ブタ同様いまだ冠婚葬祭にニワトリは儀礼食として欠かせないものであり、その確保のためにニワトリを飼う家もある。ニワトリの多くは放し飼いにされ、昼間は家の回りでついばみ歩き、夕方に家に自分たちで戻ってきて、チーロン（鶏籠）、チーパン（鶏棚）と呼ばれる鶏舎に入る。持ち主は、米糠や籾殻、残飯などを水とともに与える。

中国浙江民俗文化

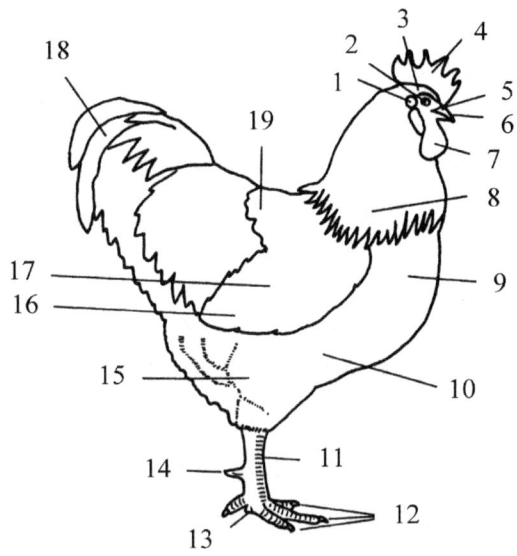

図2　ニワトリの外貌名称

1. 耳、チーアルトゥ（鶏耳朶）
2. 眼、ニェチン（眼晴）
3. 頭、チードイ（鶏頭）
4. 鶏冠、チークィ（鶏冠）
5. 鼻孔、パドゥ（鼻頭）
6. 嘴、チーブ（嘴部）
7. 肉髯、オーボース（下部須?）
8. 頸羽、テイチンモウ（頭頸毛）
9. 胸、チートンクー（鶏純管）
10. 腹、チードゥオーパ（鶏肚下白）
11. 脛、チーチェクヮ（鶏脚骨）
12. 趾及び爪、チェツォ（脚爪）
13. 足の裏、チェツォーン（脚掌）
14. 距、チェオウトン（脚后登）
15. 腿、チーテー（鶏腿）
16. 主翼羽の先、イェッソウ（翼梢）
17. 主翼羽、ツーパン（翅膀）
18. 主尾羽、チンパ（鶏尾巴）
19. 背、チーペイチェ（鶏背脊）

　ペンヂーチーの卵肉兼用という利用目的は、主としてオスに肉用の役割を、メスに卵用の役割を担わせている。したがって、雌雄でその一生のまっとうの仕方に大きな相違が認められる。

　生まれてすぐの雛鳥シャオチー（小鶏、2～3月齢で体重1キロ程度までこの名で呼ぶ）は素人目では、雌雄の区別がつかない。ようやく1月齢位たった時に、ニワトリを専門に去勢したりする人が判断できる程度で、一般の人々は3月齢にならないと明確な判断が下せないのである。しかし、オスを間引くことがないので、取り立てて早めに雌雄の区別をする必要はない。1回の抱卵でメスに15～20個のタマゴをかえさせるが、その内3分の2、10～14羽はメス

・111・

で、オスは少ししか生まれないと考えられている。孵化させたシャオチーは5～7羽を自家生産用に残し、あとは近所の雛が不足している家に売る。

　コンチー（公鶏、オスのニワトリ）は、成鳥で3キロ前後になる。体色は紅か黄色で、首から翼、背中にかけて濃く、尾は黒色である。肉用として利用されるコンチーを肥育するために、遅くとも4月齢までには去勢する。ペンヂーチーは生後3～4カ月の成長が他のニワトリに比べ早く、コンチーは去勢することによってその速度はさらに増す。それゆえ、できる限り早めに去勢した方がその後の成長はよい。6月齢にもなると体重は2キロを超し、この頃から肉として食卓にのぼり始める。そして生後1年になるまでにすべてのオスが、食用に供される。それは、1年を過ぎても肥らず肉付きは変わらないので、飼えば飼うほど飼料の面からいって不利になるからである。去勢しないオス（ほとんどいないが）は、6月齢を過ぎると交尾できるようになる。

　ツォウチー（草鶏、メスのニワトリ）は、成鳥で2キロ前後になる。体色は黄色で、腹部は薄く、尾は黒色。産卵用のツォウチーは、タマゴの生産につながる上に、肉質もコンチーよりよいので、渓東村の人々はこれを多く飼いたがる。ただし、産肉量がコンチーに遠く及ばないために、肉食利用の面からコンチーの存在価値は否定されていない。ツォウチーは、早ければ6.5月齢から、遅くとも8月齢から産卵し始める。年間産卵数約120個を標準としており、中には連日産卵し年間200個にも達するニワトリもいる。だが、たいてい、15～20個産むごとに現れる就巣期（年間4～8回訪れる）や、換羽期には産卵を停止してしまうので、タマゴを多く希求する人々はそれを最小限押さえる技術をツォウチーに施す（後述する）。コンチーは1年サイクルで処理されるが、ツォウチーの場合タマゴを産み続ける間飼養する。3年程は産卵量は変わらないが、それを過ぎると徐々に低下してくるので、常に若いメスを供給し、年取ったメスはオス同様食用にする。普通は、オスだけでは肉利用に十分な量が確保できないので、オスをすべて殺してしまった段階で、年老いたメスや産卵量の低いメスを処分していく。したがって、それぞれの世代のメスは重複しながら2～3年サイクルで交代していくのである。

ニワトリの繁殖

　ニワトリの交尾は、タースー（打水）という。渓東村においてニワトリたち

は自由に放し飼いされているために、至る所で頻繁にタースーが行われており、完全な繁殖の管理は困難である。特定のオスとメスを掛け合わせようとしても、その飼養形態からいって、現実には予定しないものとの交配がなされる可能性が高いのである。しかし、渓東村の人々は良いニワトリ（体が大きくタマゴを多く産むニワトリ）を作出するために、人為的な交配を行うことがある。

良いニワトリを産ませるためには、コンチーには背が高く羽の色つやの良いものを、ツォウチーにはタマゴを多く産むものを選ぶ。しかし、多くのコンチーは早いうちに去勢されており、必定、その数は限定されてくる。去勢していないコンチーは、ココッローン（咯咯郎）と呼び慣らわされ、肉食という実用的な面からは低い評価しか与えられない。だが、肉食文化の一翼を担うニワトリ飼育を継続的に行うための繁殖用種付け鳥としては、ココッローンの存在は必要不可欠である。ただココッローンは繁殖という明確な目的をもって残されるものではない。

一般にココッローンになるのは、去勢をし忘れたコンチーや、去勢に適切な時期（生後4月齢まで）を逸したコンチー、婚礼の儀礼食として用意するコンチー（これには去勢していないオスのニワトリを用いる、詳しくは後述する）などで、たいてい早晩処分される運命にある。中には見栄えや、鳴き声が良いということで飼い続ける人もいるそうであるが、ココッローンを恒常的に飼育する人はいないという。そうすればオス不足になるかとも考えられるが、自由な交配がなされる分には、10数軒あたりココッローンが1〜2羽いれば、ほとんどのタマゴがソンスーデ（上水蛋）と呼ばれる受精卵として孵化可能であったらしい。タマゴを割って、卵黄に白い点が着いているとそれはソンスーデであるとされ、この村のタマゴは大半は受精卵であると考えられている。それでもなお確実を期して、渓東村の人々は人為的に交配させようとするのである。

毎年旧正月あけに、ニワトリの雛取りが行われる。また、旧正月過ぎに雛を作っても、ニワトリを多く消費したり、病気で失ったりして全体の数が減ってしまったならば、11月頃に再び雛取りして翌年の旧正月用のニワトリを確保する。自分の家に種をつけるためのココッローンがいる家は良いのだが、いない時は近所のココッローンを探す。ココッローンを持っていてもそれに満足できない時は、村中を見回って体躯の大きなココッローンを求めなければなら

ない。目当てのココッローンが見つかると、自分の家で最もタマゴの産みの良いツォウチーをその鳥のいるところへ持って行ってタースーさせる。タースーは簡単で、ココッローンの目の前にツォウチーを後ろ向きにして投げて置くと、自然とココッローンが乗りかかり、ほんの数10秒で交尾は完了するという。ココッローンの持ち主には一声かける程度で、とりたてて謝礼などすることはない。

　タースーはこの1回だけでは終わらない。雛を自家生産する場合、1回の抱卵で15～20個のタマゴをかえさせるが、当然ニワトリは多くても1日に1個しか産まないわけで、1羽のツォウチーで孵化させるタマゴをすべて確保しようとしたら早くとも15～20日の日数を要することになる。その期間すべてのタマゴに受精させようとして毎日、ツォウチーを持ってはココッローンのもとにタースーさせに行くのである。渓東村の人々の考えでは、タースーしたらその精子がすぐに受精し、それは翌日産卵するタマゴにのみ入るものと捉えられている[1]。そして、さらに次のタマゴに精子を入れるためには、再びタースーが必要だと考えられているわけである。

　最低でもタマゴを確保するのに15～20日を費やすのは、また抱卵させるのにメスの就巣性がおこるのを待つことにもつながる。したがってタマゴを産ませ続けたメスに就巣期が訪れると、タマゴの数が予定に満たなくともすぐに抱卵させる。その際は、他のメスの卵を補填する。メスのタマゴの産み具合で、15～20個のタマゴを1カ月たっても得られないことがあるが、そのような時も足りない分を他のメスが産んだもので埋め合わせる。それが受精卵であるか、あるいはどのオスの種を宿しているのか判断できなくとも、それ以上時間が過ぎれば、早いうちに得られた受精卵が孵化できなくなるので否が応でも孵化させなければならない。受精卵でも1カ月過ぎると孵化しないという。その時に就巣するメスがいない時は、どのメスでも良いから就巣性が早く訪れた

---

[1] ニワトリの交尾によって注入された精子は、ただちに卵管内を移動して漏斗部に達したり、ひとまず子宮・膣接合部、精子貯留腺に蓄えられる。それ故1回の交尾で、受精卵が長期間産出することが可能なのである。ニワトリでは35日後まで受精卵が産出された例があるという（田中、1988）。したがって渓東村で行われているような連続交尾は生物学的にはそれほどの意味を持たないが、在来技術の中の交尾に対する認識を知る上で重要な意味を持っている。

ものに抱卵させる。1カ月を過ぎたタマゴは順に食べて、足りない分は他のメスから補うわけである。

　孵化するために巣にこもるツォウチーをウーチー（窩鶏）、あるいはプーチー（浦鶏）と呼ぶ。これには就巣期を迎えたメスを用いるわけだが、就巣のことをこの地方ではラーブー（懶孵）、この状態になったニワトリをラーブーチー（懶孵鶏）と呼んでいる。ラーブーチーは人が用意した15〜20個のタマゴを抱卵し孵卵させるのである。抱卵の期間はこの村では約23日間[①]と考えられている。タマゴを暖めはじめて1週間位で、タマゴを光にかざしてみると、ソンスーデは中が曇っており、また無精卵は透けて見えるのでこれを除去する。抱かせたタマゴの約9割は孵化するという。孵化させようとしても自分の鶏がどうしてもラーブーにならない時は、よその家からラーブーチーを借りてくるときもある。その際は、孵化した雛を3羽謝礼として贈るものである。

　このようにラーブー、つまりニワトリの就巣性は、この村のニワトリ飼育を根本から支える繁殖にとって重要な意味と、有益性を持っていることになる。しかし、一方でニワトリ飼育の目的であるタマゴ獲得という側面から見れば、この性質ははなはだ厄介なものになるのである。先にも述べたように、この村のニワトリは、タマゴを15〜20個産むごとに現れる就巣期に入る。少なくとも年に4回程度、多ければ年に8回も就巣性が出現する。この就巣の期間が長ければ、1カ月以上にも及び、その間はタマゴを産むのを休止するので採卵には役に立たない。タマゴを欲しい村人にとっては、繁殖時以外のラーブーは邪魔ものに過ぎず、できるだけ早くそれが終わることを願っているのである。餌を良くすることによって、ラーブーを若干遅らせることはできるそうであるが、むしろもっと積極的に、就巣を早く終わらせるための工夫をラーブーチーに対しては施している。

　ツォウチーはラーブーが近づくと食欲がなくなり、また低い「クオッ、クオッ、クオッ‥」とくぐもった声で鳴き始め、最終的にはラーブーチーに

[①] ニワトリの標準孵化日数は21日で、品種や飼育環境によって変化する。早晩の範囲はおよそ19日〜24日である（上坂、1965）。

なって巣から出なくなる。こうなると、持ち主は巣から出して様々な刺激を与える。たとえば、庭の木に片方の足を縛り付けて回りで大きな物音をたてて驚かしたり、木に縛ったままもう片方の足に赤い布を縛り付けたり、頭をすっぽりと袋で覆って大きな音を立てながら追い回したりする。また、冷たい水に臀部をしばらく浸ける方法もある。このようなことを毎日続けると、どんなに遅くとも半月ほどでラーブーは終わって、再び産卵を開始するわけである。換羽など他の条件を無視して、1日おきに産卵する（月産15個）ツォウチーが、15個産むたびにラーブーになり、それを半月で解除できるということで単純計算すると、年にラーブーは8回4カ月、産卵期間は8期8カ月、年間産卵数は120個となるのである。1年の3分の1の休産期をもたらすラーブーは、繁殖には重要度が高いが、採卵には不利な条件となる両義的な意味を持っているのである。現代の改良品種のほとんどが、その改良過程で就巣性を失っており、中国の畜産文化においてもそのようなニワトリへの改良技術が古くから存在しているにも関わらず、このペンヂーチーがいまだ強い就巣性を保持するのには、何らかの理由があるのであろう。この問題の究明は今後の課題である。

ニワトリの去勢

オスのニワトリは肥育、肉質改善のため去勢をしなければならない。ニワトリの去勢はこの村ではシーチー（？鶏）、あるいはチェチー（結鶏）と呼ばれているが、シーチーの呼び名が一般的である。したがって去勢の専門の知識を有する職能者は、チェチーニン（結鶏人）、シーチードゥビ（？鶏肚皮）などの名があり、普通はシーチーニン（？鶏人）の名称が使われている。シーチーニンは、今は石湫村から年に一回、春にやって来て、村中を回って家毎に1羽0.5元で去勢を請け負っていく。獣医もこれをやることがある。先にも述べたように、早ければ2月齢、遅くとも4月齢までには去勢する。シーチーニンが去勢に使用する道具は、基本的にシーチーコーサン（？、ニワトリを固定する台）、コン（弓、開腹個所を開く道具）、ツォンリースー（棕櫚糸、睾丸を引っぱり出すシュロ糸）、ピョエ（？、スプーン状の道具）、シーチートウ（？鶏刀、小刀）の5種である。

シーチーの最初の作業は、睾丸を探し出すことである。シーチーコーサン

は、長径20センチ、短径12センチ程の楕円形の鉄筋枠であるが、これを横向きに膝に載せ、この上に去勢するコンチーを長径と体の軸が同じになるよう横向きに、かつ仰向けに載せる。ニワトリの睾丸チーレンワン（鶏卵丸）は、ブタと違って外に出ていないので、その在処を探さねばならない。シーチーニンは、腹を指で探りながら尾羽に近い骨の間を見つける。シーチーニンにはすぐにこの場所の判断がつく。

次に、チーレンワンのあると思われる部位の毛を半径1～2センチむしり取り、縦にシーチートウで開腹する。皮を切る位でできるだけ浅く切るのが上手なシーチーニンである。切開部を開いたままになるようコンを引っかける。コンは竹製の弓状のしなった道具で、両端に紐が付いていて、さらにその先端にはコウツ（鈎子、鈎状の金具）が結んである。弓をシーチーコーサンの下に通して、両側から紐を回し、コウツを切り口に引っかける。すると弓が張るので、切開部が開くことになる。

そこから腹腔内にピョエを入れて、チーレンワンを探し出し、ツォンリースーで縛る。ツォンリースーは先が輪になっており、チーレンワンに引っかけて紐の根元を引くと輪がしまる。それをピョエをあてがいながら上げ、体外にチーレンワンを引き出してシーチートウで切る。するとチーレンワンだけがピョエの上に残って、他の管は体内に戻る。ここでコンをはずして傷口を閉じ、最初に抜いた毛を載せて去勢手術は完了である。縫合や消毒などは行わない。1羽に5分程度の手術時間を要する。シーチー後の弱って数日食事をとらず、中には失敗して死んでしまうものもいるが、シーチーニンは取り立てて賠償などしない。

去勢に成功したニワトリをツォンシーチー（真?鶏）という。一方去勢したものの内、2～3割程度失敗したものが出る。これをコシーチー（假?鶏）と呼んでいる。コシーチーは、偽のシーチーの意味で、睾丸を完全に除去しそこねたものであるといわれる。ツォンシーチー、コシーチーも去勢後チークィ（鶏冠、とさか）がメスのように小さくなり、鳴かなくなるが、コシーチーの場合肥り具合が悪く、また肉に脂が入らず体格、肉質の点でツォンシーチーに劣る。中には交尾するものもいて、このような鳥はココッローン（未去勢オス）と変わらないという。

ニワトリ肉の味の評価は、良い順にツォウチー、ツォンシーチー、コシーチー、ココッローンと考えられている。したがって、未去勢のココッローンは、肉利用の面からいって低い価値しか与えられない。繁殖では重要な種付けオスとしての役割を持つが、それがこのココッローンを、未去勢のまま存在させる要因にはなり得ないのは既に述べたとおりである。ただし、婚礼の儀礼食としてニワトリが用いられる場合は別である。新婚夫婦に早く子ども、特に男子が授かるように期待する縁起担ぎの面から、婚礼のチンプーサ（請菩薩）の式には、供物として去勢していないココッローンは欠かせないとされている。儀礼食としては他の冠婚葬祭においては、このようなココッローンの評価は見られない。婚礼のみ、未去勢の意味は評価され、意図的に去勢は施されないのであって、渓東村の大部分のコンチーは、去勢手術を受けるのである。

ニワトリの食肉処理と卵肉利用

ニワトリの肉はほとんどが自家消費用で、食肉処理はたいてい各個人で行う。殺す時は、まず1人が足と翼をしっかり持ち、もう1人が頭を引っ張る。顎の部分の毛をむしって、そこを小刀で切って血管を切断する。血が吹き出すので茶碗にこれを集めブタの血と同じように調理する。体の方を、桶に入った沸騰したお湯に浸けながらもむ。そうすると毛が抜けやすくなる。この際は、大きく堅い翼のイェッソウモウ（翼梢毛）から全体の羽毛、チャッツォピ（脚爪皮）という足の皮や、ツーブーピ（嘴部皮）という嘴の皮、チークィトゥビ（鶏冠頭皮）というとさかの皮なども除去する。細かい毛が残るので、湯から出してこそげ取る。

次に解体である。最初に肛門付近に横に切り口を入れて、そこから内臓を取り出す。また喉元にも切って、体の上部の気管など残っている内臓をすべて取り除く。内臓はブタと同様に炒めものやレンパン（冷盤）にする。特に旨いとされるのはチーツン（?、胃）で、食べるときは中の石を取り除く。胆のう、盲腸、気管、食道はブタと同じく食することはない。市場でニワトリの内臓を売っているが、心臓、胃、腸などまとめて1キロ18元、肝臓6元とかなり高価である。メスは解体すると、未成熟卵が出てくる。これは一般にはデーツ（蛋子）と呼ばれるだけだが、産卵間近の柔らかいからが付いているものを、特別にウォンコデー（軟克蛋）と呼ぶ。これらの未成熟卵も煮たり蒸したりして食

する。

　肉部の利用法はブタに勝るとも劣らず多様である。その食肉処理、再生産の容易さからいって、儀礼食としてだけではなく、日常食としてもかつてはブタより身近なものであった。1羽の肉の量は1回の消費量を極端に超えることはないので、保存の技術は不要であり、新鮮な肉を得ることができるというメリットも持つ、生きたまま肉をストックできるということで、季節的な変化に対しても、安定して肉を供給できるものとしてニワトリは存在していた。その消費量は現在も増加しているが、ブタほどの伸びではなく、相対的に肉食の中にしめる地位は低下してきている。

　タマゴは最近では食卓にのぼることが増えてきたが、ほんの10年前までは滅多に日常的な自家消費をすることはなかった。日本と同じく、体をこわしたときなどに、タマゴと紹興酒、砂糖を混ぜたいわゆるタマゴ酒チューチュンデ（酒冲蛋）を作って飲む程度で、ほとんどは売却されていたのである。ただしハレの日の儀礼食としては、タマゴは良く利用される。

　たとえば、立夏の日には必ずタマゴを食べるものだという。特にツァエテー（茶叶蛋）、別名フンデー（牽蛋）という料理にする。これはタマゴを沸騰した湯の中に入れ、ある程度固まったところで外殻にひびを入れて、そこにさらに茶葉、醤油、塩、ウェイシャン（茴香、香辛料）を注いで、1時間ほど一緒に煮たものである。ツァエテーは婚出した娘の嫁ぎ先にも、立夏に贈るのが習わしで、毎年その日には30個ほどのツァエテーを持参した。このツァエテーとともに、スーデー（素蛋）という飯でタマゴを型どったものも持っていく。スーデーは飯を白身に、砂糖を混ぜた大豆の粉を黄身に見立てたもので、ナツメやタケノコなどを添えて贈る。

　また旧正月にも、来客をもてなす料理としてタマゴは欠かせない。これはチャンペーデ（醤板蛋）といって、食事というより、食前の菓子代わりに出される。作り方は4つの卵を器に割って上から砂糖をかける。かき混ぜずにそのまま蒸す。半熟になる程度火が通れば完成で至って簡単な調理法であるが、これに使用するタマゴの個数は厳密に偶数個と決められており、通常4個で客が多いときは6、8、10個、少ないときは2個とする。奇数個には絶対にしないという。

4. むすび

　以上、浙江省東北部、寧波市渓東村におけるブタやニワトリなど「非牧畜的家畜」の飼養とその利用について概観した。両者は中国農耕文化の卓越した華中・華南地域において、その農耕と不可分に発展してきた経済動物である。当然その繁殖から、去勢、食肉処理、利用法には細密精緻な知識、技術の応用が見られる。この点において日本における家畜のあり方と大きく異なるのは、筆者が述べるまでもない。

　ブタはその繁殖、去勢、食肉処理、食肉販売について特別な技術をもった職能者が存在し、ブタ飼育の一連の行程が分業的に発展している。この点は日本との比較の点において興味深いが、残念なことに日本の家畜の歴史の中でブタが表面に出てくることは少なく、比較の材料を持ち得ない。最近、考古学的な手法で、中近世におけるブタ飼育の存在が確認されているが、それに当然付随するはずの飼育技術はいまだもって不明である。ただし、奄美・沖縄の南島文化には最近までブタ飼育・利用の伝承技術が存在し、今でもその概略は押さえることができる。たとえば沖縄本島では、ゥワーサー、ワーサーというブタの仕入れから食肉処理、販売まで一手に担ったものや、ゥワーフグヤー、ワーフグイーという去勢師、ゥワーバクヨウというブタの斡旋業など、様々な領域に関わる職能者がブタをめぐって活躍していた（上江洲、1981、島袋、1989）。これらとサッツードゥ、チェツドゥビなどの中国の職能者との比較は、看過できない課題である。

　ニワトリも同様で、たとえば就巣性を解除する技術に同様のものが見られる。八重山波照間島では就巣したメスをシュンマリゴッカーというが、これを早く普通の状態に戻すため、メスの性器に水を注ぎ驚かすという方法をとる。このような採卵を左右する技術は日本本土にも存在したはずであるが、現在その報告事例は皆無といっても良く、今後ニワトリの生態に基づく管理技術について、日本側の資料の再検討を含めて取り組まなければならない。

　筆者は本稿でブタ、ニワトリという「非牧畜的家畜」を中心に渓東村の家畜飼育を紹介した。しかし、そこにはアヒル、ガチョウなど広義の「非牧畜的家畜」が存在し、それに付随する多様な技術も見受けられた。また、ウ

シ、ヤギなどの本来群居性の有蹄類である「牧畜的家畜」も飼育されていた。それらがこの中国東南部で舎飼いされ「非牧畜的」な飼育技術で管理される実態は、遊牧民などの研究で進展している「牧畜的家畜」の世界と対照化しうる重要なテーマである。農耕が高度に発達した社会と、牧畜社会とでは、同じ動物種を飼養していても経済意義、技術、知識が当然大きく異なっているはずであり、その異同は文化比較のメルクマールたり得る。そこから反映されたより抽象度の高いイントラスペシフィックな関係行動にも、かなりの違いが出ることが予想される。本稿ではそのような二次的文化に家畜文化が昇華していく部分についてふれることができなかったが、筆者はさらにこの問題についても考究を深めていきたいと考えている。この視点は、当然日本にも向けられるもので、非家畜的（無畜的）農耕文化として一般的に捉えられている日本の農耕文化の再考にもつながっていくであろう。

引用文献

上坂章次	1965	『畜産学概論』 養賢堂
上江洲均	1981	「『豚』あれこれ―久米島を中心に―」『沖縄民俗研究』3 沖縄民俗学会
梅棹忠夫	1976	『狩猟と遊牧の世界―自然社会の進化―』 講談社
笹崎龍雄・清水英之助	1985	『中国の畜産―家畜の品種を中心に―』 養賢堂
島袋正敏	1989	『沖縄の豚と山羊』 ひるぎ社
周達生	1994	『中国食探検―食の文化人類学―』 平凡社
田中克英	1988	「鳥の卵が生まれるまで」『ものをつくる動物たち』 東京書籍
谷泰	1976	「家畜文化考―牧夫―牧畜家畜関係行動とそのメタファー」『人文学報』42 京都大学人文科学研究所
中国農業科学院畜牧研究所	1989	『中国家禽品種志』 上海科学技術出版
沈長江	1989	『中国畜牧地理』 農業出版社
林華東	1992	『河姆渡文化初探』 浙江人民出版社

摘要

"非畜牧性家畜"管理与利用

菅丰

中国幅员广大，自然环境多种多样，其中优先发展了农业，随之推进了各种动物的家畜化。在江南地区，谷物、蔬菜、果树与家畜饲养有机结合形成了家畜饲养农业，农户有着相当丰富的家畜饲养的民俗知识和技术。虽然该地区为纯农业区域，但是以非群体、杂食性的猪、鸡为主的"非畜牧性家畜"饲养盛行，并促进了各种文化的发展。

本文概要报告了位于浙江省东北部的宁波市溪东村，有关该村猪、鸡等的"非畜牧性家畜"的饲养与家畜利用情况。在中国农耕文化发达的华中、华南、华东地区，猪、鸡是伴随着农田耕作的发展而产生的经济动物，从繁殖、阉割，到猪肉、鸡肉的处理以及利用，积累了相当丰富的知识与娴熟的技术。

猪的饲养与两种不同的经营方式是密不可分的，一种用于出售的食用性猪肉的肥育经营，另一种用于繁殖的猪的饲养经营。该村猪的饲养，从猪的繁殖、阉割到猪肉处理以及出售等一系列的连续作业，除了饲养员外，每一作业都由专业人员来完成，这标志着猪的饲养技术已趋成熟。

鸡的饲养适应当地的生态环境，传统的管理技术发达。该村主要以饲养蛋肉兼收的本地种为主，并形成了一套当地特有的养鸡技术，即对雌鸡去除就巢的习性，以获得鸡蛋，阉割雄鸡，以获得鸡肉。

本文侧面地报告了这类家畜饲养的一次文化行为，它是过渡到二次文化即反映人的言语行为、社会结构、信仰体系等的必要阶段。

Ⅱ 过渡礼仪与冥界观

II 通過儀礼と他界観

宁波农村独特的育儿巫术习俗

陈德来

我们在浙江宁波溪东村（属北仑大碶镇）和畸南村（属奉化溪口镇）考察中，发现两村乃至整个宁波农村，至今存有用米筛、竹扫帚育儿的巫术习俗。这是一种十分独特的事象。

一

米筛是用竹篾编成的扁圆形的生活用具，底部和四周多小孔，主要用以分离米、麦等物资的粗细。竹扫帚也是扫除庭院尘污的生活用具。但在宁波农村，它们又是育儿必不可少的避邪物。

米筛避邪主要用在以下方面：

婴儿出生到满月期间，产妇家要在大门门楣上挂一只米筛，以保婴儿平安无事。米筛大小不论，但一般均挂直径约50厘米的。

婴儿出生第三天，要祭床公床婆，宁波俗称"做床"。祭前，在床前的桌上放一只大米筛，米筛内放祭品，有米制糕点、素菜、糖糯米饭、酒、香烛。米制糕点和糖糯米饭，寓意婴儿日后生活"步步高"和甜甜蜜蜜。糖糯米饭祭毕要分给四周邻居家的小孩吃，据说这样孩子之间就会和睦相处。祭祀时，由大人抱着婴儿，站在米筛前，面对床公床婆讲些吉利话，以祈求床公床婆保佑婴儿长大。

如遇小孩生病，当地村民认为是鬼怪附身的缘故。求治的方式是在床前放一只米筛，米筛上摆糖糯米饭，点三支香，祭拜床公床婆，祈请让孩子早日康复。然后，家人再跑到村路口烧纸钱，叫附身的鬼怪到屋外去拿钱。也有的村民认为小孩生病，是因为鬼怪把"灵魂"（当地俗称"魂灵"）取走了，故要喊"水魂灵"，让孩子的灵魂重新回家来。喊"水魂灵"的仪式是：把一只米筛放于灶头，米筛内点一支香，摆两只碗，一只碗上盖着一张黄表纸，一只碗内放清水。然

后，家中一个人站在灶前，用手蘸清水，洒到黄表纸上，边洒边喊："某某（孩子的姓名）回来！"另一个坐在灶后的家人（作为代表鬼神旨意者）即应答说："某某（孩子的姓名）回来了！"连续喊答多次，待纸下出现了水泡，水泡又凝聚到纸中间时，即把水泡让病孩喝。他们认为，这个小泡代表了病孩的灵魂，喝后病即痊愈。

竹扫帚避邪，主要用在管婴儿和为孩子治病上。

宁波农村婴儿普遍睡竹摇篮床，此床呈长腰形。当婴儿在摇篮中熟睡后，如大人要离开，则就在摇篮边放一把竹扫帚，认为这样扫帚婆婆（也有的称扫帚公公）就会代大人管着婴儿了，鬼怪也不敢近身。当小孩生病时，村民就用扫帚婆婆去喊"魂灵"。由家里两个大人跑到河边，在河边地下插一把竹扫帚，竹扫帚上放一件病孩穿过的衣服，然后点香烧纸钱，一个人叫："某某（孩子的姓名）回来！"一个应答："某某（孩子的姓名）回来了！"接连喊答几遍后，孩子的灵魂已附在衣服上了。回家把衣服盖在病孩身上，小孩病情就会好转。

二

米筛、扫帚育儿的巫术习俗源于何时已难考查，但关于此习俗的传说，至今尚较完整地保留着。

据距溪东村五公里湖塘村村民乐炳成介绍，他在 50 年代曾听到乐秀会、乐兰芳、贺阿菊、朱翠娣等老人的讲述，米筛避邪的传说是这样的：很久以前，有个邪螭（鬼），与八仙之一的吕洞宾同姓，常来村里吸取食物的香气和精髓，弄得村人只能天天吃馊饭，喝酸酒。吕洞宾知道后，派了弟子沙岩去规劝邪螭改邪归正。谁知邪螭不听。沙岩就将避邪的铜镜挂在受害人家的门上。可是挂了这家，那家仍然受害。当时，有个叫米四的人很有心计，把这面铜镜砸成碎片，分给各家各户。又叫大家用竹编成像铜镜一样的竹镜，把碎片扎在竹镜内，挂在自家门上。这样，邪螭就没法再作祟了。后来，不知过了多少年，竹镜没了，碎片也没了，人们就用形似竹镜的米筛代替了竹镜挂在门口。

关于扫帚避邪的来历有两种传说。一种是乐炳成介绍的：从前有只狐狸，专门吃竹石米村的婴儿，已吃了 36 个，如果吃足 49 个，就可以成精了。石家有个姓竹的媳妇，生了个男孩，担心被狐狸伤害。她就到城里继拜了个干爹，又向干爹借来一把拂尘。这拂尘是天上神仙太乙尊人给干爹的，能驱妖除邪。拂尘借回

村后,狐狸再不敢露面了。从此,村里太平无事。竹媳妇的孩子长到 6 岁时,城里的干爹病故了,干弟来向竹媳妇讨还拂尘。竹媳妇为保村中小孩平安,再三苦苦哀求干弟续借。干弟不允,恼羞成怒,抢回了一束拂尘须,砸死了竹媳妇。竹媳妇死后,坟墓上长出了竹子,村人以为是竹媳妇英灵所化成的,就用这竹子的竹竿为柄,竹梢为拂尘须,制成竹拂尘,插在婴儿的摇篮边,狐狸见了不敢来伤害了。以后,竹拂尘改成了扫帚,竹媳妇也被尊称为扫帚婆婆。

另一种传说是奉化莼湖镇应长裕讲述的,奉化农村称扫帚为公公。据说扫帚公公原来是个农民,他生病不幸去世后,阴魂不散,在阴间向阎王告状,说家里有四个孩子,都很小,没有人看管,要求放他回去照料。阎王不答应,说人死不能复生。农民又哭又喊,趴在地上打滚。阎王受到感动,善心大发,又念他关心孩子,就封他为扫帚公公,专管阳间小孩的安全。

三

为什么用米筛育儿?调查中有三种说法:一是当地方言"米筛"与"免死"音同,用米筛育孩,意即孩子可免死。二是据溪东村占英娣讲,米筛是皇帝的金牌,像照妖镜,会放毫光,鬼怪见了怕,不敢入内伤害孩子了。三是据溪东村乐嘉香讲,米筛竹编之孔形如八卦,鬼碰到八卦不能飞,只能沿八卦的圆圈一直旋到中心才可飞起来。鬼怕花费很多时间和力气,所以一见孔如八卦的米筛就会逃离。

为什么用竹扫帚育儿?扫帚总是同秽污物打交道,时间长了,秽气很重,有了灵气,所以鬼怪见了都害怕。

我认为,宁波农村米筛、扫帚育儿巫术习俗的形成,主要有三方面的因素:

(一) 竹图腾崇拜及其残留的影响

原始先民往往把某种动植物作为本氏族的图腾,图腾成了氏族的象征和保护者。氏族社会解体之后,图腾崇拜的观念依然被传承下来。米筛、竹扫帚育儿习俗,是竹图腾崇拜及其残留的影响。

日本鸟越宪三郎先生在《倭族之源——云南》一书中,以河姆渡出土的稻谷和干栏式房屋为据,提出日本人的根在中国云南,并且早在七千年前已从云南迁徙到河姆渡,最后又北上山东,渡海到日本。[①] 这个论点不无道理。云南一带彝

---

① 林华东《河姆渡文化初探》,浙江人民出版社,第 319 页。

族以竹为图腾，认为祖先是从竹而生，对竹敬若神明，有的世代以编织竹器为生[1]。傈僳族也有"麻打息"氏，即竹氏族。基诺族在举行播种仪式时，把圆形竹片当作避邪物[2]。在日本，竹子也是驱邪求吉的信物。我们在人吉市和卷町农村看到，建新房前要举行地镇祭，地基四角插有带叶的竹子。宁波属河姆渡文化范围，气候温和湿润，农家门前屋后以及山坡上均有茂密的竹子。从河姆渡遗址出土的文物看，有像毛竹的木筒和芦苇编织而成的苇席[3]，说明毛竹和编织业早已存在。从姓氏看，宁波如今虽已无竹姓，但姓竺、祝者较多，著名的人物有东晋时的祝英台、近代地理地质学家竺可桢等。据考证，竺、祝姓系竹姓之后人[4]。从色彩的崇尚看，宁波先民偏爱黄色，认为能带来光明、温暖和希望，可避邪祈吉，河姆渡遗址出土的木筒，其漆色微微泛出金黄色。至今宁波仍有婴儿穿黄衣服、祭拜烧黄纸钱和点黄色香等的习俗。而米筛、竹扫帚其外表呈黄色，却与百姓的喜好相配。正因为宁波先民是从云南迁徙而来，故其对竹制品的崇拜也就不足为怪了。

（二）"万物有灵"观念的作祟

原始先民，由于对一切自然力和自然物都不认识、不理解，往往以为它们和人一样有"灵"，把万物都人格化了，有了神灵、精灵的概念，产生了鬼神信仰。同时，原始先民认为，神鬼虽然也可以作祟于人，但他们总也有一种或几种害怕的东西，因而这些东西可以当作对神鬼镇压或避邪的宝物。特别是宗教盛行后，这种"万物有灵"的观念更为严重。而米筛、竹扫帚是宁波农村常用的普通生活用具，看得见，摸得着，方便易制，于是先民便把它们作为用来对付鬼神侵害孩子的避邪物，以求得生活和心理上的安宁。

（三）宁波农村特别重视"传宗接代"

中国农村"不孝有三，无后为大"的思想根深蒂固。宁波农村有山有水，且又靠海，农民、山民、渔民迫切希望家庭中有更多的劳动力，以求生活的美满和富裕，因此培育子女的习俗纷繁复杂，远远超过一般的中国农村。宁波除有像做"三朝"、办满月酒、周岁"抓周"礼、婴儿着虎头鞋、戴虎头帽、穿黄衣服、挂

---

① 罗曲《彝族竹崇拜文化探源》，《中国民间文化》1991年第1期，学林出版社。
② 郑小江《中国神秘术大观》，百花洲文艺出版社，第361—362页。
③ 姚业鑫《名邑余姚》，浙江摄影出版社，第14页。
④ 慕容翊《中国古今姓氏辞典》，黑龙江人民出版社，第269页。

长命线、拜干爹干妈等中国农村普遍都有的育儿习俗外，还有一些特殊的习俗，如：刚降生的婴儿要穿上各家讨来的旧衣服，放在狗窝里躺一躺，俗称"蹲狗窝"，寓意将来吃得起苦；婴儿满月去外公外婆家回来时，鼻尖上要涂点锅煤，表示是背锅回家，人在铁锅下，凶神恶鬼看不见了；婴儿第一次尝荤时，要先吃鹅肉，据说吃后学步会像鹅一样，虽摇摆而不跌跤；小孩清明节要戴用杨柳枝条编织成的杨柳帽，可获取杨柳旺盛的生命力，平安长大成人，今后能做娘舅；清明节要烧麻雀米饭，米由各家讨来，菜可到地里任意采摘，烧毕分给小孩吃，彼此之间会互相照顾；逢农历二月十五日举行"小八仙会"，由八个上学的孩子踩高跷，踩后这些孩子读书成绩会更好；逢三、六、九、十二、十六岁是难关，要给孩子做生日渡关，祭祀祖先和鬼神。这些独特的习俗，有的虽已消失，但绝大部分仍在继续传承。用米筛、竹扫帚育儿的巫俗习俗，同上述这些独特的习俗一样得以传承，充分说明了宁波农村盼子生存、发达的强烈愿望。

要旨

寧波農村特有の育児呪術習俗

陳　徳　来

　米の篩と竹帚はごく普通に見られる生活用具であるが、寧波の農村ではこれらを育児の無事を見守り、邪気をはらうものとしている。赤ん坊はおぎゃーと生まれてから成人するまで、たえず米の篩と竹帚の保護の元にあるが、特に病気療養中の子どものお守りとして、米の篩いと竹帚は大いに力を発揮する。これは大変独特なまじないの方法である。

　米の篩と竹帚の育児の呪術の習俗がいつごろ起こったかはもはや調べようもないが、この習俗にかかわる伝説は今なおよく伝えられている。

　米の篩を育児の呪術とすることについて、寧波農村では三つの言い方がされている。第一は、「米篩」と「免死」は方言では同じ音になるから、というもの。第二は、米の篩は皇帝の金印なので、亳光を放つことができるからというもの。第三は米の篩いの形は八卦に似ているが、幽鬼は八卦に会うと飛べないからというものである。竹帚については、竹帚には穢れの気が強く、霊気があるので、幽鬼はそれを見て恐れるという。

　筆者は、この調査によって、竹のトーテム崇拝とその名残の影響、さらに「万物有魂」観の竹崇拝が、寧波農村では特に代々重視して伝えられ来て、このような育児のまじないの習俗を形成する三つの主な要素になっていると考える。

水殇习俗的研究

蒋水荣

中国江南地区多雨水，河道密布，大到江河湖海，小到池塘浜荡。水多，给老百姓带来许多好处，但同时，水也给人生命带来威胁。水会淹死人，因此水乡的人对水存在一种普遍的恐惧心理。人死变成鬼，水淹死则变成水鬼。水乡民间认为水界与岸上世界是两个不同的世界，淹死的人灵魂要超生必须先从水界上岸方能超生，故比岸上死亡者多一些难度。所以，江南水乡人对水鬼的恐惧要超过对其他鬼之恐惧。笔者少时生长在浙江海盐农村水乡，亲眼见到过5次人被水淹死的场景，其中有一死者还是我家邻居，就死在我家河埠头周围，至于耳朵听到的就更多了，对水鬼之恐惧我有亲身体会。1992年至1993年我参加中日联合民俗考察团在浙江的湖州、桐乡、宁波、温州和日本的人吉市、新潟县等农村进行考察，对水殇习俗也进行了调查。本文以这几次调查为基础，结合少时经历及平时调查，对中国江南地区水殇习俗作一些初步的探讨，以求教于各位专家同行。

一

江南地区民间普遍的观念认为，人淹死是被水里的水鬼拉去做替代的，水鬼必须拉一个替死鬼自己才能重新上岸投胎。找替身投胎原本是民间普遍的传统观念，人死只是人的身体死亡，而人还有灵魂，人死灵魂即离开了人的身体，而人要复活，必须将灵魂依附在其他生命体上，附在猪身上就变成猪，附在婴儿身上就投胎转世成人。但水鬼要上岸投胎转世还必须拉一个替身下水替代他做水鬼，这恐怕是基于人们对水界与岸界的看法，人们认为冥界的水界与岸界有道不可逾越的鸿沟，水界与岸界有不同的管辖范围，人既然在水里死了，他的灵魂也就留在了水里，他的灵魂要上岸，必须有新的水鬼来替代他，以维持水界与岸界的平衡。因此，人们一见到溺水者，马上会联想到是水鬼找替代。找替代成为水鬼文

化的核心，一切水殇习俗都是基于找替代这种观念。

当人们发现溺水者时，大多数地方的人会尽力抢救，不管是死是活。在海盐县百步乡百步村有一个青年民兵，平时身强力壮，水性也好，一次参加民兵游泳训练比赛，背枪游1千米，出发后不久在一个较开阔的洋面上下沉，救护船赶过去捞，却直到半小时后才捞到。当时人们就纷纷议论说是水鬼找替代了，这里前几年死过一个人。捞上来他已死，人们还是尽力抢救。可也有例外。在湖州白雀乡小梅村调查时，村民沈根荣①介绍说，小梅村是渔村，在太湖上打鱼时在船上如果看到溺水者，如还活着就救上船，如已死了就不救，否则邪气会上船，不吉利。

当人们看到溺水者时，还有一种禁忌，不管溺水者有没有死，均要说"还好还好"之类的话，不能说"完了完了"之类的不吉话。据说水鬼拉人时，先将人的灵魂拘去放在小瓶子里盖好。如说"还好还好"，水鬼以为灵魂还未拘进，会打开瓶盖看，灵魂可趁机逃脱，溺水者就可复活。

溺水者救上岸后，大多数地方的做法是将溺水者脚上头下倒背着跑，或将铁锅倒扣在地上，让溺水者腹部对着锅底扑在锅上挤压腹部，目的是让溺水者呛进的水吐出来。此时也有禁忌，怀孕的大肚皮孕妇不可看，据说四只眼看了会相破，灵魂就散了，溺水者必死无疑。背着跑时，要直着走，不可转弯，据说灵魂不会转弯，溺水者人一转弯，灵魂就跟不上，必死。过桥、跳沟都要通知溺水者灵魂，喊一声："某某，过桥了。""某某，跳沟过来。"否则灵魂不会过桥跳沟过来。

溺水者捞上岸，一般是就地抢救，不进家门。当确认已经死亡后，一般在死者家门口道地上搭棚摆放尸体，设灵堂。因水淹死，是屈死，死后变怨鬼恶鬼，要作恶的，绝对不能进家门，否则家庭会不安。在奉化畸南村，恶死在外的人尸体连村子也不让进。当地正常死亡的人一般丧事都放在堂前办，野死的人不但不能进自家堂前，连村子也不准进，只在村口的场地上办丧事。现在畸南村村口，专门造了一个聚德堂，专为野死在外不能进村和没有堂前的人办丧事用，据说野鬼怨魂进村，村里就不安宁，拒野死鬼灵魂于村外，是为了保境安民。在玉环县渔区，死在水里的人的尸体一律不准进村，而在村口或岙口搭一个棚，棚用毛竹搭成人字架，上面盖竹席，用来停尸，这种棚还有名称，叫"收尸寮"。

---

① 沈根荣，调查对象，男，58岁，渔民，小梅村人，上过夜校。业余巫师，平时渔民办丧事或遇到凶灾都请他去。

二

　　水殇者的丧葬仪式大多与一般丧者相近，但其中有一个仪式比较突出，而且非做不可，那就是替水殇者招魂。因溺水鬼的灵魂还在水里，必须招魂上岸才能接受超度，重新投胎。

　　在海盐平原水乡，丧家要请道士（或死者家人）到淹死人的河岸边或河埠头做羹饭，烧纸并将一只活鸡脚缚石块扔入河中，口里喊死者的名字，"×××，上岸来！"有人假装答应："来了！"表示换魂上岸。

　　在湖州小梅村，渔民在湖里淹死后，船家要在船边搭芦苇梯子，芦苇梯子一头入水，一头上船，然后将活的鸭子脚缚石头抛入湖中，死者是男性就抛公鸭，女性则抛雌鸭，死几人抛几只鸭子，口中念某某上船来，另有人再答应，表示魂已出水上船来了。

　　在嵊县一带，抛鸡鸭时则是腿上扎一个纸条，纸条上写死者的生辰八字和姓名，鸡鸭腿上不缚石块，让鸡鸭抛下水后再上岸，把死者的姓名生辰八字都带上岸，表示死者灵魂上岸。虽然前面两个地方是让鸡鸭死在水里以鸡鸭换魂，后面是鸡鸭不死上岸，但两种做法的意义是一样的。

　　宁波象山一带渔民海上遇难，丧家请僧道念经超度时，取整株连根的毛竹，在梢头处斩一刀，其深度以梢头将断未断为合适，然后把毛竹插在海边沙滩上，让孝眷扶毛竹边摇边哭不止。同时有人从旁呼问："来了吗？"有人应声说："来了。"如此反复呼应至毛竹梢头摇断下垂时，亲人们齐呼："回来了！回来了！"算是魂招来了。

　　在舟山渔岛上还流行一种叫"潮魂"的招魂仪式。渔民海上翻船落水，找不到尸体，常以扎稻草人代替死者，请和尚道士招魂。因招魂仪式必须在潮水上涨时进行，故叫"潮魂"。据说退潮时海上的阴魂离家很远，无法招回，只有潮水上涨时，海上的游魂随潮而来，直至海滩，才能把魂用法术就近招入稻草人中。

　　由于大海的神秘和广阔，慑于大海的威力，渔民对凶暴的大海怀着本能的恐惧，丧身大海，往往连尸体也不能捞回，因此，在渔民看来，要想为丧身大海的人招魂，不仅要借助潮涨的自然力量，而且非用极大的法术、魔力和施行多种巫术才能奏效，故潮魂的规模、场面比其他地区要大，也复杂得多。现以嵊山岛的潮魂仪式为例，简述如下。

招魂一般在初一或月半大潮汛时举行，在死者家和海滩两地同步进行。在死者家里，用两条长凳垫脚搁起一张八仙桌，作为招魂和祈祷的祈台。祈台上插香燃烛，供奉苹果、橘子、小梨以及香干、油豆腐、千层等素菜供品。祈台上不能供奉鱼、肉等荤食供品。七个道士和一个和尚共八人在祈台下施法。和尚道士从清晨起，敲钟打鼓，念咒施法，开始引魂，为的是向失落在遥远的天涯海角中的阴魂打招呼，引起龙王、海鬼以及死者魂灵的注意。一般道士以敲打为主，和尚以念经念咒为主，各有分工，又有合作。这是招魂序曲。

一旦潮水上涨，七道一僧施法场所从家中移向海滩。靠近潮水线的海滩口已经事先搭好了帐篷，帐篷内设一个大醮台，醮台上有东、西、中三张供桌，两低一高。高桌居中，上面竖放着死者的灵牌。施法道士和尚围坐在高桌之旁。高桌后面放着一把大椅子，上面端坐着一个像死者模样的稻草人，有鼻有眼、有脚有手、穿戴着死者的旧帽旧裤，作为死者的替身。东西两张低桌上则供着祭品。帐篷外竖着一根长竹竿，竿的顶端悬吊着一只竹篮，篮内罩着一只度关用的大雄鸡。在鸡放入篮前，用五六十支香对折折断，放在香灰盆里燃烧，将雄鸡熏得昏昏沉沉，呈昏迷态，再用黑布包住鸡头，然后放入篮中，篮端开口处用死者的旧衣罩住亮光，使鸡产生错觉，以为是在黑夜中。这时再用绳索把篮与鸡吊上竹竿顶。海滩上燃起四堆熊熊篝火，为了让海上游魂明确方向得到温暖。

随着潮水上涨，醮台上香烟缭绕，钟钹鼎鸣，和尚和道士的念佛声也越来越响。和尚念的都是佛名，因为招魂难度大，距离远，又是海路，路上有妖魔鬼怪阻挡，不靠众佛帮忙，难以招来游魂上岸。念佛时，一般以放焰口的和尚领唱，七个道士敲鼓、击钹、摇铃、叩木鱼、押韵落调。

潮水越涨越高，夜也深了，海上的游魂快要登岸。此时，有一道士一手执写着死者生辰八字和姓名的招魂幡，一手摇动着摇魂铃步出帐篷，至海口开始招魂。招魂时道士后边跟着3至5人的死者亲属或帮工，手执火把，其中一亲属手提一盏大灯笼，灯笼上写着死者的姓。道士边走，边摇铃，边大声呼喊："×××，海里冷冷屋里来呵！"后边跟着死者亲属或帮工，大声应道："来啰！来啰！"道士呼魂时都沿着潮水线走，来回要走三五次。走到海滩边篝火堆要跨越而过。潮水涨平，篝火渐熄，招魂的道士才把招魂幡连续的舞动，说是已把阴魂招进幡中，然后回到帐篷内，把和尚道士所念的五百佛、七百佛以及香烛、锡箔与招魂幡等放在一起，在稻草人前焚烧，以酬谢海夜叉，让他们做回去的路费和零用。

焚烧招魂幡是让幡中的阴魂飞腾，尽快进入稻草人中。一位领头的道士步出帐篷，去牵动帐篷前的那根竹竿上吊道鸡篮的绳索，篮中的鸡被惊动，发出"索索"的挣扎声。鸡抖动表明死者的阴魂一部分进入鸡身，此时，死者的亲属尤其是晚辈要向度关鸡祈祷叩拜。帐篷内的和尚一边拍打"僧术"，一边焚烧符咒，同时撒米于稻草人周围。和尚撒米的动作很特殊，左手挖米，右手的指甲把米弹出去，弹米是为了驱赶野魂，把野魂弹走，让死者的真魂进入稻草人。弹完米，和尚放下吊在竿上的鸡篮，双手捧鸡放在供桌上，让其随意吃供桌上的供品，因此时的大雄鸡，有死者的部分阴魂附身，让鸡吃供品，也就是让远道而来的死者阴魂吃供品，让他吃饱可以精神饱满地进入稻草人中。和尚看鸡吃得差不多了，然后抱着鸡，举起来，在稻草人头上，顺旋三圈这才把鸡放掉。和尚道士作最后一次法术，大声地念经念咒语，用力地敲打法器，祝贺死者的阴魂（共七魂六魄）全部进入稻草人，潮魂程序到此结束。第二天，把稻草人放入棺木，抬到山上埋葬。

如渔民淹死在海里，但已捞回尸体，就不必用稻草人代替。据渔民说，人有七魂六魄，其中三魂四魄残留在尸体中，潮魂时只要追回失落在海上的四魂二魄就行了。也是在家里和海滩上同时举行追魂仪式，就是场面规模比尸体留在海里者的潮魂仪式要小一些。

这种以鸡为灵魂替代物的巫术性质的招魂仪式，其渊源是非常古老的。在中国民间传统观念中，鸡可以替代人的灵魂。据《搜神记》记载：夏侯弘"于江陵见一大鬼提矛戟，有随从小鬼数人。弘畏惧，下路避之。大鬼过后，提得一小鬼，问此何物？曰：杀人以此矛戟，若中心腹者，无不辄死。弘曰：治此病有方否？鬼曰：以乌鸡缚之，即差。弘曰：今欲何行？鬼曰：当至荆扬二州耳。时荆扬，行心腹病，无有不死者。弘乃教人杀鸡以缚之，十不失八九，今治中恶辄用乌鸡缚之，弘之由也"。杀鸡来替代人死，用的是交换巫术，实际上表示鬼已杀死了人，摄去人的魂。鸡常出现在葬礼中即源于这种观念。

在浙江三门县海边，人们参加水殇者的葬礼时每人要喝碗糖开水，以解晦气、吃斋饭，十碗菜里其中有六碗是汤，吃了可解晦气。此种以水解水的习俗，其来历已不可考。

溺水者的尸体如没捞回，除舟山以稻草人代替死者入葬外，小梅村的习俗是做一空坟。玉环一带海边的闽南宗渔民的习俗，也是扎缚稻草人，穿戴死者生前

衣服冠鞋，由道士"借尸调魂"，然后火化，将草灰放入罋中埋葬。

三

溺水者被水鬼讨了替代而成了屈死的新水鬼，从一个受害者变成了新的害人者，成了人们恐惧的对象。尽管亡者的家人为他举行了招魂（灵魂应该已经上岸），但人们并没减少对水鬼的恐惧，这也许体现了民众的一种矛盾心理。一方面，人们因为害怕水鬼找替代作祟，就想办法找鸡鸭之类作代替让水鬼灵魂上岸不再害人，或者其他对付水鬼的办法，并相信这些方法是有用的；另一方面，人们看到招魂、镇鬼驱鬼等方法用了之后仍旧有新的人丧身水中，于是就怀疑这些方法是否真的有用。因此，他们有时候相信，有时候又不相信。相信它是为了摆脱恐惧心理，不相信它是因为摆脱不了恐惧。鬼文化中充满了这种矛盾。正是这些矛盾的思想导致了习俗中矛盾的做法。否则我们就没法理解，人们已经为亡者做了招魂仪式，却又那么害怕他在水里作祟找替代。

那么，人们害怕的水鬼在人们心目中是什么形象？又是如何拉人的呢？

有许多人认为鬼"无影无踪"，因此水鬼也没有具体形象。这可能是受鬼会隐形这一特点的影响，水鬼只是人们精神幻想的产物，谁也没有亲身看见过水鬼究竟是什么样子。但在民间观念中，水鬼还是有可作描述的形象的。比较通常的看法是认为水鬼是赤身露体、披头散发的。据说人身体在水里有滑性，衣服在水里浸湿后也有滑性，而且衣服分量加重，加之水的运动，容易脱离人身体。相传溺水者在静水内十二小时，在急水内六个小时，其衣服都会褪尽。

在浙江温岭县，人们认为水鬼是"红眼绿发"，而且"全身是毛"[①]。

在浙江海盐县，人们认为水鬼从河里上岸"浑身没有一点水"[②]，是不会湿的。这种看法还常被用来判别上岸的是人还是水鬼。

在浙江诸暨市，人们认为水鬼是"没分量"的，"跳到水里一点声响都没有"[③]。

---

① 见《温岭县故事卷》371页、374页。
② 见《海盐县故事卷》524页。
③ 见《诸暨市故事卷》（三）163页。

水鬼能隐身，它可以借助"油纸扇隐身"①，还可以借助"帽子隐身"②。水鬼还能变化成物，如河桩木头、棕榈树段、木门槛、木制猪槽、竹丫叉等。

据说水鬼在水下很苦，每天要摸三斗三升的螺丝，罚做三年，三年一轮满了才可找替代，错过一轮就再得等三年。海盐、德清、绍兴、象山、玉环、平阳等地都有传说。③ 也有说十二年一轮的。④ 金华还有传说水鬼每天要过一百廿口塘才能转世投胎。⑤ 如果是投河寻短见而死成了水鬼，要被罚去挖河里的烂泥，据说水里的神灵喜欢在深水活动，水越深越好，就罚水鬼不停地挖烂泥。总之，水鬼要历尽磨难才能去找替代，为了早日逃脱苦海，水鬼要找替代的心情也是非常迫切。

水鬼在水下拉人一般是拉人的双脚，据说水鬼在水下力大千斤，他拉住人就往人耳朵、鼻子、嘴巴里塞泥、水草。⑥ 水鬼身上带着水鬼印、一本簿子和一支笔，他找好替代后把印等也交给下任。有时水鬼也会拉水牛、猪、鸡等做替代。水鬼找替代的故事各地都有许多，大同小异，现附录一则，从中可见一斑：

> 很早以前，莞渭蔡地方的小河里，经常有人淹死，人们说这河里一个红眼绿发的水鬼在作怪，吓得大家都不敢下水去游泳了。
>
> 小河边住着一户农民，他有个儿子名叫蔡得水，年纪十四五岁光景，从小练得一身好水性。
>
> 一天，天气很热，得水帮父亲耕完田，赶着牛来到河边。那水牛一见河水，就一个劲地往水里钻，得水想拉也拉不住，只得让它泡在水里。
>
> 这时，水底的水鬼出来了，那鬼见是一头水牛在游泳，想过去试一试牛的水性，若有机会，拉它做个"替身"。于是就去紧紧抓住水牛的一条后腿往下拖。那牛正在游水，觉得有东西拉它的腿，吓了一跳，猛地一跃，跳上岸来。水鬼没有提防，来不及放手，就被牛拖上岸。水鬼

---

① 见《诸暨市故事卷》（三）169页。
② 见《新昌县故事卷》240页。
③ 见《海盐县故事卷》524页，《德清县故事卷》372页，《绍兴县故事卷》450页，《象山县故事卷》284页，《玉环县故事卷》296页，《平阳县故事卷》249页。
④ 见《诸暨市故事卷》（三）156页。
⑤ 见《金华县故事卷》218页。
⑥ 见《玉环县故事卷》296页。

慌了手脚，慌忙中变成了一段棕榈树干，直挺挺地躺在岸边。得水见这段棕榈树干粗壮结实，便把它扛了回来。刚巧他家牛栏间缺少一条门槛，便将这段树干做成门槛，装在牛栏间。

晚上，得水做了个梦，只见一个蓬头垢面的怪物向他哭诉求情，请求得水放了它。得水问："你是谁？"那怪物回答说："我是水鬼，棕榈树段是我的化身，你把我做成门槛，让牛从我身上踏过，我会永世不得翻身，求求你放了我吧！"得水说："要放你不难，但今后不许你再来害人，让我们痛痛快快在河里游水。"水鬼心里不愿意，嘴上只好答应。第二天，得水把门槛拿到河边，放在水中，一忽儿那段树就沉下不见了。

一天，得水正在河里游泳，又碰上了那个水鬼，水鬼抓住得水的两只脚就往深水里拖，边拖边往得水口里鼻子里塞水草泥团。得水知道碰上了水鬼，他一点也不怕，屏住气假装死，一动也不动地由着水鬼在水中摆布。大约半个时辰过去了，水鬼以为得水死了，认为这下找到了替身，便从身边摸出一颗鬼印，塞进得水衣袋里，随即走了。

得水知道水鬼去远了，便浮上水面，游到岸上。他取出水鬼塞给他的东西一看，是一块光溜溜四四方方像豆腐干大小的小砖头。得水带着小砖头回到家里，夜里就把这块砖头垫在头下睡。睡梦中，那水鬼哭哭啼啼又来了。对得水说："好兄弟请你把那颗印还给我吧？从今以后，我再也不害人了。"得水说："我再也不相信你的鬼话了。"水鬼说："我丢了印，又没了替身，就要永远做鬼，不得超生，你如果把印还给我，我认你为娘舅，以后再害人，由你娘舅处罚。"得水说："你要是再来捣乱，我叫你鬼也做不成。"水鬼跪在地上连连叩头道："不敢不敢，求你把印还我，我就离开这个地方。"

从此以后，这河里再也不闹鬼了。①

这则故事非常典型，有代表性，其中的水鬼形象已完全人格化了。还有一类故事，讲捕鱼人与水鬼的故事。捕鱼人常在水边，应该是水鬼找替代的重点对象，但此类故事里的捕鱼人与水鬼常常从敌对化为朋友，捕鱼人给水鬼酒喝，劝水鬼不要害人，而水鬼也帮捕鱼人捕鱼，不忍心找替代而被封做桥神等等。这类

---

① 见《温岭县故事卷》371—373页。

故事反映了人们的愿望，因为捕鱼人既害怕水鬼，又不得不常在水边，只好自欺欺人自我安慰地幻想出此类故事来壮胆。

四

鬼是一种人们创造出来的精神幻体，水鬼实质上代表了水对人类可能带来危害的凶恶的象征，它有凶残暴戾不可一世的一面，但同时人们又认为水鬼也有虚弱恐惧的一面。因为在原始思维中，人们分不清心理世界与物理世界的界限，总是习惯于"以己度物"，从人类自己的情感与心理出发去推测外界事物，这使得宇宙天地间一切事物都包罗在一个由人的心理、情感渗透了的"互渗"之网中，它们不但都有了人的情感与心理，而且还互相感应。人所创造的超人力量神鬼也是如此，人们以自己的心理来推测神鬼，认为神鬼也与人一样有怜悯、欢乐、恐惧、焦灼，也与人一样有癖好与禁忌，这种信念便成了巫术仪式与方法建立的内在指针。如人们认为鬼也与人一样，作为"恶"的象征，它喜欢幽暗，害怕光明，也有种种禁忌。鬼恐惧的心态，大多是现实中人恐惧的反映。当然，人鬼分处阴阳两界，所害怕的东西具体是不同的，人害怕的，鬼不一定怕；鬼害怕的，人也不一定怕。水鬼作为水中的怨鬼，与吊死鬼、枪毙鬼等一样比一般的鬼更凶恶，但同样会有恐惧。

首先，水鬼怕"离水"。水鬼擅长在水中作恶，在水中它"力大千斤"，但离开了水，它便失去了威力，要靠隐身躲开人的攻击。因此，在许多人斗河水鬼的故事中，河水鬼要骗人下水，在水中将人弄死找替代；而人则要骗水鬼上岸，在岸上教训水鬼、镇住鬼。这种斗水鬼的故事其实就是斗智故事，围绕着"鬼骗人下水，人哄鬼上岸"这个基本情节，人骗鬼上岸了人也就斗赢了，因为水鬼是怕"离水"被抓的。有人说，水鬼找替代不就是为了灵魂上岸吗？是的，水鬼要超生重新投胎必须灵魂上岸，但前提是必须找到替代在水下做"替死鬼"。否则，它上岸不仅不能重新投胎超生，如果被抓被镇还会面临永世不能超生的危险。前文所述的故事里就有这样的情节，水鬼抓人做替代，以为人死了，就把"水鬼印"交给替代，自己上岸投胎去了，谁知那人并没死，水鬼投胎没投成，"水鬼印"又丢了，替身也没了，就要永世做鬼，只好求人还它"水鬼印"。可见，水鬼要超生，必须找替身，而且替身要死在水里，如果水鬼离开水，又不能回到水里找替身，那就永远无法超生了。所以水鬼害怕"离水"。

怕桥神。在人们的想象中,神是代表善的,鬼是代表恶的,神能管住鬼。桥在水乡遍地都是,每座桥几乎都有保佑人平安的桥神,桥离不开水,水鬼与桥神的关系就最密切了,桥神管水鬼,这在民间观念中就是天经地义的事。在湖州德清县流传着《渥煞鬼(即淹死鬼)讨替代》的传说①,就河水鬼是有"桥神菩萨管牢的"。在绍兴诸暨市,有个《酒醉佬捉鬼》的故事,讲一个酒醉佬半夜三更过桥,桥头有个姑娘过不了桥,让酒醉佬从河里带她蹚水过去,酒醉佬晓得姑娘是水鬼化的,她怕桥头菩萨不敢过桥。他将计就计逮住了水鬼。② 温州平阳市也有河水鬼归城隍与桥头神管的传说。③ 桥神监督水鬼控烂泥、摸螺蛳,还负责定时评定它们的成绩,它们去找替代首先要经桥神的核准。有意思的是,在民间传说中,河水鬼做好事而不忍心找替身往往会感动玉帝,让它做桥神。在北仑区调查时,我就听说了《河水鬼做官》的故事,相传,有一个渔翁和一个河水鬼交了朋友,白天,水鬼把鱼往渔翁网里赶,晚上便和渔翁喝酒聊天。一天,水鬼来向渔翁告别,说邻村一个妇女明天来洗衣裳,衣裳掉落河里,她落水来捞,我把她淹死,就可以转世了。第二天,果然有个妇女在洗衣裳时衣裳掉落到河里,她正要去捞,被渔翁拉牢。晚上渔翁被水鬼责怪了一顿。几天后,水鬼又对渔翁讲,明天一个小伙子挑一担馒头,到丈母娘家里去,路过这里,帽子被风吹下河,他落水捞,我就淹死他。第二天早上,果然见小伙子来,一阵风把他的帽吹到河里,他想捞,又被渔翁劝牢。几个月过去,水鬼又高高兴兴地对渔翁讲,明天一对夫妻吵架,女的要在这里投河。第二天天没亮,果然有个披头散发的妇女哭哭啼啼要来投河,渔翁连忙上去把她拖牢,并告诉她河水鬼的事,那女的千恩万谢回去了。三年过去,水鬼没找到替代。这件事让玉帝知道了,封他做了桥洞菩萨。从此以后,每座桥面都有塑着跟庙里判官差不多的小菩萨——桥洞菩萨。这类故事流传很多,《新昌县故事卷》《上虞县故事卷》《海宁市故事卷》等都有类似的故事,绍兴县的故事里是做了河水判官,象山县的故事是封了城隍,其基本情节是一样的。这类故事明显受佛教的影响,劝鬼行善,只要水鬼不作恶,鬼也会被封做神。

与怕桥神类似的是怕船神,渔民中传说比较多,因为渔民信船神,船神是保

---

① 见《德清县故事卷》373 页。
② 见《诸暨市故事卷》(三) 168 页。
③ 见《平阳县故事卷》249 页。

佑船上渔民平安的，水鬼见了自然害怕。

怕道士和尚。道教是我国土生土长的民间宗教，它吸收了从老子、庄子、邹衍、《吕氏春秋》、《淮南子》以及星相家、医方家、谶纬家等对自然、社会与人的思维成果，以道家思想为主干，构筑了一个庞大整饬的自然、社会、人类三合一的起源与结构理论，还将民间的神话、巫术（包括禁、咒、祝等）囊括其中，并由此产生种种治邪驱鬼的法术。正因如此，道教中出现了大量的斋醮、祝咒、符箓、印镜等具有神秘色彩的仪式、法器和方法，于是民间就出现了尊崇道教之风，并相信道士能驱邪避鬼。鬼害怕道士主要原因在于鬼害怕桃木剑和符箓等。中国人历来相信桃木具有驱鬼避邪的作用，为此常做成桃人、桃弓、桃印、桃板等物，以止恶气。后来逐渐为桃符所替代。桃符一般用桃制作，上画神荼、郁垒二神像，作为夏历新年的一种辟邪驱鬼的门饰。符箓是一种笔画屈曲，似字非字的图形。它本是巫觋的专利，道教兴起后，把符与谶纬家的图谶合二为一，使之玄而又玄，花样百出，神通广大。据说：遇恶鬼有六甲六乙符，遇火有六壬六癸符，遇水有六戊六己符，等等，这些符或烧或服，或埋于门窗之下，或揣入心口，各有各的用法。佛教自传入中国后，吸收中国传统文化，与我国民间宗教融合，形成新的内容和教派，特别是将佛经中的地狱观念和鬼神观念世俗化，成为民间宗教的一个组成部分，为民众所接受。佛经以其"无法不备，无机不摄"可用来打鬼，而佛教徒既可为鬼诵文超脱，亦可不为其超脱，鬼为了早离鬼魅世界，重投人世，势必有求于他们，因此鬼自然害怕佛经与和尚了。水鬼作为鬼的一员，自然不例外。道士还有专门对付水鬼的符箓。而水鬼要想超脱比平常鬼要难，故更有求于和尚多诵经为其超脱了。

怕渔网。从前的渔网都是用麻或线织的，为了增加牢度，常将渔网在猪血里浸透。传说，水鬼是怕血的，渔网是血浸过的，水鬼就怕渔网了。湖北有一则传说讲渔网之所以要用猪血浸，就是为了避鬼。相传有两兄弟常在江里打鱼，一天天黑后碰上水鬼。水鬼要杀兄弟俩，兄弟俩用网罩住鬼，鬼要变化出来，兄急中生智咬破手指，把血往鬼身上、网上洒。鬼是见不得血的，动弹不得。兄弟俩把鬼捆了。打那以后，大家知道鬼怕血网，渔人就用猪血将渔网浸透，这样，晚上出去打鱼就不怕鬼捣乱了①。《丽水市故事卷》中有一篇《鬼见愁》的故事，也

---

① 见《湖北民间故事传说集·孝感地区专集》72—73页。

讲水鬼是怕渔网的。

怕棒棹。许多地方妇女在溪河边洗衣服都用一根棒棹一下一下地捣衣服，据说此习惯是源于害怕水鬼作恶。传说从前有一妇女很胆小，怕在溪河边洗衣会被水鬼拉去做替代，所以拿一根木棒，把衣服铺在石上，一下一下敲击衣服，发出声响，吓唬水鬼不要近前。水鬼见木棒一扬一扬，怕遭打就不敢近前了。后来大家发现这样敲击衣服不但能驱水鬼，而且能去污垢，这种方法就传开了。①

怕棕丝袜。绍兴一带风俗，过去凡撑竹排木排或下水作业的人都穿用棕丝编的袜子。传说水鬼找替代，必先拉人的双脚，下水的人穿上棕丝袜，水鬼一抓双脚，发现戳手的黑物，又痛又怕，不知是何物，就会吓得逃跑。

怕火烧。传说中常有水鬼隐身在木桩里而被烧死的说法。

怕左手绳。传说阎王派小鬼去抓人就是用左手绳（与一般绳子搓的方向相反）去绑的，水鬼也害怕。许多水鬼的故事里均有提到。

水鬼还怕剪刀、锄头、铜锣等铁器及其他一般鬼均害怕的红纸、爆竹、方石、吐痰、撒尿、吹气等等。

五

鉴于水鬼既凶残又虚弱恐惧的两方面特性，民间常常用两种方法来对付水鬼，一是祭祀，二是驱鬼。一软一硬，祭祀鬼是求水鬼不要来作祟害人，如果水鬼继续作祟害人，就要驱赶它，或者镇住它，使它无法再作祟。

祭水鬼分两种，一种是自己亲人溺水而亡，祭亲人，常在死者的祭日（如"五七"、百日、周年等）或每年的中元节进行。因为死者是自己亲人，祭祀者同情其在水下受苦，常在自家河埠头摆祭燃香烧纸，一则为死者提供食品盘缠，二则让其别去害人，带有怀念的意味，死者亲属还常会伴在一边哭上一阵。另一种是祭野死的水鬼，纯粹是担心水鬼来作祟，祭祀水鬼让水鬼得到安抚，别来害人。两种祭祀祭者的心情是不一样的，仪式有些相近。浙江大部分地区祭祀水鬼的做法是，在河埠头或常闹水鬼的水边摆一张米筛，上放三荤三素祭品，米筛上还放一只米升，里面装满米，上插一把尺，尺前摆一面镜子，点一支蜡烛。招呼

---

① 朱阿尧讲述。朱阿尧，男，85岁。籍贯嵊县，现住余杭瓶窑，是跑江湖的，一生走过许多地方，见多识广，本文许多材料是由他讲述。

水鬼吃祭，之后烧一堆黄纸送水鬼。尺和镜子均为驱鬼之物，传说水鬼在镜子里看到自己赤身露体披头散发的丑态，会非常羞耻，逃回水中。既然祭鬼，为何又把驱鬼之物与祭品放在一起，它不矛盾？我调查过的一些老人都不清楚，但民间做法中常常是驱鬼之前先祭鬼，祭鬼时又带有驱鬼的意味，相互交错，原也不足为怪。祭水鬼常常是在农历七月半鬼节前后，这段时间传说是鬼魅放出来作祟最猖獗的时候，必须祭祀以免受害。其他就是刚死了人的水边，或者差点淹死的人事后到水边祭水鬼，求水鬼放过他不要再找他。

与祭鬼有紧密关联的是驱鬼。祭鬼是被动的，而驱鬼则是主动的。驱鬼主要是借助于鬼恐惧的器物来驱赶鬼。一般的驱鬼活动随时都可进行。如旧时浙江衢州地区流行一种驱溺水鬼的方法。人们在下河或下池洗澡前，必先放一把锄头于水中，谓能驱水鬼而保下水平安。之所以会有这种风俗，因为民间有恶鬼怕铁器的说法。只要你有水鬼害怕的镜子、木棹、铁器、八卦等神物，随时都可驱鬼。

但大型的驱鬼活动常常是由巫师、道士或和尚来主持的，只有专门的会让鬼害怕的神职人员用多种驱鬼镇鬼的神物，通过特定的仪式才能更好地达到驱鬼之效果。这实际是一种模拟巫术，既具有固定的程式化的仪式，又充满了象征意味。

在小梅村，如果当地水域接连有人在这水域溺死，他们一般就要进行驱水鬼活动。一是放水灯。用纸叠折成船形，里面放菜油和灯芯，点上。共有几百只，一盏灯代表一个水鬼。然后由道士"召将"（即召水鬼），作法将其他地方的水鬼召来。召来后还要进行祭祀。祭祀完后道士利用神器作法驱赶水鬼，同时把几百只菜油灯送出去，远离这个水域，象征着水鬼已被送走，再不会到这里害人了。还有一个办法就是竖荷花石。用石头凿成六角形柱子，顶部雕成荷花形状，柱子体的六面分别刻上观音、弥勒、韦驮等六个菩萨，请和尚施术后竖于出事死人闹水鬼的水域，镇住水鬼，让它不敢也不能再害人。水鬼找不到替身，只好天天朝荷花石拜（即向菩萨拜）。

要旨

水死者をめぐる習俗の研究

蔣　水　栄

　幽鬼文化は民間信仰の一つの重要な部分であり、神と人と幽鬼で民間信仰の体系を成している。幽鬼文化を構成するものの一つに、水中の幽鬼（水鬼）があるが、江南水郷地帯では、この「水鬼」文化がことのほか豊富である。江南水郷では、水の人の生命への脅威が、人の水に対するおそれと幻想をもたらした。水で死んだ者は水鬼になり、人一人、あるいは物を水に引き込んで身代わりにしなければ、水から出て生まれ変わることはできないのである。だから水死者の葬送の習俗は、普通に死んだ人の葬送より複雑になっている。

　ここでは、浙江の湖州、桐郷、寧波、温州の調査を基本に、これに小さいころの経験や平生の調査も加えて、まず、溺れた者の救助習俗のタブー、水死者の葬送と招魂の習俗など水死者にかかわることについて述べ、ついで水鬼文化の特徴及び水鬼を恐れる心理、民間の水鬼祭祀の習俗、水鬼を追い払い、鎮める方法などについて初歩的な検討を行った。筆者は民間のあの世とこの世、水中と地上の世界に関する意識が水死者の習俗と水鬼文化を形成する根本原因であると考える。

墓地風水の民俗
― 湖州地区の事例と考察 ―

渡邊　欣雄

1. はじめに： 風水調査の意義

　ここ10年来、東アジアのどの国・地域を問わず、風水研究は流行の兆しをみせてきた。東アジア各国以外の風水研究文献をふくめて、風水研究の成果はこんにち700論文を超え、風水研究を通じて各国間の情報交換や研究交流が盛んになってきている[①]。1994年度までに日本で実施された風水研究をメインテーマとする国際シンポジウムは2度にわたるが、日本国内における日本人によるシンポジウムはそれ以上に及んでいる。世紀末のこの時代になって、ようやく東アジア人は東アジアそのものを見つめ直しはじめたのである。

　このように流行の兆しをみせはじめた風水研究だが、その研究内容となるといまだに粗笨だといわざるをえない。風水研究は東アジア全体の歴史理解を必要とし、したがって古文献により過去を復元し直す作業は今後も必要とされる

[①] 1980年末までの世界各地の風水論文の目録が1990年度に出ており、渡邊欣雄1990「風水研究論著目録」『比較民俗学』（韓国比較民俗学会編）第6輯（333～362pp.）では、およそ500の著書・論文を、斎藤斉1990「風水研究に関する主要文献目録―和文・欧文編―」『史学』59巻4号（165～180pp.）では、およそ135の著書・論文を紹介している。1990年代が最も著書論文の多い時期にあたっており、ここ5年間、日中の著書・論文だけでさらに200を数えている。

であろうし、緊急の必要課題でさえある[①]。しかしさらに必要な研究課題がある。それは〈風水調査〉である。東アジア人に共通する生活思想としての〈風水〉は、人びとの生活の脈絡を無視しては成立しえない思想であり、民俗だった。にもかかわらず依然としてこんにちなお、いまある事実を知ろうとする風水の実態調査が普及していないのである[②]。

　風水の民俗調査のはなはだしい不足は、風水思想の起源地＝中国において最も顕著だった。中国では、科学を絶対視するあまり風水を迷信視し、その研究までをも迷信の普及を幫助するものとして危険視してきたのである。「風水研究をする者は風水師である」などという偏見が、いまだに中国に根強い。「シャーマニズムの研究者はシャーマンである」とか、「イスラーム研究者はイスラーム教徒である」などという、学問対象と人格との同一視の呪縛から、いまだに中国は脱しきれていない。かような風土のなかから、アカデミズムは決して生まれ出てこないであろう。ましてや農村調査において風水を調べるなどということは、人びとの理解をうるにははなはだしい努力を必要とする。中国でいうところの「実事求是」が、いかに人びとに対する理解と説得の努力を必要とするか、わたくしはこのたびの調査を通じて十分に理解することができた。

　この調査報告は、われわれの調査に対して協力を惜しまなかった浙江省文聯各位、現地農村の話者および関係者たちその他の、わたくしのこの〈特殊な〉調査に対する理解があってこそ、できた貴重な調査成果である。日本語による

---

　① 中国の風水研究書の多くは歴史中心の風水研究であって、現在研究はまだまだ非常に少ない。最近の主要な研究書は以下のとおりである。何暁昕 1990『風水探源』東南大学出版社、天津大学建築系 1990『景観・建築・風水』天津大学出版社、王玉徳 1991『神秘的風水』広西人民出版社、王維新・王力編 1991『「風水」中的科学与迷信』西南師範大学出版社、高友謙 1992『中国風水』中国華僑出版公司、王玉徳編著 1992『古代風水術注評』北京師範大学出版社、程建軍・孔尚朴 1992『風水与建築』江西科学技術出版社、王其亨主編 1992『風水理論研究』天津大学出版社、衛紹生 1992『中国古代占卜術』中州古籍出版社、王玉徳・楊昶 1993『神秘文化典籍大観』広西人民出版社、王玉徳他 1993『中華神秘文化』湖南出版社、王青編 1993『中国古代風水術』北京師範大学出版社、周作明 1993『風水与経商』漓江出版社、張恵民 1993『中国風水応用学』人民中国出版社、妙摩慧度 1993『中国風水術』中国文聯出版公司、楊文衡・張平 1993『中国的風水』国際文化出版公司など。
　② 本稿は風水理論および比較のため、わたくしの以下の著書を参考にした。1990『風水思想と東アジア』人文書院、1994『風水気の景観地理学』人文書院。

大陸中国の風水の調査成果としては、おそらく本報告は、三浦國雄、聶莉莉、小熊誠、中生勝美らの調査成果に次ぐものである[①]。本稿ではこのように貴重な調査データをもとにして、現代中国の浙江省各地、ことに湖州周辺にみられる非専門家の、すなわち主として一般民衆の風水知識を紹介するものであるが、本論に入るまえに、どのような質問項目を用意して調査に臨んだのか紹介しておきたい。風水調査の質問項目などというものは、いまだ世界には存在しないからである。なお質問は、現地通訳を通じて中国語で行われた。

(1) 在這儿及附近、有没有風水先生。風水先生住在哪里。（この付近に風水先生はいますか。いるならどこにいますか。）

(2) 在這儿附近、把風水先生、方言叫什麼。地理先生？陰陽師？（この付近では、風水先生のことを、方言でなんといいますか。）

(3) 什麼時候、来看風水。（どんなときに、風水を見てもらいますか。）

(4) 您知不知道「羅盤」。（あなたは羅盤をご存知ですか。）

(5) 用羅盤判断方向時、用天干地支、還是八卦、九星、二十四節気、二十八宿。（羅盤で方向を判断するとき、十干十二支、それとも八卦、九星、二十四節気、二十八宿で判断するのですか。）

(6) 用羅盤判断時、正午的方向（真南方向）、風水好嗎。正子（真北）呢。寺廟和一般老百姓之房子、判断一様不一様。（羅盤で方向を判断するとき、真南の方向は風水がいいですか。真北はどうですか。寺廟と一般民家とでは、判断は同じですか。）

(7) 用羅盤確定墓的方向時、死人的「八字」（生年月日和時辰）与墓的朝向、有没有関係。（羅盤で墓の方向を定めるには、死者の「八字」を考慮しますか。）

(8) 在墓地的哪个位置測定方向。（墓では、どこで方向を測りますか。）

(9) 墓的形状、哪一種比較好。土丘墳好？椅子墳好？其他呢。（墓の形

---

① 大陸中国における墓地風水に関して日本語で報告されたものに、三浦國雄1989『中国人のトポス－洞窟・風水・壷中天－』平凡社、聶莉莉1992『劉堡－中国東北地方の宗教とその変容－』東京大学出版会、小熊誠1992「中国浙江省畲族村落における墓地風水」『沖縄国際大学文学部紀要（社会学科篇）』19巻1・2号（189～193pp.）、中生勝美1993「華北の墓地風水－村落間の紛争－」『宮城学院女子大学人文社会学科論叢』2号（93～113pp.）、などがある。

は、どんな形がよいですか。）

(10) 照墻、泰山石敢当、屋獅、姜太公在此、和風水有没有関係。（屏風〈ヒンプン〉、石敢当、屋根獅子〈シーサー〉、姜太公在此などは、風水と関係がありますか。）

(11) 判断房子和墓風水好壞的方法、有没有差異。（家屋と墓地の風水判断の方法に、ちがいはありますか。）

(12) 靠山面水的地形与坐北向南的方向、哪一个風水好（当然兩个条件合適的話都好、但是、只具備一个条件時、選択哪一个）。（山に寄り掛かって水に面する地形と北を背にして南に面する地形とでは、どちらが風水がよいですか。［2つの条件が合っている場合は、当然風水がよいわけですが、どちらか一つの条件だった場合、どちらがよいですか。］）

(13) 在香港、如果前面房子低后面高時、表示風水好、在這儿有没有這種説法。（香港では、前の家屋が低く後ろの家屋が高い場合、風水がよいといいます。こんな言い方は当地にありますか。）

(14) 門的位置和朝向与風水、有没有関係。（門の位置と向きは、風水と関係がありますか。）

(15) 門的大小与風水、有没有関係。大門和后門、有没有差異。（門の幅は、風水に関係がありますか。表門と裏門とではちがいはありますか。）

(16) 在香港、量房子的長度時、用門公尺（又称魯班尺）、量墳墓的長度時、用丁蘭尺。這里有没有這種做法。（香港では、家屋を測るとき「門公尺」（または「魯班尺」という）を用い、墓を測るときは、「丁蘭尺」という定規を用います。こんな方法は、当地にありますか。）

(17) 河的流向和形状与風水的関係、怎麼様。（河の流れと形と、風水との関係はどうですか。）

(18) 如果風水不好対家庭会造成什麼影響。（もしも風水がよくなかったら、家庭にどんな影響が及びますか。）

(19) 路的走行和形状与風水的関係、怎麼様。（道の走る方向と形は、風水

にどんな関係がありますか。）
(20) 風水樹種在哪里最好。（風水樹で、最もよい種類の樹木はなんですか。）
(21) 入席的坐法与風水関係、怎麼様（比如説、宴会時）。（座順と風水との関係は、どうですか。［たとえば宴会のとき］）
(22) 一般日本人相信東北方向叫「鬼門」与西南方向叫「五鬼地」之両方向是風水最不好。在這儿附近、有没有這様説法。（一般の日本人は、東北方向を「鬼門」と称し、西南方向を「五鬼地」［実際は「裏鬼門」］と称して、その両方向が風水上最もよくない方向だと考えています。この付近に、似たような考え方はありますか。）

　以上の質問項目はごく一般的なものであって、話者の話の展開に応じて、ここに記載していない数々の質問を行った。本稿に載せたのは、紙幅の都合上「墓地風水」に関する成果だけであり、したがって上記の問いに対するすべてのデータを載せたものではない。大陸中国滞在期間中、わたくしの風水調査は、必要な風水知識のすべての項目にわたって実施したが、浙江省調査に関しては92年度からおよそ2カ月足らず、共同調査により以下の浙江省各地で実施したものである。このたびの共同調査実施地域は、大別して浙江省北部の湖州市周辺農村（以後「湖州地区」と称する）、浙江省東北部の寧波市および奉化市周辺農村（同「寧波地区」）、浙江省東南部の温州市周辺農村（同「温州地区」）の3つに分けられる。このうち紙幅の関係で本稿では、湖州地区の事例にしぼって報告紹介することにし、他の地域の調査報告は別の機会に譲りたい。

2. 調査地の概要

　「湖州地区」として一括した調査村落は、浙江省と江蘇省とを隔てる太湖の南部一帯の杭嘉湖平原にある。ここ一帯の中心都市は市域の人口247万人、市区の人口103万人を擁する湖州市である。この太湖を隔てて蘇州・無錫の大都市があり、東方160キロメートルのかなたに上海、南方93キロメートルに杭州がある。杭嘉湖平原は、多くの河川と水路に恵まれた起伏の少ない地形にあり、この地形条件が独特な〈風水民俗〉の特徴を与えている。湖州をして古くから「魚米之郷」、「絲綢之府」などと称してきたように、ここ一帯は淡水

漁業・稲作・養蚕・茶その他の名だたる農漁業の宝庫だった。

　本稿で紹介する調査地域は、湖州市東南に隣接する桐郷県石門鎮利星村、湖州市域にあって太湖に面する湖州市区北部の白雀郷小梅漁村、同じく湖州市域にあって市区南方にある東林郷保国村と同東林郷東明村の、大別して4地域である。東明村では村内9つの「自然村」すなわち9つの集落のうち、われわれは「九百畝」、「和尚湾」、「老街」、「竜山井」の4集落を調査したが、本稿ではそれらを「東明村」として一括する。

　利星村は桐郷県石門鎮内の一「行政村」である。戸数386戸、人口1684人。東北には杭州から北京に通ずる「京杭大運河」が通じている。集落周囲には起伏のある山がなく、まったくの平原地帯に位置しているが、家屋は屋敷森に囲まれ、多くは前面に豊富な池や水路をもっている。行政上指定した共同墓地があるという話だが、見るところ墓地は田畑に散在していて一括埋葬する形式をとっていない。農業は稲作と養蚕を主とした農村である。小梅漁村は太湖南岸にあって、漁家250戸、930人の漁村である。現在アパートに住む漁民が多いとはいえ、漁業を主とした漁村であるため、陸上民の観念である風水についてはあまり聞かなかったが、墓地は家族共同の墓地を確保しており、のちに若干触れるように風水と無縁ではない。

写真1　東明村の典型的な集落。集落は平原に点在している。

東林郷は湖州市南端にあって、市区から25キロメートルのかなたにある。保国村は東林郷内15行政村のうちの一行政村で6つの「自然村」があり、303戸、1228人、1958年の人民公社設立後にできた新村である。以下に述べる東明村と同様、稲作・養蚕・淡水漁業を主とした、典型的な「魚米之郷」の一つである。ちなみに東林郷全体で、土地利用は水田が10350畝（約690ha）、桑畑3799畝（約253ha）、養魚殖池4730畝（約315ha）、河川湖池3249畝（約216ha）であるとされている。東明村のうち調査村は、概数で九百畝41戸、156人、和尚湾48戸、170人、老街70戸、200人、竜山井19戸、80人となっている。東林郷のすべては河川と田畑の広がる平原で、わずかの丘が点在するだけである（写真1）。墓地も利星村と同じように、桑畑に点在しているが、「山道街」という中心集落背後の獅子山に共同墓地がある。

3. 風水師および風水の民俗知識

風水の民俗を紹介するにあたって、まず知る必要のあることがらは、風水判断を専兼業もしくは風水知識人として、人びとの依頼に応じる「風水先生」（風水師）の存否であり、依頼する側の知識としての個人的もしくは一般的な人びとの風水観念であろう。

(1) 事　例

東明村では、風水師のことを一般に「風水先生」fung su xie sengと呼んでいる①。ただし、この村には風水を看る人はおらず、看ることのできる人はこの近郷では東林郷東華村に1人いるだけだという。ただしかれは風水判断はあまり上手ではなく、陽宅風水（家相）を看ることはできず、墓の風水（墓相）を専門に看ているというある話者の評価がある。風水師は一般に、人が死んだときや墓を選ぶとき、建物を建てるときに招ぶという。葬式には葬儀を司るためではなく、もっぱら風水判断のためにやって来る。風水師としてさらに知識の豊かな人は日取りの吉凶を知っており、日取りまで選んでくれる。このように風水のほんとうの専門家は、近くの村落ではなく湖州市内に生活しているようだ。

---

① 本文中の方言表記は、私自身の表記法による。正確ではない。

東明村近くの保国村でもほぼ同様で、やはりその南方の東華村に風水師がいて、風水を看てもらうときには、かれに依頼するという。葬式を行う前に風水判断してもらうし、良い位置を選びたいなら家屋の風水も看てもらうという。

　利星村でも風水師はこの村にはいないが、その近郷である石門に2人いて、やはり家や墓を建てるときに招ぶという。かれら風水師たちは大きな羅盤をもっていて、風水判断を行っている。昔は自分の土地に墓を造ることができたし、家を建てるときも風水を十分考慮していたが、現在は土地に規制があるため、あまり考慮できない状態だという。また現在は土地節約のため、墓もまた公墓に集中するようになっており、風水判断に現在は制約が多いという話だった。

(2)考　察

　湖州一帯の農村では、風水判断は農民みずから行うのではなく、このように近郷近在の風水師に依頼する。ここ一帯では、風水師を「風水先生」と呼び、看てもらうのは墳墓の風水が第一、家屋がつぎである。一般の人びとの風水師に対する評価は顕著で、人びとは風水師の得手不得手をよく知っている。その能力評価に応じて、風水判断を依頼するのである。風水を看る対象はやはり家屋と墳墓がほとんどだが、家屋・墳墓の建築日のみならず、風水師によっては、日取りの吉凶をも看る例があることは特記すべきだろう。風水師は、造形空間の風水ばかりを看るとはかぎらない。それこそが社会生活の脈絡を無視しては成立しえない、〈風水民俗〉の特徴なのである。

4. 風水と墓地環境

　風水判断法といえば、歴史上最も古くまた最もよく知られているのが、地形判断のための「形法」である。湖州地区の村落では、この「形法」がいかように生かされ、解釈されているだろうか。墓地風水にとっては、墓地環境の判断こそまず行うべき必要不可欠な手続きである。

(1)事　例

　湖州地区は、すでに述べたように調査村のどこといわず平原地帯にある。よくいわれるように風水判断には大別して「一山、二水、三方位」があるが、第一の判断にうたう「山」がほとんどみられないし、山に対する判断は風水伝説

を除きほとんど聞かれなかった。したがって地形判断のうえで重要だったのは、この地区では主として水流であった。その典型が、運河沿いにある利星村である。この付近には大運河があり、その運河は直行している。話によれば、昔は運河地帯に10,000人も生活していたが、いまは4,000人程度だという。河の形には吉凶があって、直行する河は風水上良くないという原則がある。ただし話者は、その河の風水の影響で人口が減っているとは断言しなかった。墓地風水に関していえば、この地域では墓地付近には、山はないがとくに前面に必ず水があるという。観察するかぎり、必ずしも墓地付近に河が流れているわけではなかったが、風水上の考慮のためだということは傾聴に値する。

　保国村では、墓地のまえに河があるのはよいが、とくに河は東から西に流れているのが良いという。墓前を流れ去ったあと、河が湾曲しているのが最も良い。隣村の東明村でもほぼ同様で、河流は墓前を流れていると風水上たいへん良いし、とくに土瓶状の河の形がよいという。しかし問題は河の流れる方向である。東から西に流れる水のことをとくに「青竜水」といい、西から東へ流れる水のことを「白虎水」といって、風水上、この「青竜水」は良い影響をもたらすが、「白虎水」は良くないという。

(2) 考　察

　山がほとんどない湖州地区では、地形判断に関しては、このようにもっぱら河の形と河の流れの方向に関心が集中している。水流の方向で「青竜水」と「白虎水」の区別が聞かれたが、かような地形判断はその他の地区でも聞かれたことであり、特別にこの地域の地形判断の特徴だというわけではない。なお東明村には、獅子山その他の低い丘がある。この獅子山には、偉人・賢人の輩出を防ぐため井戸や風水塔を築いたという〈風水伝説〉はあるが、この山が集落や墓地に対して、どんな風水上の影響を及ぼすかについては聞けなかった。重要な風水理解のポイントの一つである。

5. 墓地と風水樹

　好風水地を確保するため、好地形の環境に墓を立地させるという風水判断のみならず、好環境を造る方法論も浙江省各地に伝えられている。墓地環境を好風水地として整える方法論の一つが、墓地の周囲に「風水樹」を植えるという

方法である。かような方法論があるかないかを含めて、湖州各地の農村で聞いてみた。

(1) 事　例

　周囲にまったく山らしい山のない利星村では、家屋や墓のまわりにかつて人工的に樹を植えていた。風水樹とは、ここではとくにこのように人工的に植えた樹のことをいうという。家屋があれば、風水樹は人家を繁栄に導く象徴とされて、屋敷の背後に竹を植え、前面に水があるのが良いとされた。墓地ならば、常緑樹である松や柏を植えると良いとされてきた。しかし現在は、風水樹をかような考え方で植えることはないという。保国村でも、かような考え方は現在はないという。

　その近隣の村である東明村では、昔はあったがいまは物干し場になっているので、現在家のまわりには樹は植えていないという家もあったが、同時に、植えるなら建物には竹を東に植えてよいという考え方も聞かれた。風水樹は常緑樹（冬青樹）ならなんでも良く、とくに松や桧が良いという。あるいは、また別の家では、風水を良くするため、積極的に風水樹を植えるという話も聞かれた。常緑樹、なかでも樟樹（クスノキ）を建物の東に植えるという。なぜなら東を「青竜」、西を「白虎」といって、東が風水上良いからだ。風水樹を植える必要性は、墓地のほうがむしろ重要であるらしい。墓には「万年青」を植える。「万年青」とは、樹がいつも春のようなので、家庭が常春のようになるという意味で、墓地なら松はよいが屋敷には松は植えないという。「万年青」とはオモトのことだといって、墓地にオモトを植えている家もあった。

(2) 考　察

　風水樹は、湖州一帯でも、このように風水上重要な樹木として認識されてきた。現在、全体としてこの地区では、風水樹はあまり重要視されていないようだ。風水樹を植えるなら、家にも墓にも風水上の効果があることは、いまでも認識されている。風水樹として植えるべき樹はおおかた決まっており、家なら竹、墓なら常緑樹（松・柏）だという利星村、家・墓の区別なく常緑樹（松・桧）、とくに樟樹（クスノキ）だという東明村の例が認められた。東明村ではただし、家によって認識はまちまちで、家・墓に植えるべき風水樹を区別する家、墓の風水樹を重要視する例がみられた。とくに墓地には植えるなら松、オ

モトなどが良いとされた。植えるなら「青竜」（東）側にすべきで、「白虎」（西）は良くないとする考え方は、この地方のみならず浙江省のかなりの地域に共通している。

「青竜」・「白虎」の区別は日本にも共通するが、とくに日本では、民俗学者の知識のなかに「墓地の樹木は依り代だ」とする固定観念が強い。墓地の樹木には、かように一定の意味があることを知る必要があろう。

6. 風水と方位判断

風水判断は、すでに述べたように「一山、二水、三方位」の判断が重要だとされ、あるいは「竜・穴・砂・水・向」の5要素を観察すべきだとされている。そのなかの「向法」、すなわち方位判断は、歴史を通じてしだいに重要視されるようになった、風水判断法の一つである。ただし「形法」すなわち地形判断と「向法」の、そのいずれが重要であるかは地域によるちがいがあり、風水知識の持ち主たる一般の人びとの民俗知識によって、大いに異なっている。この方位判断には、方位を測る手段としての羅盤と、判断された方位の吉凶を記した風水書とが不可欠だった。だから一般に、羅盤と風水書に関する専門的知識が必要とされてきた。その専門的知識を担ったのは風水師だったが、歴史や地域の条件があり、風水判断にあたって風水師に頼ることはできなかった地域も少なくない。だから民間の風水知識は、かならずしもそれらが用いられて形成されたわけではなかった。生活に必要であるかぎりの方位判断なのである。以下は主として、風水判断の専門家としての風水師の話ではなく、一般の人びとからの情報である。

(1) 事　例

地形の起伏の少ない利星村では、地形よりむしろ方位判断のほうが重要だった。方位判断には羅盤が必要で、とりわけそのなかの、「八卦」、「十干十二支」が重要だった。盤上には「九星」は書かれていない。「九星」をはじめ「二十四節気」、「二十八宿」など判断項目は風水書に書かれている。その他は話者の知識にはないが、方向は一般に真南や偏東がよいとされる。主人の生年月日（八字）を判断するのは、家屋風水の判断のときであって墓ではみないという。家建築のとき、主人の生年月日（とくに十二支）を判断す

るのである。保国村でも地形より方位を中心に風水を判断している。方位判断に必要な羅盤のことを、ここでは「香盤」xiang penという。風水師がもっているが、話者自身はもっていない。だから判断項目で「天干地支（十干十二支）」と「二十四節気」は知識として知っているが、「八卦」はよくわからないという。一般に家でも墓でも、向きは真南が良いとされている。生辰と方向とは関係しないので、人の「八字」をみて判断することはない。暦で良い方向を知るのである。たとえば1992年は、暦によると「大興東西、不興南北」だから、東西方向が良く、例えば9月8日は「百事吉」の日だから、大吉日だと判断できる。こうして墓の向きと、墓を造る日を判断しているという。

　東明村でも、方位判断は重要視されている。ただし羅盤でどのように方位を判断するかは、みな風水師が知っていて、一般の人びとには分からない。家屋を建てるときは、風水師に家族全員の「八字」をみてもらって、風水の善し悪しを判断してもらうが、墓を造るときには「八字」は使わないので、みてもらわない。羅盤のことを、ここでは「相盤」xiang panとよぶ。墓を造るときの方向は、風水師が石灰粉で地面にT字形に印をつけてくれる。T字形の交点を死者の頭の位置とする。風水上良い方向はだいたい東〜南〜西が多く、北向きはあまりない。なお、東北方向を「鬼門」といい、南西方向を「五鬼地」といって、それらの方向を忌み嫌う観念は、ここにはない。東明村のある集落には羅盤をもっている者がいたが、かれらに方位の吉凶観を聞きただすことはできなかった（写真2）。

(2) 考　察

　湖州地区農村一帯では、全体として周囲の地形判断よりも、このように方位判断が重要視されている。しかし冒頭にものべたように、調査村のなかには羅盤で方位の吉凶を知ることのできる知識の持ち主はいなかった。あるいはわたくしの調査が不十分だったといってもいい。方位判断には、判断の主体としての個人の「八字」（生年月日と時間）の判断も重要である。これを羅盤で判断せず暦で判断するという話者もあったが、多くは風水師が羅盤で判断している。ただし判断するのは住宅の場合であって、墳墓ではないというのがこの地域の特徴である。

中国浙江民俗文化

写真2　ある農民が所持していた羅盤
（安徽省黄山市製のものと思われる）

　羅盤（ここでは「相盤」、「香盤」などと称しているが「相」と「香」とは同じ発音なのでまちがいやすい）に関する民俗知識は不完全だが、人びとはおおかた好ましい方位を知っている。よい方角を「真南」や「南」だとすることは、おおかた共通しているが、東～南～西が良いというヴァリエーションがある。北向きはあまりないというのも、注意すべきだろう。この地域では知るかぎり、このように「真南」を好むが、香港・台湾・その他の中国では、これを避けるとする地域が少なくない。この点も、風水の民俗知識として、この地域や話者の特徴とすべきかもしれない。また、良い方角がおおかた南を中心とした向きであることは共通していても、日本や福建省の一部にあるような「鬼門」、中国の他地域にみられるような「五鬼地」などの、固定した悪い方角の観念は認められなかった。

7. 風水と尺度

　家屋や墳墓などの建築空間の風水を良くするには、さらに建築物が吉寸でなければならないという観念があることが、すでに知られているし、数多くの報告がある。かような吉寸を測る定規は、一般に「魯班尺」の名で知られている。しかしはたして現代中国で、かような観念があるのだろうか、そして実際に吉寸にあわせて建物を建てているのだろうか。その点について、湖州各地に

たずねてみた。

(1) 事　例

　保国村では、「魯班尺」は以前用いられていたというが、いまは「公尺」（メートル法による定規）を用いており、「魯班尺」はすでに廃れていた。利星村でも同様で、以前、「門公尺」や「丁蘭尺」などと称する定規を使っていたが、いまは「公尺」に統一されていた。東明村でもほぼ同じだった。ここでは、10尺＝1丈などを単位とする尺を、すべての建物の寸法の単位として、以前は用いていたという。しかしいま、家屋そのものの寸法は巻き尺で測っており、したがって「公尺」である。ただし墳墓の寸法は、いまでも尺寸法で測っているという。尺寸法を基にした尺度が生きていることはわかったが、どうも全体に湖州地区一帯では、寸法の吉凶を記した「魯班尺」は、すでに完全に廃れてしまったようである。

(2) 考　察

　湖州地区にかぎらず、その他の浙江省各地でも調査したかぎり、各農村でいうところの「魯班尺」には、吉凶の区別がなかった。現在も「魯班尺」と「市尺」で墓その他を造っている地方があるが、浙江省にはこれら定規を特定の建築物に使う習慣がないようである。したがって以前から、ここ一帯には「門公尺」と「丁蘭尺」の区別はなく、しかもたとえ「魯班尺」と「市尺」の区別があっても、長さの単位の統一がないことがわかってきた。建築物の尺度については、風水の問題を離れて別の観点から考察する必要があろう。

8. 風水と墓制・葬制

　一般に風水は墓造営後に、死者および子孫に対して大きな影響を及ぼすものと考えられているから、墓制そのものおよび葬制と密接な関連をもっているはずである。そのような事例報告もまた、すでに東アジア各地に認められてきた。そこでそれを確かめるべく1項を設けて、この地区の調査を行ってみた。

(1) 事　例

　湖州地区の墓制は、浙江省内のほかの地域とくらべて、少々複雑である。以前、ここ一帯には改葬制があったからだ。それが行われていないいま、墓型はさらに複雑になっている。まずこの地域では、以前の二重墓制における墓型を

引き継いでおり、そして話によるかぎり貧富の差による墓型のちがいが大きく、さらにこの地区内でも地域ごとの若干の墓型の差が認められるからである。くわえて個人ごとに、墓造りの経験がちがっている。事例を解説することにしよう。

　まず利星村では、一般に生前に自分で小屋形の棺をつくるという。これを「寿材」という。死後、死者を棺に入れて墓地に運び、墓地の風水を風水師に看てもらう。そして墳墓を造るわけだが、以前金満家は石で墳墓を造り、貧乏人は泥で造っていたという。「寿材」を入れた墓を「亭」ting、もしくは「亭子」ting zuという。改葬後、以前は改めて「墳」wenを造った（以下図1参照）。いまは「亭子」そのものに土をかぶせて「墳」とするようである。小梅漁村でも、墓には「香亭」xiang tingと、「墳」fenもしくは「祖墳」zu fenと称する墓の2種類があるという。ここでは、「香亭」を造るのは財産家であり、「墳」は貧乏人が造るという。墓型のちがいは、貧富の差によるというわけだ。漁村といってもかれらの多くは、以前は船上生活者だった。そこで祖先の墳墓は一定の場所、つまり小梅の山の上に設けた。ある家族の墓は、5代全部がそこにある。死者を葬るときに、風水師に風水を看てもらったという。保国村では、墓を一般に「墳」wenというという。「墳」を造るまえに棺を入れる「坑」kuungを造って、そのときに風水師に風水の善し悪しを看てもらう。その墓地の風水が良ければ「坑」をほかに移すことなく、そこにそのまま「墳」を造るのである。

　東明村では、長寿を祈るため生前に墓を造るが、その墓をとくに「寿墳」shu wenといっている。棺を入れるための墓室である「坑墩」wen denが中に入っていて、その上に土をかぶせると「墳」wenができる（写真3）。この「寿墳」を造るときには、風水師に看てもらって良い風水地を確保する。ある話者の話では、墓地の位置のみならず、墓型も風水に深く関係するという。墓型は土丘墳が一般的だが、素封家の墓は屋形の墓に造った。素封家なら以前の墓を壊して、風水上の理由でまた墓を造り直すことがあった。またある話者の話では、まったく逆で墓型と風水とは無関係だという。同様に財産家は良い墓を造るといい、屋形の墓は死亡時に棺を入れてそのまま墓にしたものだという。墓型はもっぱら貧富の差によるだけだというのだ。

写真3　共同墓地に点在する墳墓（東明村）。山頂にそびえているのが錦峰塔

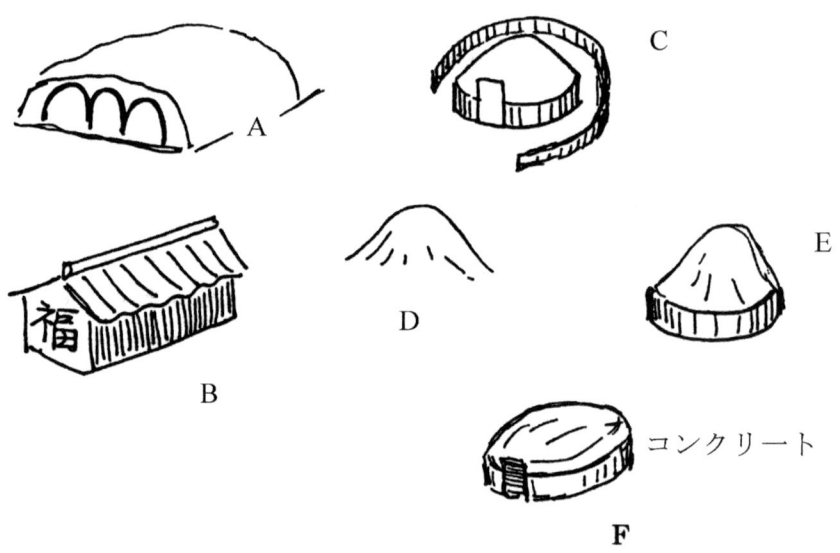

図1　東明村にみられるさまざまな墓型①
A：かまぼこ型墳墓、　B：切妻型墳墓、　C：帯状囲みのある墳墓、
D：土まんじゅう型墳墓、　E：コンクリート土留めのある土まんじゅう型墳墓、
F：コンクリート覆いのある土まんじゅう型墳墓

---

① 墓型の分類は、何彬1993『浙江漢族葬俗研究―民俗文化地域性的一種実証探討―』（北京師範大学博士論文）を参考にした。

中国浙江民俗文化

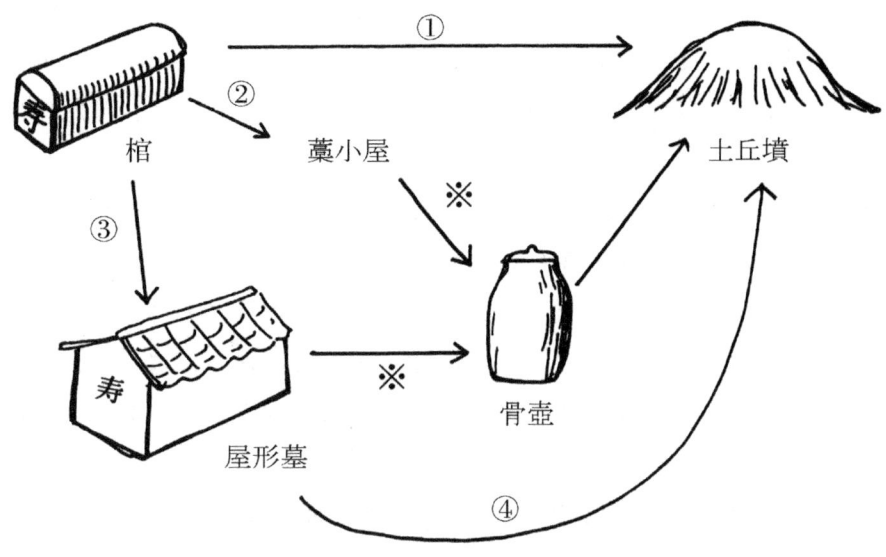

図2　湖州地区の墓制のプロセス（理念型）
※・・・・検骨（捨骨）をともなう。
①・・・・墓室（墳墩）を造り柩を納めて墳墓を造る。
②・・・・藁小屋を造り仮安置したのち検骨。
③・・・・財産家タイプ、検骨すれば二重墓制となる。
④・・・・屋形墓を墓室として、そのまま墳墓を造る。

　さらにある話者の経験によれば、死後棺は墓に納めるのではなく、しばらく藁小屋を作ってそこに放置しておいたという。藁小屋に棺を保存したままにするのは貧しいからであって、決して「洗骨」のためではない。しかし藁小屋に安置した遺体は、その後改葬を経ねばならなかった。棺が何年も経つと遺体は骨になる。そのおり「検骨」ji gu（拾骨）と称して骨を拾うのである。骨を拾ってから、元の場所に正式に墓を造ってそこに埋めると言う。「検骨」後の骨は壺に入れられる。そのとき風水師に看てもらった。「検骨」は特殊な習俗ではなく、この地域では一般的な習俗だという。しかし現在は火葬が普及しており、一般に死後3日目に火葬する。だから現在は、風水が良くない家庭にかぎって骨を移しかえているという。家庭の不幸が原因だ。「検骨」を行う者は男性にかぎられる。通常は風水師にいつ「検骨」すべきか日を選んでもらう

が、冬至ならいつでもよいので、その日に「検骨」をすることもできる。

　同じく東明村だが、風水師は墓の造営時ばかりではなく、出棺・埋葬にも関わりをもっている。死亡時に、墓の棺の置き方を指示するため、葬式には風水師も参加するという。道士は以前いたが、いまはいない。ある話者の話では、通常出棺の時刻について風水師は指示しないが、どうしても偶数日に出棺せねばならぬときなど、風水師の指示によりその日鶏を殺して、あたりに血を撒くのだという。偶数日に出棺すると、もう一人死ぬ可能性があるといい、だから鶏を殺し、鶏を死者の身代わりとするのである。またある話者によれば、出棺の時刻は風水師の判断を必要としないが、墓室の門扉を閉める時刻は、風水師から指示を受けるという。

　埋葬にあたり、風水との関係上、死者の頭の向きは西～南～東の方向に向け、北には向けないようにする。日常生活でも東か西向きに寝ることが多く、南・北はあまり一般的でない。しかし日常生活における寝方よりも、風水の吉凶にかかわるのは、死者の棺の向きだという。

(2) 考　察

　予想したように風水と墓制・葬制とのかかわりは、このように多岐にわたっている。どこの村といわず共通しているのは、生前「寿墳」を造るとき、あるいは死者埋葬時に、そして「検骨」ののち再埋葬するおりに、墓地の吉凶判断のため風水師を頼んで、風水を看てもらうことである。風水師を雇って風水を看てもらうには、多くの資金を要する。したがって風水師を依頼したのは、金満家だけだったかもしれない。しかし棺を藁小屋に収容せざるをえなかった貧乏状態のときを除き、理想としては墓造営のあらゆる機会に、墓地環境の善し悪しを風水師に看てもらうことだった。風水師はこのような墓の造営時ばかりではなく、出棺・埋葬・「検骨」にもかかわりをもっており、墓への棺の置き方やその日取り・時刻まで指示したという話者情報があった。出棺の日取りが悪いときには、除厄の儀礼まで、風水師の指示で行っている家がある。

　墓型に関しては、風水にかかわるという話者もあれば、そうではないという話者もあった。墓型を理想風水形にしたがって造るというのは、温州をはじめ中国南部に顕著だが、「椅子墳」と称される温州のような墓がほとんどないこの地域では、墓型にまで風水にこだわる者は、金満家のすることというべきか

もしれない。どのような墓型が風水上最も良いかという風水理論が、当地には希薄のようである。風水上の理由で、さらに墓を造り直すことがあった。この理由を貧富の差に求める応え、風水の悪さに求める応えがあった。風水は棺の向き、すなわち死者の埋葬の仕方にもかかわっていた。風水上の理由で、埋葬時の死者の頭の向きは西～南～東に向け、北には向けないといい、日常生活でも南・北向きは一般的でないとされた。方位へのこだわりは、棺の向きにまで及んでいるということを理解するだけでも、日本民俗との比較を考えるとき軽視できない問題である。日本では「北枕」「西枕」は、日常避けねばならぬ死者の向きであるが、こんにち風水上の理由で語られることはない。

9. 住宅風水と墓地風水の異同および風水の影響

風水調査報告の最後として、住宅風水と墓地風水の判断にどのような異同があるか、そして風水の善し悪しによる子孫への影響はどのように考えられているかについて、述べておきたい。住宅風水も墓地風水も大原則として判断は同じはずだが、すでにみられたように地域や人によってそのちがいを強調する例があるからである。そして風水の影響。風水の善し悪しは、理念上建築物を建てたあとにもたらされるが、実際、未来予知の思想としての風水思想は、風水の好ましくない影響を事前に考慮して、むしろ悪影響の未然防止策として観念されているはずである。この未然防止策として観念されている風水知識が、第3章の事例報告で述べたような、風水の民俗知識の動機や原因を与えているはずである。

(1) 事　例

保国村では、住宅風水と墓地風水の判断の差はないといわれている。ただし、とくに注意すべき風水は墓地風水のほうで、先祖の風水が悪いと生まれる子が病気になるとされる。事実、祖先の風水の悪さが原因で、少女が気をおかしくした例があるという。利星村でも風水樹の植え方などに双方の風水判断の差を認めているが、住宅風水、墓地風水のいずれかを問わず風水が良くないと、人びとに病気、後継者（男子）なし、家族に死者が出るなどの悪影響が及ぶとされている。

東明村では、住宅風水と墓地風水との観方の差は、風水師が自分たちに教え

てくれないので、よく分からないという話だった。しかし、風水樹に関しては墓地にとくに風水樹が重要だということを認めており、方位判断にも若干の差があることを認めていたことは、すでに紹介したとおりである。また保国村や利星村と同様ここ東明村でも、風水が悪いと家族に病気があることは認識されており、事実風水が原因で家族が病気になった例があると語っている。

(2) 考　察

このように湖州地区では、全体として住宅風水と墓地風水の判断の差は、風水樹や方位判断の差など若干認めているものの、一般の人びとの間では、詳しく認識されていないと称したほうがいいであろう。しかし、風水の影響、ことに悪影響については、調査したどの家でもおおかた知っていて、家族や子孫に病気、後継者（男子）なし、死などの災いをもたらす危険性があることを認識していた。

家族に不幸があったとき、巫婆（シャーマン）、算命（予言者）、命相（易者）などの宗教者がその原因をつきとめてくれるし、事前にどんな不幸が予想されるか予言してくれる。風水師はそのうち土地や場所に原因のある不幸を予知し、除去しうる能力の持ち主だということ、湖州地区でも土地や場所が原因となる不幸が強く認識されているということを、異文化理解の一環としてわれわれは知らねばならない。

10. おわりに：　要約と結論

その他墓地風水に関する必要な判断事項には、道路や建物などの施設の位置との関係、悪い風水避け設備としての遮蔽物・魔よけなどの問題があり、それらの点についても聴取したが、すでに報告枚数が超過しており、またそれらについてはむしろ住宅風水に関する報告に載せたいので省略することにした。以上の事例報告と考察の要約かたがた、他地域との比較を若干行って、この報告を終えたい。

湖州一帯の農村では、風水判断を「風水先生」とよばれる近郷近在の風水師に依頼していた。「風水先生」と呼ぶのは一般的で、上海でもそうだった。わたくしの調査したかぎりでは、温州では「陰陽先生」、福州では「地理先

生」、武漢では「道士」だった。石家庄では「南蛮子」などと呼ぶという①。このように風水専家に対する呼名は、各地各様である。湖州地区では、風水師に看てもらうのは墳墓の風水が第一、家屋が第二だった。墓地（墳墓）風水を重要視する傾向は、中国各地にひろい。研究者は風水判断のなかでも、住宅（陽宅）風水に注目しやすい。しかし第一にこの湖州地区のように、住宅風水と墓地風水とは、風水樹や方位判断に関し若干の差があること、第二に民間では、墓地風水のほうがはるかに重要だと考えられていることを理解しておかないと、研究に偏りが生じてしまう危険性がある。

　また、ここでは一般人の風水師に対する評価は顕著で、風水師の得手不得手を知っており、その能力に応じて風水判断を依頼していた。風水判断の対象は主として家屋と墳墓だが、風水師によっては、日取りや時間の吉凶も看る例があった。こうした人びとの風水知識・認識は、風水の効果に対する認識あってのことだった。人びとはとくに風水の悪影響を懸念しており、家族や子孫に病気、後継者（男子）なし、死などの災いをもたらす危険性があることを認識していた。風水師はだからこそ、土地や場所に原因がある不幸を予知し、除去しうる能力をもつ専門家として活動しうるのである。

　それでは、土地や場所の、どんな判断がなされてきただろうか。

　湖州地区では、全体として周囲の地形判断より、方位判断が重要視されていた。ただし方位判断は、もっぱら風水師に委ねる傾向があった。どれくらい判断を風水師に依頼するのか、この点は地域によっても個人によってもかなり異なるものである。その点、湖州地区住民の風水師への依存度は、かなり高いとみられる。風水師の判断に依拠しないで伝えられている、一般的な方位の吉凶観も顕著だった。よい方角を「真南」や「南」とし、東〜南〜西が良いというヴァリエーションがあったが、北向きは好まれなかった。この点、香港・台湾・その他の中国とは、いささか異なっていた。方位観はまた棺の向きや埋葬の仕方にも関係しており、風水上の理由で、死者の頭の向きは西〜南〜東に向け、北には向けないといい、日常生活でも南・北向きは一般的でないとされた。あらゆる生活レベルにおいて、「青竜」（東）を好み「白虎」（西）を嫌うという方

---

① 劉鉄梁教授からの私信による［1994年8月5日］。

位観もまた、民間の風水観に由来していた①。かような傾向は、わたくしの知るかぎり浙江省全体にゆきわたっている観念の一つである。これらの特徴は日本民俗との比較を考えると、ことさら興味深いものになる。ただし、日本や福建省の一部にある「鬼門」の観念、中国の他地域にみられる「五鬼地」観念など、固定した悪い方角の観念は認められなかった。この点もまた、浙江省全体に共通している。

　山がほとんどない湖州地区では、地形判断は第二の判断に属し、山より河の形と河の流れの方向に関心が集中していた。この点はまったく地形条件とその環境認識によっている。湖州地区は上海とほぼ同様な地形条件なので、上海の風水民俗にすこぶるよく似ている。しかし浙江省の寧波地区や温州地区では、むしろ地形判断が重要視されていた。これらの地域では地形のうちでも、とくに山脈の判断が重要なのである。この点が著しく異なっており、湖州地区の特徴というべきかもしれない。環境を好風水に整える手段の一つである風水樹の植樹は、湖州一帯でも重要視されてきたが、現在ではさほどの観念はなかった。風水樹として植えるべき樹は、全体として墓であれば常緑樹が良いとされた。その代表は松で、その他、柏・桧・樟樹（クスノキ）・オモトなどである。この点は植生条件の差こそあれ、華南一帯にほぼ共通している点である。墓地の風水を良くするための植樹の観念、むろん日本にも古来からあるのだが、研究者の風水知識の不足が原因で研究がまったく進んでいない。

　風水と墓制・葬制との関連でみると、湖州地区に共通していたのは、生前の「寿墳」造営時、死者埋葬時、そして「検骨」後再埋葬するおりに、墓地の吉凶判断のため風水師を頼んで風水を看てもらうことだった。つまり理想としては墓造営のあらゆる機会に、墓地環境の善し悪しを風水師に看てもらうのである。このように風水師の活躍の場がひろいことは、すでに述べたとおりである。墓地風水の重要性がここに裏付けられる。

　湖州地区の墓地風水に関する報告と考察のみをここに紹介したが、墓地風水

---

　①　台湾でも「青竜」を善とし、「白虎」を悪とする考え方が儀礼の表現にみられる。これをウェラー（Weller R. P.）は〈道教〉の影響だとしている［1987 *Unities and Diversities in Chinese Religion*, U. of Washington Press, 153p.］。

をふくめて風水調査の成果は、わたくしにとって、まだまだこれから発表せねばならぬ最も重要な課題である。〈風水民俗〉のような、現代日本にとっては〈異文化〉に属する民俗をどう理解すべきなのか、「比較民俗学」などという〈比較〉の有効性も限界もわからぬ学問に、かような中国民俗研究を委ねてよいのかどうか、異文化理解には、まず研究者の知識に不足と誤解がよく認められるという問題をどう解決すべきか、中国民俗学の問題としては、風水師と風水研究者との風水知識や関心は、まったく異なるという事実をどう認識すべきか、さらに日本の社会人類学の問題として、欧米の知的枠組みを離れて、どのような世界認識が可能なのかという問題など、風水研究はさまざまな課題を現代アカデミズムに与えているのである。

摘要

相墓民俗
——湖州地区调查实例与分析

渡边欣雄

现在,世界上有关风水研究的著述和文章达 700 部之多。早在公元 16 世纪,意大利传教士利玛窦就曾介绍过中国的风水民俗,而最先开展风水研究的是英国(1837 年)。

目前风水研究成果最多的当属欧美。东亚人所从事的东亚风水研究迟于欧美百年,开始于日本(1931 年)。因此,风水民俗是理解中国民俗文化的重要方面之一,这已是世界性的常识。然而迄今为止,日本人未能真正理解"风水"。这是由于"风水"在日本现代社会没有被继承下来。所谓"风水"究竟是何物?为理解中国文化,此次值日中共同调查之机,我做了风水实态调查。本文所举调查事例,是浙江省北部太湖南岸一带农村调查事例中的坟墓(阴宅)风水民俗。其他方面的风水调查民俗,容待另选文介绍。

在湖州一带农村,风水师称为"风水先生"。人们了解远乡近村风水师们各自的擅长并据此委托其看风水。请风水师勘查选看的对象,第一是坟墓风水,第二是家宅,亦有风水师兼断日期,时间吉凶的实例。人们尤其担心风水的消极影响,认为它会带来家人、子孙患病,子嗣断绝、丧命等灾祸。

对于地形、方位二者,湖州地区更重视方位。方位一般由风水师勘定,但明显存在着不依靠罗盘的方位吉凶观念。"正南""南"最佳,东—南—西亦可,不喜北向。方位观还影响到棺材朝向与埋葬方法,死者头部朝向为西—南—东,不可朝北,据说日常生活中一般不见南向、北向。在各种生活层面都表现出喜"青龙"(东),恶"白虎"(西)的方位观念。

在湖州地区,看地形放在第二位。并且,人们更关心河川的形状与流走向。风水树曾甚受重视,但今日已不大为人们所重。坟墓的风水树以常青类为佳,其

代表为松树，此外有柏树、桧树、樟树、万年青等。

从风水与葬墓制之关系的角度看，营造生前"寿坟"，埋葬死者以及"捡骨"后再葬时，均要请风水师看风水，这一点湖州地区共通，即在营造坟墓的所有时节，都要由风水师勘定墓地环境之吉凶。

本文就湖州地区坟墓风水做了分析和汇报。报告包括坟墓风水在内的风水调查的全面结果，对我来说是日后必须完成的最重大的课题。对现代日本社会来说，中国的民俗与风水民俗，都属于"异文化"，怎样理解这种"异文化"？用"比较民俗学"这种比较的有效性，局限性不明的学问研究中国民俗是否妥当？如何解决理解异文化时表现出的研究者之知识匮乏与误解？中国民俗学界应怎样认识风水师与风水研究者对风水知识着眼点之不同？日本社会人类学脱离了欧美式认知形式，将怎样认识世界等等，风水研究向现代学术界提出了种种课题。

儀礼と俗信について

小林　忠雄

1. はじめに

　この調査報告は1992年8月〜9月の第1次調査と1993年12月〜1994年1月の第2次調査を実施したときのフィールドノートをまとめたものである。

　第1次調査時は、主として福田アジオおよび渡辺欣雄の両氏と同じ組で聞き書き調査を実施し、第2次調査時は、主として渡辺欣雄氏と共同の調査を行った。従って、報告の内容は両氏のものと若干重なる部分があると考えられるが、調査の視点および関心が異なることから報告の記述には差異があるものと思われる。

　筆者の場合、前回行った（1989年〜1991年度）同じく浙江省における民俗調査の折には、主として儀礼における色彩の使用事例や色彩認識、色彩観念といったものを対象に調査を試み報告した。当初、今回の調査ではそれを補充することを目的としたが、同じ浙江省内での調査であったことから、それほど際立った違いや事例を得ることは出来なかった。従って、むしろ色彩の使用実態を詳細に聞くにとどまったが、それほど大きな成果はあがらなかった。

　代わりに、今回の調査では多様な儀礼とそれに係わる俗信の実態と伝承を確認する調査に重点を置いた。儀礼の内容は主に誕生儀礼、婚姻儀礼、葬送儀礼、年中行事（一部に農耕儀礼が含まれる）に関してである。しかし調査は時間に制約があり、また共同の調査であったことから、きわめて断片的なものにしかならず、各伝承地における特徴的なものを引き出すにとどまった。

　従って、この調査資料によって何をどのように論じるべきか、やや問題の所在が不明確であるのも仕方なく、むしろここでは日本の民俗事象との比較に視

点があり、何がどのように違うのか、何が同じなのかといったその差異や類似性の理由をさぐる糸口を、ここから見つけることができればと考えている。

なお、記述は調査ノートの順に、得られた伝承資料を単に羅列してあるにすぎない。むしろ生の資料をそのまま記録することに努めたつもりである。また伝承者の年齢は調査時のもので、従って92年度と93年度とでは1年のずれがある。

2. 1992年度の調査による事例

①浙江省瑞安市梅頭鎮東渓村の伝承（姜瑞登33才）

・5月1日から5月5日の端午節に龍舟による舟漕ぎ競争をする。この行事を「競龍舟」という。そしてクリークを梅頭鎮からこの村まで競争するもので、この村の周辺にある9つの村から1村を選び、相互の話し合いで決められ、特に毎年相手が決まっている訳ではない。ちなみに昨年（1991年）は西一村と競争した。

漕ぎ手は1艘につき36人で、その他に旗持ち1人、ドラ打ち1人、掌舵が2人の計4人が乗り込む。また漕ぎ手は18～35才までの男子とされている。

早朝の4、5時頃、女性に知られないように舟を廟から引き出して川に下ろすが、川に龍舟を浮かべると眠っていた龍が目を覚ますといい、このとき線香をつけて祈り、また爆竹を鳴らす。

・鬼を追い出すのに石敢当あるいは泰山を表示して祓う。また道教対極図として緑と紅色の巴を組み合わせた紋様も鬼避けの印として伝わっている。

②温州地区蒼南県莒渓鎮田貢村の伝承（藍徳仁63才・藍徳南55才）

・畬族の儀礼服は結婚式のときや親類を廻るとき、掛け合い歌を行うときに着用した。畬族の象徴色は黒色であり、儀礼服も黒色に染める。黒は漢語ではhēだが、ミンナン語ではouとなり、畬族語ではɑと発音している。昔は「烏桕」という名の樹木を春の4、5月頃に採取し、その葉を鍋に入れて煮る。その煮汁に絹糸をさらに煮て、それを取り出して屋外の大きな泥の塊の下に埋めて、約1日間、泥に漬けておくと黒色に糸が染上がる。近年はこの「烏桕」は特に少なくなった。

また、畬族の代表的な色には「棕青（ツォンチン）」と称する青色と黒色の中間の色彩が使われ、これは衣服の他に麻の靴の色としても使われる。ちなみ

に畲族語では「zangzang」と呼ぶ。
・村には「陳十四娘々」と称する菩薩を祀った廟があり、それは雨乞いの神、吉祥の神といわれた。
・旧正月の昼食には必ず素麺に似た「長寿麺」を食べるという習慣がある。また結婚式の後の3～6日目に実家に挨拶に行くが、このときにもこの「長寿麺」を食べることになっている。
・畲族では2月2日と3月3日の2回、部族にとって重要で大きな行事を行うことになっている。隣の福建省では3月3日が重要とされているが、こちらではむしろ2月2日が重要であり、この日、若い男女は掛け合い歌を行う。
・子供が生まれると妻の実家の母親が、子供の帽子や衣服、靴下などを一式持参して来るが、それぞれに紅色の糸が結ばれ、上には「万年青」という植物を載せている。これは子供の長寿と健康を願うためである。子供が生まれると、妻の実家に伝えに行くことを「講知」といい、親類や友人に知らせることを「報酒（喜）」という。そして3～5日目になると、実家や親類、友人から贈り物を持ってお祝いに来るが、これを「送更」と称し、その内容は卵、果物、長寿麺、鶏、兎、毛糸、衣服などである。
・病気がなかなか治らないときには仏像や陳十四娘々に祈願すると治るという。
・結婚式のとき夫婦の部屋には、夫の両親は入っていけない。
また、結婚式の前日の夕食のとき、娘はご飯を少しだけ残さなければならない。その残ったご飯を妹とか弟が食べる習慣とされる。
・結婚して最初の旧正月に、夫婦は妻の実家に贈り物を持参して行き、実家では親類の各家から一人ずつを招いて、夫婦を迎える。また、夫婦は実家で大勢の女の子を集めて、一緒に遊ぶことが慣行とされている。

③同市甌海区沢雅郷呉坑村の伝承（林湿標72才）
・紙漉きの村である呉杭村では漉き手の大半は女性であり、年中仕事をするが、田植えのときには休み、正月には約1か月休むことになっている。この間、村では演劇を行い、また歌を歌って祝った。
・子供は1才の満月のときに、男の子は左側の耳に飾りを付け、女の子は両側の耳に飾りを付ける。

・家を仕切る壁をここでは「照鏡門」と称する。

普通の家の庭の入る門の上に、土でつくった獅子がある家は、昔、国家試験に受かった役人の家のみが獅子を飾ることが許された家であると伝承する。

④同市永嘉県花担村の伝承（朱陳祥52才）

・この村の主な年中行事は正月・小正月（龍灯ともいう）・清明節・端午節・重陽節（1年間で最も賑やかな行事という）・冬至である。祭りは村の長老で尊敬される輩行が主催するもので、後に族長公から老人会長に移行した。

・主として朱一族の村であり4つの房に分かれており、その房は「文」「行」「忠」「信」と称されている。また古くに、この村の子供は小学校を卒業すると祠堂廻りをしなければならなかった。祠堂には大小二つの祠堂が所有する水田があり、それを「祠堂田」と称し、小祠堂には100畝が付いていた。この水田は村民が毎年交替で耕作することになっている。

⑤同市永嘉県廊下村の伝承（朱国曜62才）

・この村は廊一、廊二、廊三の3つに分かれ、大祠堂が1つ、小祠堂が18、7つの房がある。

⑥余姚市河姆村の伝承（王小東65才・黄杏木70才・馮本財85才・馮永寧47才）

・この村には稲に深く関係した「天神菩薩」と称する神が信仰され、旧正月には今年の豊作を祈願する。また12月上旬から正月前まで、その年が豊作ならば、この菩薩に感謝し、また来年豊作になるよう祈る。このときは、家の中堂の部屋に線香と蠟燭を立て、豚肉、鶏肉、豆腐、豆類などを供える。

12月になると、毎日これらの供え物を続け、蠟燭が終わると、その燃え滓を台所へ持って行き、翌日再び供える。

・日照りや旱魃の年には龍の神に雨乞いを行う。これは村人が皆で何か料理をつくり、村の山中の「水潭」と称する谷に持って行ってこれを供えて拝むもので、拝む間に青鰻が出てくると、それを捕まえて水とともに壺の中に入れ、村に持ち帰る。そして雨が降るまで外に置いておき、雨が無事降ると再び山の水潭へ行って料理を供え、青鰻を水潭に戻して龍神に感謝する。この青鰻を「龍王菩薩」と称し、それは龍の形に似ているからだという。青鰻がどうしても捕まえられなかった場合には、水生動物で、例えば蛙などを代用してもかまわない。

馮さんの体験によると、山の水潭は「龍潭」とも称され、この村から南西方向に約10里ほど山奥に入った場所といわれる。伝説によれば、「昔、龍潭の上に吉祥寺という名の寺があった。あるときこの寺の一人の若い坊さんが、米を洗いに龍潭に行った。米を洗っていたところ一匹の鰻がいたのでこれを捕まえ、蒸して食べようと思って寺に持ち帰った。しかし、鰻を蒸していると鍋からおかしな音が出て、鍋の蓋がきちんと閉まらない。坊さんは何か変だなと思って、蓋をとって鍋の中を見ると、鰻が飛び出してきて見る間に、それは巨大な龍となって寺を破壊し、ついにこの寺はすっかり無くなってしまった。」

・この村には重要な3つの廟がある。これは村の歴史よりも古いという。村の東方へ3里行ったところに「上王廟」というのがあり、これは三国時代の「司馬懿」を祀っている。また同じく「先帝廟」というのがあり、ここにはその子供の「司馬昭」を祀っている。さらに村の西方へ5里行ったところには「桃家廟」があり、ここには晋朝時代に活躍した「司馬師」を祀っている。

・旧暦7月30日に鬼を祓う行事がある。ここでは鬼のことを「放邪」と称している。その夜は家の前を中心に家の周囲に線香を立てておくと、鬼は家に寄りつかないという。また川の橋や水田に供え物をあげ、さらに家でも卓の上に供え物をしてから、寺の坊さんを招くか、家の祖父母がお経を読み、家内の太平を祈願する。

　鬼にはいくつかの種類があり、首吊りで死んだ鬼は「吊死鬼」と称し、舌が長いという。また、「山鬼」は子供を叱るときに「山鬼がくるよ」という。自分の運があまり良くないときには「外方」がついたからだという。外方とは伝説上の妖怪だとされている。また、家で何か悪い事が起きると、家に鬼がいるからだという。

・先帝廟の近くに祠堂があり、先祖代々の牌が祀られていて、正月1日と清明節のときにお参りする。

　その他、台所の菩薩があり、子供がよく泣くときには床の菩薩に祈ると泣き止むという。そして舟には水神菩薩が祀られている。

・黒色の服は主に日常着として使われているが、ここでは黒色に良い悪いの区別がない。結婚式のときにも黒服を着るが、これは服地が安いからであるという。ちなみに布を黒く染色する技術は、秋の10月頃に野生の「考花樹」と称

する植物の実を採取し、それを大鍋に入れ、水とともに煮る。そしてミョウバン（明礬）を入れてさらに煮て、その汁に白い布を浸けると黒色に染色される。染め上がってから陽光に干すと決して色が褪せることはない。ちなみに、この考花樹の実を細かくして池に撒くと、水面が黒く濁り、魚が浮いてくるので、魚取りにも利用される。ちなみに考花樹は栲樹ではないか、辞書によると、これはブナ科クリカシ属植物の総称である。

・黄色の布は廟や祠堂の菩薩に使用され、また黄色は子供の衣服としても使われる。黄色は皇帝の色とされ、子供は大事なので黄色の服を用いる。また、寺の坊さんの衣にも使用される。黄色の染色技術は野生の樹木の「黄子」と称する植物の実を使って染める。この村では黒色と黄色の2色の染色技術しかなく、紅、緑、青、藍などの色は化学染料を店に買いにいかなければならない。

・稲の収穫時の前には、水田に肉などの料理と線香を持って行って、「田公田婆」に、収穫を感謝する祭りを行う。この「田公田婆」は相当古くから祀られ、一つの水田ごとにいる菩薩とされ、また稲作全体に対して1年中関係しているのは「天神菩薩」だと伝えている。

・山の神には「山王修公」という菩薩がいる。これは通常、お墓をつくる前にこの菩薩に拝むことになっている。また、柴を刈ったり、木を伐採するなど山仕事をする場合に、まず山に登る前にこの神に拝み、無事に山から戻ってこれることを祈る。

・12月に約1か月間、天神菩薩に里芋を供える。里芋の上には紅紙を載せる。

⑦寧波市渓東村烏石墺の伝承（王宏喬71才・王妙成64才）

・「文革」前までは村に「唐将軍廟」というのがあった。毎年、正月1日に、この廟の門を開け、13日から18日まで毎晩村人は皆で拝みに行った。このときは、子供たちも廟に行き、歌を歌って大層賑やかである。そして毎月1日と15日には必ず廟内の掃除が行われていた。また、正月1日には「天神菩薩」を祀り、魚、肉などの料理と蠟燭、線香を卓の上に載せて菩薩に供え、拝む。

ちなみに正月は1日から5日までで、この間は親類の家を行ったり来たりし、6日からは畑仕事を始める。

・また「祖堂」というのもあり、ここでは王の姓を名乗る人々が集まって、

結婚式や葬式を行う。祖堂には、以前は牌が置かれてあったが、今は無い。祖堂の門には「門神菩薩」の紅色の紙の画像が貼られている。

・2月15日の昼間、この周辺の24カ村の菩薩が、各村ごとに菩薩を輿に載せ、4人の男によって担がれ、ここから10キロメートル離れた「大渓新廟」に集まり、その後、爆竹を鳴らし、太鼓を打ちながら各村を廻るという行事である。24カ村の菩薩はそれぞれ異なる。

・3月2～4日まで、ここから約8里離れた鄔階郷にある河塘廟の菩薩の誕生日で祀り、この日は昼夜続けて芝居が行われたので、村人は皆見物に行った。そしてこの祭りが終わると、この辺りは一斉に畠仕事にかかるという。廟は何箇所もあるので、廟に祀られる菩薩の誕生日ごとに芝居が演じられた。廟に供えられる物は決まっていて、豚2匹、羊2匹と16椀のご飯と決められ、供物は3軒の当番が毎日取り替える。3軒の当番は毎年交替し、順に回していく。

・陰暦3月（陽暦4月）の1か月間は清明節で、この間に墓参りをする。家族全員で墓に参り、肉や野菜、酒、ご飯、箸、杯、椀などを6人前ずつと、さらに線香と蠟燭を持参し、墓に供える。墓では紙銭を焼き、墓には新しい土を被せ、上に白い紙を載せて帰ってくる。

・旧暦4月の田植えで最初の日の午後2時か3時頃に、水田の側で「金団」と称した米の粉を練り、胡麻と大豆、黄糖を入れた丸い形の菓子を食べる。この菓子は直径10センチほどで月餅よりも少し大きく、外側には松の花の粉をまぶしてある。食べる前に水田の神である「田空大王」という名の菩薩を拝み、今年の豊作を祈る。水田にはなるべくたくさんの金団を持って行くと良いとされている。田植えは昔は男性の仕事であったが、今は女性も行う。昔は女性が家事をやり田畑の仕事はしなかったので、金団は女性が作って水田に持って行った。水田では金団を全部食べずに、何個か残して帰る。また、その晩は家族で通常よりも多くの料理をつくって食事する。

・4月8日は浴仏節であるが、特に行事はない。4月10日に、他の村で仏を拝むことがあるので、それを見物に行ったことがある。

・5月5日は端午節で糯米を蒸して竹の葉で巻いた粽を食べる。嫁にいった娘が実家に戻ってきて、土産にこの粽を持ちかえり、家族で食べる習慣である。

この日、菖蒲を採ってきて、葉を門とか玄関口、窓に吊るす。これは家の中に

蛇が入らないためである。子供たちは根の部分を使って人形の形につくり、これで遊ぶ。また酒に銀黄を入れて飲むと解毒の効果があるというが、同じように菖蒲の葉を細かく刻んで入れて一口飲んだり、自分の部屋に撒くと解毒となり、体の悪い箇所に塗ると治るという。家によっては五毒府を貼ることもある。

・7月15日は「七月半」と称し、この日は先祖を祀る行事を行い。特にkan-feiと呼ぶご飯を供えるという。各家の中堂に料理の他に線香、蠟燭を供え、また紙銭を焼いて先祖を供養する。また夕食には家族が揃って料理を食べる。先祖の霊に関しては、子供が病気になると先祖が見に来たという。

・家族が食事をしているときに、誰かが早食いしたときは餓鬼の様だと表現する。

・人が茄子の下で寝てると、天空の音が良く聞こえるという。

・8月3日は竈の神である「竈君菩薩」の誕生日で、特に行事らしいものは無いが、竈に線香と蠟燭、それにこの菩薩は里芋が好きなので、里芋などの野菜類を2把ほど供える。菩薩の絵像は12月23日に再度祀り、新しいものと取り替える。

・7月30日は「土地菩薩（地蔵菩薩）」の誕生日で、その晩は各家で部屋の前や門のところに線香を挿して祀る。

・旧暦8月16日は中秋節で、家族は月餅を食べる。この日、月の光で夜は明るく、そのとき菩提樹の葉が落下し、大半が海側に落ちるものといわれ、また、自分の口に落ちて来るときお金が欲しいなどと願い事をすると、適えられると伝えられる。

・9月9日は重陽節で、この日は粽をつくって食べるが、嫁はこの粽を実家に持って帰る。これは重陽と重娘の発音が似ていることから、娘が母親に再会することを意味しているからという。

・11月の冬至の日の晩は、夕食に60才以上の男性が祖堂に会して、酒を汲み交わすことが行われる。これは王の姓ならその一族の間で行われ、堂内では輩家の高い順に座り、座順が決められている。

・12月31日には、いろんな料理をつくり、家族揃って食事をしながら酒を飲む。食事の前には「天空大王」と称する菩薩を拝む。料理は鶏1羽、肉が一塊、生魚、卵、餅などで、また爆竹を鳴らして新年を迎える。

・「門神菩薩」は通常祀ることは無いが、「橋神菩薩」は正月前に老人たちが祀る。また山に登る前には山の神である「天空大王」に祈ってから、山に入る。

⑧桐郷県石門鎮利星村の伝承（張雪乾72才・朱楚才64才・蜀明照54才）

・桐郷県は古くから養蚕が行われ、蚕神菩薩への信仰がある。蚕神菩薩は「馬鳴王菩薩」と称され、馬から人間になったと伝える。この馬鳴王菩薩は解放前まで祠堂にあった。今は各養蚕家で手描きの馬鳴王を貼るか、マチの紙馬店で木彫りの像を買って祀っている。これは白馬に乗った菩薩像である。また、各家では蚕が繭を作り始める前に、この馬鳴王に感謝する祭りを行う。卓の上に肉、魚、鶏などの料理と果物などを供える。この馬鳴王菩薩については、次のような伝説がある。

「昔ある家に男がやってきた。その男はお宅の主人が盗賊に会い、旅先で捕まって、そのうち盗賊が襲ってくることを、その家の妻に告げていった。妻はそれを聞いて、娘にお前は嫁に行くか、それとも盗賊の難を逃れるために一家は地方に逃げるかしかないと言った。すると、娘が日頃から飼って可愛がっていた白い馬はその話を聞いて、なんとか主人を盗賊から救わねばならないと思い、馬は妻にこう言った。もし私が主人を助けたならば、娘さんを嫁に貰えないかと。やがて馬は主人を救出して戻ってきた。しかし、夫妻はその馬との約束をどうしても信じられなかった。そこで、止むをえず、夫妻は馬を殺しその皮を剥いで、木のなかに隠しておいた。やがて娘はその馬の皮を見つけ、大層悲しんで、娘はその馬の皮を着て胸がいっぱいになった。すると大風が吹いて、馬は突然人間になった。そして娘と馬はその風とともに天に昇っていった。」（要約）

この伝説について、詳しくは地元の桐郷県の中国文聯、民間文芸家協会会員の徐春雷氏によって採集された伝説集『蚕郷的伝説』に「白馬化蚕」の題にて収録されている。

ちなみにこの伝説によれば、杭嘉湖水郷の陳一族とその末娘翠仙と白馬との間の悲劇とされ、翠仙姑娘が蚕神となり「馬鳴王菩薩」あるいは「蚕花娘娘」と称され、毎年養蚕の季節になると祀られるという。（1991年、香港正之出版社発行）

・悪鬼が家に入らないように、以前は石敢当が置かれたが、今は無い。ま

た、家の上部には正方形の鏡を置くと良い。清明節のときに清明団子をつくって食べると鬼がつかないという。すなわち祖先、死者の霊（鬼）がこの日集まってくるからといい、またこの場合の鬼は「家鬼（祖霊）」と「地鬼（住居地に関する霊）」とがいて、これらは善良なる鬼であり、それを主として祀るのだという。また清明節に供え物をしないと鬼は餓鬼になるので、必ず供え物をする。中元節のときにも、家鬼・地鬼には食べ物を供える。清明節に蠟燭や線香を立てるのは、鬼がどこへ行けばよいのか分からないからという。清明節と冬至のときには、墓の上に土を少し被せるが、特に冬至に被せるのは墓が冬は寒いからという。

・この村では5月20日に水龍菩薩を、6月19日に観音菩薩を、7月30日に地蔵菩薩を、12月23日に竈菩薩をそれぞれ祀っている。特に竈菩薩は12月23日に昇天し、1月1日に竈に戻ってくると伝承する。また土地廟は毎年2月12日と8月12日に祀る。

・以前は田植えの頃の旧暦5月15日に、水田の菩薩である「田公田婆」を祀っていて、またそれを祀った廟もあったが、今は無い。田公田婆の廟には馬鳴王菩薩と同じような神像がかけられていた。現在は家ごとに蠟燭、線香を立て、「酒菜飯」をつくって供えている。田婆と田母は同じで、いわゆる夫婦神であり、2人の息子がいるとされている。伝説では、昔、良く働く夫婦がいて、息子にも、とにかくしっかりやれと言うほどで、あまりにも一生懸命働き過ぎて、とうとう病気で死んでしまった夫婦が、後に神になったという説と、この夫婦が稲作などの農業技術を人々に教えたから神になったという2つの説がある。ちなみに田公は長く白い髭をもった老人の図像で、田婆は明確ではないが丸い髷を結った女性の姿の図像だという。

・その他、天神菩薩は玉皇大帝とも称され、天公とか王母娘娘、越皇とかの神々が一般的に人々の口には語られるが、これらを特に祀るということはしない。例えば暴風雨のときなどには子供たちに「雷公雷婆」が来るぞといった会話がある程度である。

・雨が降らないときは、この村から南方へ35キロメートル離れた桐福郷にある龍王廟の水龍菩薩まで、その辺りの農民が各地から集まってきて、雨乞いのために拝んだ。これは解放以前であって、その後は無い。

・葬式のお棺には黒、紅、白生地のままの3種類があるが、使い方の区別はない。葬列のときお棺の上には紅色の正方形の布を被せる。息子が3人いれば3枚の布が被せられるので、人々はその布の数を数えれば息子が何人いるのかが分かる。死者を墓に入れた後誰が一番最初に家に帰るかを競い合うが、これは早く帰宅すると福が来るからという。死者を墓まで輿に載せて運ぶが、そのときこの家の屋根の上に載っている薄く四角い石を割って、それを合図に輿は4人の男によって担がれ出発する。

死者の棺のなかには、絹の布団と衣服を奇数分入れることになっている。

・結婚式のとき、娘が実家を離れるときには2つの花火を鳴らし、実家のお祖父さんが娘を抱いて家を出て、船に乗り込み、新郎の家に向かう。到着すると再び2つの花火が鳴らされ、新郎の家の前には3つの火が燃やされていて、新郎の家のお祖父さんが新嫁を抱いて、その3つの火の周りを一回りしてから家に入る。そして家の中では、まず親類の女性から甘いお湯が渡され、新嫁はその湯を飲むことになっている。そして新郎のお兄さんから、集まった親縁者の人々にお金が配られるが、このお金は二人の将来の福を表しているという。

⑨湖州市白雀郷小梅村の伝承（王順福88才・周長生54才・周小毛43才・沈建国40才）

・現在は漁業の期間が決められているので、休日をとることが多い。しかし春節のときでも風が無くて天気が良いときには仕事をするが、悪いときは休む。月が満月のときでも漁業を休むことはないが、全般に風が無いときには操業を休む。子供が誕生したときでも、出産は船の底で行われるので、操業とは無関係であり、休むことはない。ただし死者が出たときには3日間休みをとった。

・家舟に住んではいるけれど、死者は陸上に埋葬した。以前は蘇州の方に住んでいたので、太湖の北岸に墓があった。今は太湖の南岸に墓がある。この墓は農民から土地を購入してつくった。墓地は漁船集団である「幇」ごとに持っていて、毎年、清明節のときに墓へ拝みに行く。また、7月15日にも墓へ拝みに行く。ちなみに王さんの場合は初代が江蘇省の三山に土地を購入し、墓をつくり、4代目までがここに葬られている。解放後に浙江省のこの村に墓地を持つようになった。

・船のほぼ中心にあたる所に祖先を祀っている。また太湖の陸地近くにある

廟があるときは、その廟に船を近づけて拝んだ。また、廟に近づくのに便利が悪いときは、船のなかからその廟に向かって拝んだ。

廟のなかでも特によく拝んだのは、王江涇を祀る蓮水堂という名の廟、また湖州市の東側にあって太老爺を祀る石涼堂という名の廟、老王父（爺）を祀る廟もある。太老爺は漁民の命を守る神であり、旧暦の3月に太湖の漁民がみな集まって、航海の安全を祈るもので、特にこの神の像はない。また、老王父は旧暦の正月に、各漁民は豚頭を持って廟に集まり、たくさんお金が入るように、病気にかからないことを祈る。

・死者には木の板に名前を書いた牌がつくられるが、死後の35日目には、この牌を燃やしてしまう。あるいは35日以前に、仮に子供の結婚式があった場合には、燃やす。

先祖の牌は船の一番大きな帆柱である大橡の下部に置かれ、紙に先祖の像が描かれている。先祖は家堂という。葬式もこの大橡の周囲で行う。ちなみに葬式は、死者の頭を舳先に向けて、大橡の真横に安置し、漁民のなかでも道士の資格を有する者を招くか、寺の和尚を招いて行われる。

・漁民は通常、水路菩薩を拝むことが多いが、特に魚を捕る前に拝むもので、以前は水路菩薩の絵像を船の中に貼っていた。この絵像はそれを専門に売る店があって、そこから購入した。1年に1度、漁期が始まる最初の日に、酒や粽、3つの果実と3つの菓子、野菜を供えて拝む。またこのとき、太湖の周囲には72か所の廟があって72の菩薩がいるので、その菩薩の名前を呼び、口にして拝むことになっている。72の菩薩名を全部知っている漁民はほとんどいないので、60才以上の物知りの先生を招いて儀礼を行ってもらう。この先生は特にお金はとらない。

・漁民の間では兄弟が結婚したときには、その父親か兄が弟のために船を買う。娘の場合はない。船の材料は多くは柏（栢）材が使用された。

・正月には特別な行事はないが、先祖を拝む。一番大きな帆柱である大橡の所で、酒杯を24個、箸を24個、茶碗を24個供えて拝む。酒は紹興酒あるいは黄酒を使う。拝みながら紙銭である元宝を燃やす。また、新年を迎えた午前0時には爆竹を鳴らして祝う。正月は米飯を1椀と肉、魚、野菜など8椀を祖先のために用意するが、一般的には「四素四草」といって、4種類の精進物と4種

類の豚、鶏・鴨などの肉類を、さらに紅色の蠟燭2本と線香1束、米の粉でつくった丸い団子（この団子の真ん中には紅色の紙を載せるか、紅色のインクで印をつける）を供える。この先祖への儀礼は旧暦7月15日と冬至、そして正月1日の3回で、まったく同じ形で供える。清明節のときは、料理などをお墓に持って行って供える。但し、墓へは夫婦2人の墓ならば、酒杯と茶碗は2個ずつ、5人いれば5人分を用意し、料理の中身も特に決まってはいない。

・端午節には特に粽とアヒルの卵を酢に漬けておいたものを食べる。ここでは龍船の競争はない。この付近では長興県で行っており、一般にこの行事は農村で行うもので漁民はしないという。以前はこの日、蛇が船のなかに入ってこないように「雄黄」を入れた酒を飲むことになっているが、今はその習慣はない。この日アヒルの卵を食べないと、将来、自分が死んだとき誰も自分を担いで墓に運んでくれる人がいないといい、また粽を食べないとやはり自分が死んだときに誰も弔ってくれる人がいないという。

・水死者が出て死体が上がらないときは、1匹のアヒルを水の中に入れ、棒で叩いて上げて終わりとする。そして小さなお棺をつくり、その中に死者の名前を書いたものを入れて埋葬する。

・7月15日の中元節には先祖を拝むが、この日は鬼の季節といわれ、先祖の霊が集まるという。特に廟に集まる場合は、その廟が先祖に縁があるというか、繋がっている場合には、それぞれの一族の代表者は廟に行くことがある。7月に繋がっている場合には7月に一族は集まり、9月ならば9月に集まる。この伝承者の場合は、毎年9月に観音菩薩を祀る儀礼があるので、そのときに杭州市内にある霊隠寺へ家族から1人代表を送り、その一族が一堂に会して先祖の供養を行う。この日、霊隠寺へ行かないと、子供が病気にかかるとか、家族がなんらかの災難に会うといわれている。

・9月の中秋節には月餅を食べる習慣がある。

3. 1993年度の調査による事例

① 浙江省湖州市東林郷東明村九百畝の伝承（張水発44才）

・烏が鳴くと悪いことがある。
・屋外で家族が死んだ場合は、その場所で両親が声を出して「さあ、家に帰

りましよう」と言う。

・病院で亡くなると、すぐに火葬にする。
・死者のいる部屋で鶏を殺して、それをすぐに外に投げる。後でこの鶏は調理される。
・死体を埋めるときには、埋める前に墓の周囲を1回廻る。
・葬儀から帰るときは自宅まで最も近い道を行き、また来たときの道とは違う道を選ぶ。
・葬儀に出た人は帰宅した後、部屋の前で藁に火を点け、それを跨いで入る。また家で砂糖湯を飲む。
・葬儀のとき両親および直系の家族は白い布の帽子と白い服（麻布製）を着用し、また普段履いている靴に麻布を付ける。親縁関係者、友人、隣近所の人は黒い布を付ける。
・お棺は外側を黒く塗り、内側は白木のまま。黒の塗料（ペンキ）が無かったときは、棺の材料が良くみえるようにした。
・死者を埋める場合には、通常は頭を南向きに、足元を北向きに寝かせるが、風水の関係で逆向きに寝かせることもある。
・35日間、死者の名前を紙に書いて、部屋の隅の土地神を祀ってある祭壇の側に貼っておき、35日目に人々を招いて、その紙を焼く。
・親縁関係者が喪家に届ける物。

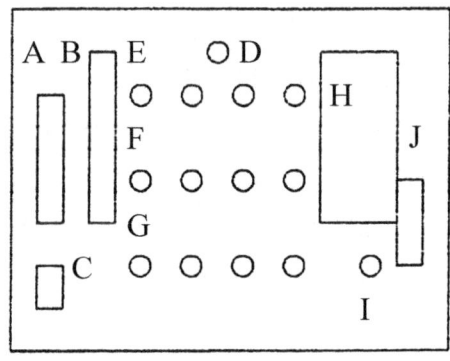

A. 蠟燭・線香2本
B. 紙銭（黄色）
C. 油
D. ご飯・檜の葉
E. 豚肉・赤紙
F. 蓮魚
G. 蓮魚
H. 布
I. キンカン
J. 酒（紹興酒）

その他タッピン（米粉）の餅、檜の葉、千年紅の花
・子供が産まれる1月前に、実家の両親は娘の嫁ぎ先の家に黒砂糖（紅糖）、玉子、栄養剤、礼服を持って行く。偶数の日を選び、これらの品物を籠に入れ、実家からの物には赤い紙を載せ、親縁関係者からの物には赤い糸を結んでいく。
・子供が産まれると12日目に、近所で16才以下の子供のいる家に、団子4個を配る。これから子供同志が喧嘩をしないようにとの意味だという。
・赤ん坊が毎日泣くときには、その子の名前を紙に書いて、家の壁の外側に貼っておくと、皆がその名前を見るようになるので、泣き止むという。
・田植えの前に、チマキを作って食べる。

② 同村和尚湾の伝承（揚水元78才）

・清明節、端午、8月15日のその日の天候の様子で今年の天候を占う。例えばその日雨が降ったら、今年は洪水の年になる。また8月24日の五更天の時刻に、もし雨が無ければ今年は洪水がないという。これには次のような伝説がある。「昔、父親と息子の親子がいた。父が占いで8月24日には大雨が降るという占いを得た、けれども、ずーっと四更天まで天気が良く、五更天まで雨が降りそうになかったため、父はその占いが間違っていたと思い込み、自殺してしまった。ところが、五更天になるとやはり大雨が降り出したという。」

・夕暮れに天気が良く、明るい星が出ると、例えば「皇虎星」が出た場合にはこの地方に皇帝のような大人物が生まれるという。大きくて明るい星を「黄星」「皇帝星」といい、その他の星を「高官星」という。

・旧暦の7月15日の午後には、必ず「鬼」が外に出てくる。そのとき子供は外に出さないよう家のなかにいる。翌日の7月16日には鬼が家の中に入ってくるので、その日は子供は外に出る。例えば親族の家に行く。

・太陽は「太陽公公」と呼び、男性である。月については何も言わない。

・8月15日には、家の行事を行う。その日は満月なので、テーブルを外に出して、月を見ながら、家族そろって食事をする。

・虹が半分だけ見えるときは、明日は雨の日になる。虹が全部見えるときは晴天になる。虹は紅と青と白の3色に見えるという。この地方の伝説ではないが、中国では虹の付け根には池とか川があり、虹は龍が水を飲んでいる姿だと

いう話がある。

・家を新築したとき、吉の象徴として「万年青」あるいは紅や白、緑色の色紙の短冊状のものを吊るす。また、家の新築時には、一番高いところにある梁の中央に紅色の布を巻き、また5枚の銅銭（清時代の穴空き銭）を釘の代わりに取り付け、さらに万年青、千年紅をともに付ける。なぜ5枚の銅銭かといえば、中国では古くから偉い人物が輩出するようにと五子登科の語彙にひっかけているから。

・家を新築したとき、家の正門が決まると、そこに魔除けのために大蒜（ニンニク）を吊るす。病気のとき大蒜を食べると、病気の鬼を殺すことができるからという。

・5月4日から養蚕が始まるので、その日、蚕種の側に桃の葉を吊るす。自分の家に野生の桃の木があればなお良い。蚕種は魔除けのために赤い紙に包んで持ってくる。

・端午の日には菖蒲と蓬の葉を吊るす。これは白蛇伝の故事に由来するもので、その日は雄黄酒を飲むと同時に、部屋の角にこの酒を撒くと、この年の夏を健康で過ごすことができるという。また、菖蒲の葉の形が剣に似ており、蓬の葉は軍隊の旗に似ていることから、家の門口に吊るすのは、軍隊によって家が守られているからという。

・正月には裕福な家では、家の堂の所にテーブルを出して、食べ物を供えて先祖を拝み、北側の壁の両側に紅色の紙にめでたい言葉を書いた紙（春聯）を貼る。これを「拝利自」と呼び、新築の家や開店した店などでも貼る。

・結婚したとき、寝室のベッドを敷くのは福の良い人、年輩の子供、老人、経済力のある金持ち、男子を生んだことのある女性などで、そういう人を選んでくると良い。

・結婚した夫婦の寝室では、ベッドの蚊帳の代わりに、鳳凰などを刺繍した紅色の絹製の布をかける。これは女性が自分で作る場合と、店で売られているものとがある。

多くは牡丹の花に鳳凰の模様で、これを「鳳彩牡丹」という。

・お産が終わって1か月間は、妊婦の部屋に見知らぬ人が入ってはいけない。子供が生まれた家の正門に四角な紅色の紙を貼り、この家に子供が生まれたこ

とを知らせる印という。

・雄の鶏は毎日鳴くが、雌の鶏が鳴くと何か悪いことが起こるので、運が良くない。

・烏が木の上で自分の家の方向に向いて鳴くと、何か悪いことがある。

・烏によく似た喜鵲が鳴くと何か良いことがある。

・建物を建てる時、敷地内に大きな樹木がある場合、その樹木には神がいるので、その樹木を伐る前には風水先生を招いて診断してもらい、診断された時刻に鶏1羽を殺して、その血を撒くと良い。これを「避殺気」という。

・悪い渡り鳥というのはいない。悪い鳥というのは雀であって、これは籾を喰うから。白雕（白鷺の一種）は魚を喰うので、養魚にとっては悪鳥。青寧も養魚場の魚を喰うので悪獣とされる。

③ 同村老街の伝承（呉金龍59才）

・清明節にはお墓に料理を持って行って拝む。料理は家に持ち帰る人もいれば、墓に置いてくる人もいる。墓には家族全員で行くのではなく、多くは子供と孫などが行く。墓では「お父さん、食べる」とか「家庭は平安でみな幸福である」といった報告をする。

墓では新しい土をかけて、多少整備してくる。墓の側で陰銭を焼くが、新しい墓の場合には、墓の一番高いところに紅色の紙をさしてくる。これは家族が無事に継承され、次世代につながっていることの祝意を表している。

・旧暦7月15日は冬至と同じで、この日は鬼の節であるから、子供は外へ出てはいけない。

・お棺は生前から作る習慣がある。36才から造ることがある。同じく長寿を祈って、生前にお墓を造ることがあるが、この墓を「寿墓」という。棺材は柏（栢）材を使用し、家のなかに生前から用意しておく。ちなみに柏はコノテガシワという家具材か。

棺の塗料は昔は生漆を使用したが、後にペンキに変わった。紅色と黒色とがあるが、紅色の場合は豚の血を使うこともあった。黒の場合は炭の粉を混ぜたこともあった。色は自分の好みで選び、紅か黒のいずれかである。塗料の棺は価格が高いので、お金の無い人は木地のままの棺をつくり、これを「白棺」と称した。

・死者は門の戸をはずして、その上に寝かして安置する。

・解放前は黄色の紙に死者の名前を書き、板に貼って外に置き、集落の人々に死を告知する。

・お棺を購入すると、白い木地、あるいは黒く塗った位牌がついてくるので、道士に死者の名前、年令、生年月日を書いてもらい、それを前面房のテーブルの上に置く。

・埋葬は奇数の日に行い。偶数の日を避ける。3日目が良く、しかも午前中に埋める。

・葬儀に来る人が死者と年齢が同じか、あるいは上の人は何も付けない。逆に年齢が下の人は黒い印を付ける。親縁関係者も黒い印を付ける。

死者の家族でも子供だけが白い衣服と白い帽子を着用する。靴は麻製のものを履く。女性は麻製靴の後ろに赤い布を付ける。

・娘とか嫁は一種の「泣き女」的な性格をもち、特に強調して泣く。葬列の順序として、息子・棺・親族(泣き女)となる。

・墓の前には風水樹が両側に植えられるが、これは常緑でいつも春をイメージしており、家族がいつも春のようにしていられるからという意味である。

・死者の部屋で鶏を殺すのは、風水先生に診断してもらったとき、その日が悪い日のときに限り、すべての葬儀の習慣ではない。例えば、死亡した日が偶数日であった場合、誰かを道連れにしないためともいう。

・「万年青」は墓にも植える。墓の上部に植えられる場合もある。また「万年青」は家を新築したとき、最も高い梁のところに、これを取り付ける。

・「千年紅」は、各家に鉢植えや庭先に鑑賞用として植えてある。「千年紅」は主として結婚式のときの贈り物に付けるか、あるいは嫁さんの靴や衣服の中にこれを入れる。あるいは子供が誕生する直前に実家の両親が何か祝いの品物を持って行くとき、祝いの印としてこれを付けていく。また葬儀のときにも、親縁関係者が持参する物にも、その印として取り付ける。通常の贈答の場合には使用しない。

④ 同村龍山井の伝承(沈文奎61才)

・「大紅」という色。正月、結婚式、清明節のときに使用。大紅色の紙に菩薩を書いたものを店から買い、壁に貼る。供え物には大紅色の紙を載せる。正

月に門の両側に大紅色の紙を貼る。お嫁さんの衣服や祝い金を大紅色の紙で包む。お嫁さんの布団、家具を婚家先に持っていくとき、大紅色の紙に祝字を書いて貼る。また家を新築したときにも大紅色の紙を使う。「深紅」色は「大紅」色の代わりに使う。

・葬儀のときに黄色の紙に死者の名前を書いて貼る。また、葬儀に参列する人は黄色の袋（黄布袋）を持参する。

⑤ 浙江省奉化市畸山〔畸東村〕の伝承（夏傳豊66才）

・旧暦7月15日は鬼の祭りと称され、その前の10日から22日までの間、鬼のためにご馳走を供えて供養する。これは死んだ先祖が鬼になって戻ってくるからという。鬼は外にいるので、夕方になると、子供たちに外へ出てはいけないよと注意する。鬼は良い鬼と悪い鬼がいる。7月15日の日は一番鬼が多いので、ご飯、酒、料理など12人分のご馳走を用意する。午後4時頃に正房の入り口にテーブルを出し、香炉とともにご馳走を並べる。料理には豆腐と緑豆芽が必ず使われる。香炉には線香3本と蠟燭2本を立てる。

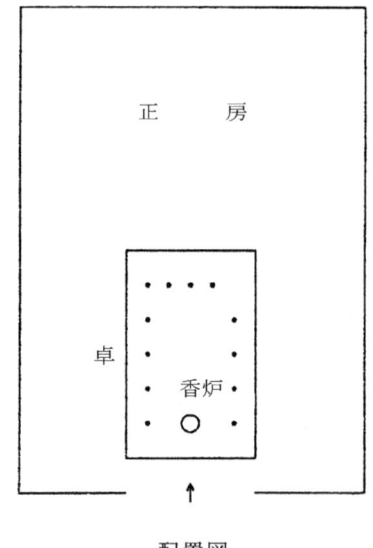

配置図

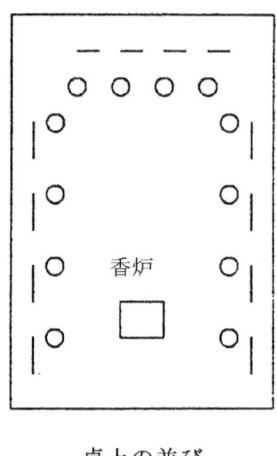

卓上の並び

・旧暦7月15日に供えたご馳走は鬼に供えた後、家族が食べる。鬼は昼間はいない。

・冬至にはお墓は鬼の家なので、お餅と香炉と紙銭を持参して拝む。このとき墓とその周囲の掃除をする。ちなみに、この日寧波では薯を食べる習慣がある。

・水田の神として「田公大母」の二人の神がいる。10月頃（旧暦8月9日）の稲作の収穫の後、午後に、家の主人はお菓子や6品の料理、香炉を持って水田に行き、3本の線香を燃やして、来年の豊作を祈願する。田植えの折りには何もしない。

・立夏の前（5月5〜7日頃）に、豆や胡麻、野菜を入れた団子の様なものを作って食べる。また、端午の日（旧暦5月5日）には粽子（粽）を作って食べる。また菖蒲を採ってきて、剣の様に作り、家の門や全部の入り口、窓に吊るす。さらに寝室のベッドには寝る前に、菖蒲の葉を人の形に作って吊るす。これらは悪い鬼が入らないためである。同じく、この日、大人も子供も12支を形どった人形を作って、それを布の袋に入れ、香粉も入れて、それを首に掛ける。基本的には自分の生まれた年の干支に因むが、中には好きな動物を選ぶ者もいる。

・清明節には家族がお墓に行き、12品の料理を持参し、また以前は白い紙で作った旗を持っていって立てた。今は小さな紙で作った花輪を持っていく。今年も拝みに来たという印のために、墓の周囲を掃除し、新しい土を被せて、その上に旗を立てて帰る。

⑥ 同市畸山〔畸上村〕の伝承（夏康位62才・夏高益65才）

・1月15日には「宝塔灯籠」という祭りが行われた。各家族ごとに大きな竿に八角灯籠を付けて、村中を廻る。各堂前には蜜柑の形をした大きな灯籠が吊るされている。1番大きいのは廟の前、次は祠堂の前、3番目は普通の堂の前のもので、村の各家族ごとに出るので何百もの数となり壮観である。このとき「龍舞」もある。子供たちは馬の形の灯籠を作って、同じく村中を廻る。だいたい1家族で10才前後の子供が4人1組となり（男の子2人、女の子2人）、白馬・紅馬・黄馬・黒馬に分かれ、衣服の色もその馬の色に合わせて着用し（昔の越劇の扮装に似ている）、胡弓の伴奏で「馬灯調」と呼ぶ歌を歌ったり、走ったりする。

⑦ 同市畸山〔畸上村〕の伝承（夏元康63才・夏楚瑞74才）

・雨乞い儀礼。夏に49日間雨が降らないとき今は無いが、畸山の中にあった龍王堂に行って、線香と蠟燭を持参して拝む。ある人は龍亭に行って拝む場合もある。ここには「白頭黄鱔」と呼ぶ菩薩があり、これは黄色の魚が仏像にな

ったものという。龍王堂の側にある池からは龍の代わりに、蛙などの水生動物を一つ皿に載せて、上に赤い布を被せて持ち帰る。蛙は池から飛び出すまで待っているもので、これを手で摑んではならず必ず袋か網などで捕獲する。蛙以外には「壁虎」に似たイモリでもよい。あるとき持ち帰る途中で大雨が降ったことがあるという。このような雨乞い儀礼を行ったのは、近年では43年前の1950年頃にあった。そのときは村の人々が列をなして行ったもので、12人の族長が加わっていた。ドラのような楽器が先頭を行き、その次に蛙を入れた皿を持つ役目が2人、そして族長12人と、各房のカマドの責任者の順に列をなした。

　蛙の容器に被せた紅布には、紅色の地色に黄色で「令」の字を書いた三角形の旗を立てる。持ち帰った蛙は堂前あるいは祠堂に安置し、毎日、族長が管理し、雨が降るまで線香を絶やさず燃やしつづける。そして雨が降ると蛙を再び池に戻した。

・そして感謝のために「龍王劇」を演じた。また雨が降り、秋に豊作となった時にも、龍王堂で劇が行われた。「龍王劇」は最初に祈りを行い、その祈りの文句として「風調雨順」という。その後、それぞれ好きな劇について「私はどのような劇を見たい」と言って、俳優を招いて披露する。劇は2回あるが、1度目は雨が降って豊作になったことの祝いのため。2度目は雨とは関係なく今年は豊作だったというときにも劇を行った。

　このときは村全体で行う儀礼なので12名の族長は必ず出る。また各台所（竈）から1～2名の代表者が出る。（竈の数だけ）

・龍亭にある観音菩薩は、子供が生まれない女性が拝むと生まれるということから、「送子娘々」という。

・12月30日には、竈に貼ってある紙製の菩薩像を剥がして、それを焼き、菩薩の世界へ戻ってもらうといい、そして1月1日に新しい紙の菩薩像を貼る。

・4月5日頃の清明節のとき、籠に料理などを入れてお墓に行き拝む。家に戻ってから家族で再度先祖を祀る。それは必ず家の入り口の部屋である正房で行うことになっており、ベッドのある部屋を使ってはならない。

・5月5日の端午の日には、部屋の入り口に菖蒲を付ける。その時、菖蒲の上に黄色の「龍黄（王）」という粉薬をかける。これには次のような伝説があ

る。「昔、大きな白蛇が人間の美人の女に変身し、やがて村の男と結婚することになった。その結婚式は5月5日であり、夫婦はともに喜び、二人で祝い酒を飲むことになった。そして、夫はその酒の中に龍黄と呼ぶ粉を入れ、奥さんに飲ませた。するとその奥さんは死に、元の蛇の姿に戻ったという。それから、村では門に付ける菖蒲にこの龍黄の粉をふりかけ、蛇が家のなかに入ってこないようにしたという。」ちなみに、この薬は昔、貧しかった頃によくお腹が痛いときに飲んだ。

・端午の日に菖蒲の葉の両端を切って剣の形につくり、葉の中央に竹を刺して、家の入り口の戸の外側に掛けておく。すると、家の入り口に剣を掛けてあるのを見て、誰も悪い人は来ないという。端午が過ぎると、龍黄は薬として使われ、ハート型の袋の中に龍黄を入れ、ベッドの頭のところに置いておくと、例えば子供の健康に良いとされている。

・中秋節のときは家で月餅をつくった。今は店で買う。以前は娘や息子が戻ってきて、家族は月を見ながらその月餅を食べる習慣であった。

・冬至の日に足を洗うと必ずシモヤケにならないという。これは、その日に山に登り、落ちた桑の木の葉を持ちかえり、それを家で水のなかに入れて、その水で足を洗うという。ちなみに、桑の葉は通常でも傷薬として使っている。

・7月30日は土地菩薩の誕生日といわれ、地面に線香を立てる。他に竈には3本の線香を挿し、また水瓶の周囲、鶏籠の周囲、家の戸口の前後などに線香を挿す。これは土地菩薩が普通の日には、地下世界の地獄にいるので目を開かないが、この日のみ目を開けるので線香を立てるのだという。

なお、秋に稲が豊作になったときには、土地菩薩に拝んで感謝する。

・以前は養蚕を行っている家族は5月の養蚕が始まる頃に、蚕が無事育つようにと「蚕花姑娘」を祀る。

・出産して3日目に「床公床婆」を祀る。このときは竹で編んだ笊（皿状）に、杯で型をとったご飯を10個入れ、そのご飯の真ん中には砂糖をかける。これを産婦のいるベッドの前に、線香と蠟燭を立てて供える。約30分ほど供えた後に、この供え物を下げ、このご飯を近所にいる一族の各部屋ごとの子供たちに食べさせる。お金のある人は、健康で丈夫な他の家族の女性を招いて、お参りしてもらう。また、お母さんに頼んで参ってもらう。「床公床婆」には10

人の兄弟姉妹がいると伝えられているのと、儀礼が終わってから近所の子供たちに食べてもらうのに数が必要であるから、必ず10個のご飯を必要とするという。

⑧ 同市畸山〔畸南村〕の伝承（夏位定65才・夏志良64才）

・夏位定は「廠堂房」に属している。その廠堂房には一族の7～8代前からの先祖が祀られており、100以上の家族が関わっている。ちなみに畸南村の最大の房は前大房で、村の中央に位置し、約250の家族がこの房に属している。毎年旧暦の1月1日にこの房ごとに先祖を祀る「拝金子」という名の祭りを行っている。儀礼は朝7時から9時頃まで行われ、堂房では必ず跪いて拝むことが義務づけられていて、拝んだ後にお餅を1人2個ずつ貰って食べる習慣がある。この餅は黒と黄色で、中には砂糖が入れられ、外側には胡麻がふられていて、直径15センチ、厚さ3センチのもので、「拝祖餅」と称している。家族が5人いれば計10個の餅を貰うことができる。堂前に置かれた大きな籠のなかには、この房に属する家族が100以上あるので、約1000個の餅が積まれている。ちなみに、房長だけは4個貰うことになっている。房長は堂房の鍵を普段から管理しており、従って儀礼のときでも真先に礼拝し、跪くことになっている。

堂房内には大きな卓が置かれ、先祖に供える野菜や肉などが載せられている。他に線香や蠟燭なども供えられている。またこの日は爆竹を鳴らして祝う。

・葬式のとき、身内は白い帽子を被り、白い喪章（腕輪）を付け、首に麻銭を巻き、腰に藁縄を結んで表示される。近所の女性たちが手伝って、「重被」などをつくる慣例である。死者の親類などの女性はミシンや鉄のハサミなどを使ってはならないという禁忌がある。特に死者の息子や娘、嫁はハサミや針を決して使用してはならないという。

お棺の材料は樟樹が最も良いとされるが、これは皇帝が使うものといわれ、一般には松材か柏材を使用する。生前から用意されたお棺は「寿棺」と称され、死後は「棺木」という。

・昔は今年が豊作になるようにと、収穫前の6月末か7月初旬に「田公大姆」に拝んだ。これは水田の水を入れる水口（「水車頭」という）に、料理を6個ずつと蠟燭2本、線香3本を持っていって、水田に着くと青い草の上にひざまずいて拝み、豊作を祈る儀礼である。

またこの儀礼は同じく土地菩薩である「土地経」にも供えることを意味している。土地経の方が田公大姆より偉いので、貰う量は多いという。

種蒔きの日は田公大姆が食べるだけで、土地経は関係ない。

料理などを持参するのは男性で、女性は家で料理をつくるだけ。未亡人の場合は女性が自ら持参する。

・収穫を祝って旧暦の12月10日頃に「年糕」というものを食べる習慣がある。これは「年高」にも通じ、稲は皇帝からいただいたものなので、それを感謝するという意味。

4. 若干の考察

中国社会には古くから歴史記述をともなった様々な故事が広く伝播している。従って今回の調査においても伝承者のなかには、古くから一般的に知られている故事を引用して語られることも多く見られたが、報告の事例にはなるべくそれらは掲載しなかった。

まず、今回の調査で聴取された事例のなかで、特に注目されたのは日本の農村行事でも特徴的な田の神信仰に類似した「田公田婆」についてである。ちなみに余姚市河姆村では「田公田婆」と伝承し、秋の収穫直前に儀礼を行っている。同じく寧波市の渓東村では「田空大王」と呼ぶ水田の神を信仰し、ここでは田植え時にこの菩薩を祀り、「金団」と呼ぶ稲の豊作をイメージする黄色の菓子を菩薩に供えており、同じ寧波市のなかで違いを見せている。また、同じく寧波市に隣接する奉化市畸山村では「田公大姆」と称する菩薩を信仰し、収穫前の6〜7月頃に、水田の水の取り入れ口付近で、儀礼を行っている。

さらに桐郷県利星村では「田公田婆」が伝承されており、ここでは田植え時に「酒菜飯」をつくって菩薩に供える儀礼を行い、またここでは明確に夫婦神であって、由来を示す伝説をともなっており、白い髭をもった老人と髷を結った婦人の神像がイメージされ、より具体的に表現されていた。

このような水田に関係した神は内陸の湖州市でほとんどが聞かれなかったことから、浙江省でも南部地方の稲作農村に広く伝承されているように考えられる。1989〜91年度の調査でも南部の蘭渓市などで、この「田公田婆」が伝承されており、ここでは田植え時に水田の畔の所に線香と蝋燭を持って行き、紙銭

を燃やしてくるといった儀礼があった。

　この「田公田婆」と日本の農村における「田の神」とを比較すると、まず日本の能登地方の田の神に類似点を見つけることができる。能登の場合には男女の夫婦神として伝承され、なかでも柳田村に残る田の神の神像は、長い髭を蓄えた老人として表現されている。また、能登の珠洲市若山町火宮の田中家では、田植え時に「いぶり祭り」と称する儀礼を行っていて、このとき田の神には黄粉飯を供え、家族がともに食し豊年を予祝していることから、渓東村の「金団」の供物の発想に類似している。

　ただし、能登の田の神信仰の主要なる儀礼は12月5日と2月9日の「タノカンサアー」あるいは「アエノコト」と称される儀礼であって、中国のそれとは大きく異なる。しかしながら能登の場合には、田の神を迎える場所は水田の水口（みなくち）であることから、崎山村の儀礼の場所において類似点を見出すことができる。

　日本の田の神信仰はこれまで田の神と祖霊神とを同一視する見解が有力であるが、中国浙江省の事例からは、祖霊との関わりを示すものがどこにも無いので、本質的に異なるのではないか。むしろ中国の古代故事に登場する稲作との関わりをもった人物に、その由来を見出すことができそうに思える。

　いずれにしろ、稲作を生業とする農村では同じような生業の神への信仰がともなっている点に寧ろ注目された。

　次に注目したのは桐郷県で聴取された蚕神菩薩の伝承についてであった。この動物報恩譚は、日本の東北地方におけるオシラサマ伝説に類似する。むしろオシラサマの方が中国のこの伝承を移入した可能性が高い。桐郷に伝わる白馬が蚕になる話では、娘と白馬が大きな風とともに昇天した後、それは蚕になってこの地上に戻り、桑の葉を食べるというもので、蚕の顔が馬の顔に似ていることからイメージされた話なのであろう。

　東北地方の岩手県や青森県に広く伝承されているオシラサマ口説きは、その原点はイタコによる「オシラ祭文」に拠っているとされているが、仏教民俗の五来重は、これとまったく同じ内容の口説きを、加賀や美濃の白山麓において採取しており、往時の白山信仰の東北地方伝播を推察されている。（五来重「布橋大灌頂と白山行事」『白山・立山と北陸修験道』名著出版 1977 年刊）

ちなみに白山麓における養蚕家の儀礼には、2月の初午の日に、家の大黒柱の側に養蚕守護神の絵像の刷物を貼るか、掛けるかして、その下に繭の形をした団子などを供える。この養蚕守護神の絵像は左手に桑の葉を、右手に蚕種を持った女神が白い馬に乗ったものとして描かれている。また、この絵像の由来書には「伝ひ聞く、此尊像ハ衣襲明神とて古昔より養蚕家の崇拝せし神にして、祭るものハ桑葉繁茂し蚕繭育成して国利民福を催かすの基なると云爾」とあり、また岐阜県白鳥町の白山長滝白山神社では馬鳴菩薩（めみょうぼさつ）と称して版木で刷った馬乗姿の女神の絵像を、周辺の養蚕家に配付している。さらに、同じく白鳥町石徹白の白山中居神社の御師（おし）の家では、様々な種類の版木の刷物をつくっているが、そのなかには養蚕守護神の御札も発行しており、彼らの旦那場に配付している。

　いずれにしろ、このように白山信仰（しらやま）と養蚕神とは関係が深く、いくつかの事例を見ることができ、その伝播経路や分布、伝承などについて、これがいつの時代からのものなのかはほとんど不明だが、問題は数多く残されており、その意味でも浙江省桐郷県などこの辺り一帯の伝承は、今後さらに検討すべき対象となろう。

　5月5日の端午節における菖蒲を使った儀礼についても、日本の農村に伝わるものとの比較において注目される。日本でも5月5日の端午の節句には菖蒲で頭に鉢巻をしたりし、菖蒲の葉を浮かべた酒を飲んだり、あるいは布団の下に敷いて寝ると病気に罹らないといい、また病魔や蛇、毒虫が屋内に入らないために家の玄関や門口に付けるとか、菖蒲と蓬を束ねて風呂の湯船に浮かべると、特に女性の場合は蛇の子を孕まないなどの伝承をともなっていて、もっぱら厄病除けの俗信をともなっている。これに対して浙江省でもきわめて類似の伝承が聞かれたが、基本的に異なるのは、日本の菖蒲にはその芳香に効力があって、強い匂いが病魔などを除くという解釈がなされているのに比して、浙江省の伝承は芳香への関心が少なく、むしろ菖蒲の葉の形が剣を指していて、その剣の力で病魔を払おうとしている点にある。

　また、日本では蛇婿入り譚の伝説を明確に伝えているのに比して、浙江省の伝承では白蛇伝説はあるもののそれがほとんど不明確であった。この点について、今後どのように考えればよいのかといった問題が残った。

最後に、今回の調査で特に印象深い儀礼として、葬式などに使われている「万年青」と「千年紅」と称する二つの儀礼植物についてである。これは色彩の民俗といった視点から特に注目したものであって、色彩感覚とか色彩の観念といったものの研究対象であった。

　「万年青」は事例でも示されたように、日本の庭木として使われているオモトによく似た植物であり、年中青い色を保っていることから、中国における青が春を象徴するという色彩観念に基づいており、あらゆる儀礼に使われている。前回の浙江省蘭渓市姚村においても、子供の誕生儀礼として根を赤く塗った根付の万年青が使われている伝承に接したが、日本でも常緑樹や常緑の植物が神の依り代として意識された、特に根付の松や杉が儀礼に使われている事例のあることからも、日本と中国とには共通した根付の祝意感覚や青色の民俗感覚があることに注目される。特に今回の調査では、「万年青」は墓の上部や周辺に植えるという伝承に注目され、日本の松や杉、榊といった常緑樹の墓木を植える習俗との類似性を感じさせた。また、墓の上に立てるトイキリや卒塔婆の慣行との関連においても、何らかの問題があるよう思われる。

　ちなみに、日本のオモトの場合は、赤い実と濃い緑色の葉の対比が美しく、南天の植樹と同じく屋敷地内の庭木として使われ、また祭りや正月に作られる押し寿司の外包みとかハレの料理の敷物として使われている。

　また、「千年紅」についても、今回は湖州市にて葬式の贈答儀礼に使われている実態を直接見る機会に恵まれ、それが日本の祝儀用の熨斗と同じ用途であることに注目された。

　ちなみにこれは薄紅色のアザミの花に似て、年中咲く花であることから、祝意を表するものとされているが、なぜ葬式に紅色が使われるのかについては、よく分からなかった。これまでの調査では中国社会において、紅事は結婚式を白事は葬式を意味しており、色彩の区別が明確であるのに、このような使用例についての理由はまったく不明である。

　ただ日本においても能登や関東地方の禅宗系統の檀家では、近年まで葬式に赤飯を使ったり、加賀地方の江戸時代末期までの香典帳には、親戚から香典として「赤まま一重」といった記述のあるところから、以前は日本の葬儀においても白事に限らず、赤色はむしろ非日常的所作の象徴として考えていた時代の

あったことを窺わせている。すなわち、日本の色彩感覚の変容といった問題に触れる事例として、今後の課題としたい。

　以上、特に筆者が関心をもった事例をいくつか取り上げ、若干の問題の指摘を試みてみたが、何も解決しておらず、これらのことを今後の調査への指針としたい。

摘要

有关礼仪与俗信的中日比较研究

小林忠雄

本稿主要围绕人生礼仪，岁时节日活动，农耕礼仪，着重报告了一些较具有典型性的事例。由于调查的内容广，问题的阐述可能缺乏一定的深刻度，但是通过本次调查，主要就中国农村流传的迷信，即禁忌活动与日本民俗中的同一现象进行比较研究。

笔者认为，中国的"田公田婆"或者说"田公大姆"这一类水田菩萨与日本的田神信仰非常相似。无论是日本还是中国，这些神大多是夫妇神，不同的是日本的田神、祖先神的性格强，中国的田公田婆则具有人格神的特点。

同时还发现，在桐乡县流传着"白马化蚕"的传说，与日本东北地区的民间信仰十分相似，可以认为中国江南地区是日本的养蚕技术及其文化传播的发源地。另一方面从这些事例中，又找到了一个新的课题，那就是有关白马、蚕茧等白色物体所产生的民俗文化的中日之差。

再者，笔者还发现每年的五月五日端午节，中日都有使用菖蒲的民俗习惯，在日本人们利用菖蒲、艾蒿这类植物的香味驱除病魔；在中国，菖蒲象征着剑，艾蒿象征着军旗，人们借助剑形的菖蒲，军旗状的艾蒿驱除病魔，在这一点上有着本质的差异。

本次还继续1989—1991年度的礼仪色彩这一课题，做了补助调查，但未有特别大的收获。值得强调的是"万年青""千年红"这类植物，它们的使用方法，在研究日本的色彩民俗课题——"红"与"蓝"的色彩感觉以及色彩认识的有关问题时将有一定的参考价值。

Ⅲ 民间信仰与文艺

Ⅲ　民間信仰と文芸

农耕信仰与地方神之特征

冯育楠

一、中国近代民间信仰的形成

中国民间信仰的神佛鬼仙相当庞杂而众多，这里所说的民间信仰是从中华民族的整体上来说，在漫长的岁月中延续至今被广大地区所接受的。对这些神佛的信仰主要是从西汉以后，尤其是唐宋以来逐渐发展起来的，这些信仰不仅是一种宗教现象，也构成了近代现代中国民间文化、风俗的重要组成部分，不但在国内，而且在海外华人社会中也具有广泛的影响。

从古到今，对有着悠久文化的中华民族来说，文化是伴随着信仰而发展的，从各民族的原始宗教，到封建时代的国家宗教，以及民间所流行的道教、佛教、伊斯兰教等等，还有对中国文明发展起过重大作用的儒学（有人称为儒教），它们对中国的文化风俗都曾产生过重要的影响。但是中国的民间思想风俗，从未被某一个宗教统治过。中国的民间文化是兼容并蓄的，既保持传统的东西，也不拒绝外来的事物，不管外来的还是传统的，都根据需要而加以适当的改造，使之适合民众的信仰心理。所以到了近代，常有将佛、道及鬼神混合在一起制造出适合中国民众的神灵，这些神灵业已民族化了，如佛教中的观音、弥勒佛、罗汉、伽蓝等，这些佛祖本来自印度，但传到中国后，因其神名复杂，有些地方又不适合中国人的信仰需要，于是便不断予以民族化与地方化的改造，除了与道教中的一些神灵糅合在一起外，并和民间传说中的故事一起发展更加人格化，推崇出一批民族化的被众人信仰的神来。

这些在民间影响较大，几乎被整个中华民族地域所信仰的神祇，粗粗统计了一下，有200多尊，当然这并不包括地方神，倘若要将地方神也算进去的话，那将是一个相当巨大的数字，而且因为工程浩大，也从来无人研究过这个课题。

我简略介绍了一下中国近代民间信仰的形成，然后才可以说明地方神出现的原因及背景，下面着重谈一下江南对地方神的信仰及产生的一些因素。

二、民间信仰与地方历史的关系

中华民族从总体上来说是一个统一的实体，在全国范围内有许多基本的共同的文化特征，组成了不可分割的民族和国家的整体，这是几千年来的汉族作为主要民族历史发展的结果。汉族在多民族的中国，无论在人口还是所居住的区域，占有举足轻重的地位，黄河流域是中国文化发展的摇篮，它是中国文化形成的核心之一，而这里就是汉族生存的地方。

除了黄河流域外，长江流域也是中华民族一个重要的具有特色的文化区域。

以长江流域来说，它在上游有巴蜀文化，中游有楚文化，下游则是吴越文化。

巴蜀、楚、吴越皆是中国古代曾经在这些地区建立过有影响的封建帝国的名称，人们习惯以朝代的名称来称呼这几个地方，实际上这些地方的文化形成，上至古老的先民，中至春秋战国时期，下至近代人对各种文化的融合，逐渐形成了自己的区域的文化特色。

我们重点是谈江南农耕文化信仰，江南即是吴越文化区、宗教信仰是与文化密不可分的，所以要想说清楚江南的民间信仰，首先要清楚江南文化形成发展的原因及特征。

文化包括面相当广泛，如知识、法律、道德、风俗、信仰等，所以谈信仰首先要谈文化。

吴越地区即江南水乡地区，它包括江苏南部与浙江全境，从地域上来看它有两大特点，一是水域宽广，二是山区多，尤其浙江山地覆盖了大半个省份，可以说是名山荟萃，峻岭绵绵。

水域广大，湖泊众多，江河纵横所形成的独特的自然生态环境造成了这个地区生产结构上的特色，水运畅通，渔业兴旺，以水稻为主的农耕及蚕桑业发达。自唐宋以来，浙江地区就是渔米之乡、丝绸之府。

渔业文化及稻作文化在这里作为主体文化逐渐形成了自己的地方特色。

山多林密，又多为有价值的经济林，于是，又形成了山区特色的经济。由于山区生活的封闭性，造成了古老的习俗民风，形成了特殊的信仰观。

在这里我们主要谈一下稻耕区的文化与信仰。

由于历史和自然界的变化许多原因,浙江平原上的稻作区发展经历了一个曲折的过程。

在中国夏商周时代,北方的华夏族由于众多的民族在中原争夺和融合的结果,一代又一代朝廷的出现使生产与文化都发展了,经济的活跃,文化的兴盛促使信仰陆续形成体系,而僻处江南的百越族却因水患不断,被迫进入深山求生,直到距今两千年前水患退去,山民们才从山里走出来迁入平原。

在越王勾践的年代平原水患虽退,但处处是沼地泽国,经历了许多艰苦创业才逐步将一块块沼地泽国开垦成良田。

虽然在历史上这里也出现过两个有影响的大国——吴国与越国。但由于开拓良田之艰难,道路还不太通畅(多水路少旱道),战争之破坏,生产远远落后于中原,这处处是沼泽的水乡依然很闭塞,接受中原文化较少,依然保持着古老的固有的文化信仰,很不开化,所以唐宋年代依然有不少中原人称这里为蛮荒之地。

直到北宋灭亡,南宋在杭州建都,大量黄河流域的华夏臣民为了躲避刀兵之灾与外族入侵者的欺凌纷纷南迁,江南水乡人口猛增。杭州是北人南移的重镇,南移前,崇宁元年(1102),两浙人口数为 3 373 400 余人;南渡后,绍兴三十二年(1162)就达到了 4 327 300 余人,60 年间增加了 953 800 多人。[①] 人口的增加,可以看到南宋时代是吴语地区发展的重要时期。在北宋嘉祐二年(1057 年)杭州居民共有十万余户,南宋孝宗乾道年间(1165—1173)杭州居民增到 26 万户,到南宋末年的咸淳年间(1265—1274)居民增至 39 万余户,人口达 124 万人,为全国最大之城市[②]。

北人南迁的结果是人口结构和文化融合的变化。从原来以百越族为主的居民逐渐变成了以汉民族为主的地区,现在浙江地区的居民基本上是汉民族,但它又汲取了越族的文化与许多生活习俗,形成了有自己特色的江南稻作文化与方言——吴语。

北人南来,带来了北方的财力和先进的生产力及较为发达的中原文化,对开发这个地区起了重要的作用。

对任何一个国家来说,首都定是这个国家政治、经济、文化的中心,杭州作

---

① 见《浙江古代史》182—183 页,浙江人民出版社,1985 年。
② 见《浙江地理简志》471 页,浙江人民出版社,1988 年。

为南宋王朝的都城先后达百余年，这百余年自然对江南文化的发展起到了推进的作用，但是南宋王朝是一个衰落的王朝，是在金的兵马压境下被迫南迁的，偷安一时，无大作为，所以其影响并不能使越族文化全部汉化。南宋被元朝灭亡后，元又迁都北京，政治、文化、经济中心又重返北方。元代以后的明清一直以北京为都城，杭州作为京都虽达一个世纪，但这一百多年历史在中华民族漫长的历史长河里不过是一段短暂的流淌，所以浙江稻耕文化虽受到了中原文化影响，但依然保持了自己鲜明的文化特色。

三、江南稻作文化的特色及信仰

江南地区尤其是浙江省，其地理生态环境之特点是水域广阔，这里具有三大水系，一、浙江省海岸线长达2200多公里，沿海岛屿星罗棋布，其中舟山群岛是中国最大渔场之一；二、富春江、钱塘江横跨境内，水深江宽，渔业发达；三、尤其浙江湖州、长兴、桐乡、嘉兴等毗邻太湖地区更是江、河、溪、浜纵横交叉，密如蛛网，水资源丰富，气候适宜，形成了渔业与水稻为代表的两大经济体系。

渔业生产的特殊环境，形成了渔民许多独特的信仰习俗。但是江南文化之基础还要以稻作文化为主，它与这个地区人民的生活方式和信仰习俗的形成关系相当重大。

我们在考察过程中发现这些地区至今尚在民间流行的对蛇的崇拜，对龙王崇拜，对黄鳝、石蛙、泥鳅、鳗鱼的崇拜，其源流无不与古老的稻作文化有关。除了对水族类动物的崇拜外，种田时，要祭田公、田婆，此外对风神、云神、雨神、河神、雷神、牛神、蚱蜢神、蜻蜓神也有着广泛的信仰。

这些信仰皆起源于原始对动植物及自然现象的崇拜，虽然，随着科学的发达，人们对以上原始状态的崇拜日益淡化，形势上也起了变化，但是信仰上习俗是长期思想寄托的产物，有一定的稳定性与惯性，所以直到今天在江南农村依然有人信仰与崇拜，这主要是为了寻求心理上的平衡，生产中所需的一种仪式而被人接受。

在汉族，龙很早就被统治阶级当作权力的象征，皇帝的儿孙称作龙子龙孙，龙成为人们心中最高贵、最圣洁、最有力量的一种图腾形象。

皇家所求的龙是并不存在凭靠想象来的五爪金龙，它可大可小，可飞入云

天，钻入大海，可呼风唤雨，可洒海水于大地，得罪下它可大旱无雨，颗粒无收，也可水淹田园，让人流离失所，家败人亡。换句话说，龙操纵着以农耕为主的人们的生死，中国是一个农业国，在过去农户占全国人数百分之九十以上，龙既然控制着亿万生灵的命运，皇帝当然要把自己作为龙的化身出现于人间了。

然而，江南稻作区的耕民心中的龙都是形形色色的。我们在奉化沿海的农村调查时发现，几乎每一个村庄都有自己信仰的龙王。被视为龙的动物，绝大部分是水生动物，它们生活在山中的深潭，岩穴或峡谷的水域中，如岩蛇、黄鳝、变色龙、蚯蚓、石蟹、跳鱼、小白虾、乌背泥鳅、鲤鱼。在奉化溪口重点考察中更一步发现，畸上畸南等村庄将大青蛙、王猛蛇当作龙的化身来崇拜，但是大青蛙必须是雪窦山隐潭附近的蛙，当地乡民称这隐潭老龙。

将青蛙冠之以龙的尊称，这在中原一带是绝对不会有的，而在这里却在求雨季节将隐潭的大青蛙置于瓦罐中，人们敲锣打鼓将其请回叩拜，被称为"隐潭老龙"的大青蛙普降甘露，以保丰收。这种以地方为主独特的信仰方式是这一带信仰独有的特点。

把龙的信仰和各种动物附会起来，可能是受到动物修炼成仙的传说的影响，在浙江一带对于白蛇传中的白蛇白素贞修炼成人身的故事流行甚广，几乎家喻户晓，既然一条白蛇可以修炼成仙，得到正果，那么其他水域中的动物也可以修炼成龙了。不过并非所有水中动物皆可修炼成龙，那要受地形的限制，所以多选定为深山水潭或岩洞中，人们认为只有那幽深处的蛇或蛙、鳝、石蟹、鳗方可有条件成为龙，但是那里的动物并非一个而是群生的，在中国民间故事中绝无群体动物可集体修炼成神的传说，修炼是指个体而言，可是奉化一带显然是对一个类一个群体的信仰，到龙潭请龙神时，找到的动物，不管是哪一个皆可作为龙来看待，这种特异现象的出现恐怕与上古对动物的原始崇拜有关。

在江南稻作区除了对当作龙的化身各类水域动物的崇拜外还有对大树的崇拜。许多人认为大树有神，浙江山区崇拜的大树主要是樟树、枫树、枣树、银杏树，许多地方都有树神庙，村口皆有风水树。风水树是属于一个村的神树，既然是一个村的神树，当然具有强烈的地方色彩。也就是说，它对每一个村来说，是具有神灵的色彩，但外人并不崇拜它，这就像那些水蛇、鳝、石蛙、鳗鱼似的，对某一个地区的人它们是龙的化身，但其他地区的人并不信奉它们，在某些人眼中它们不过是极普通的水生动物。

在江南一带对动植物的崇拜具有强烈的地方性，历史人物被塑造为神的信仰也具有极强的地方性，我们在浙江温州、宁波、杭州、湖州等地区考察时就见到在吴王夫差庙、越王庙、孙权庙、梁武帝庙、伍子胥庙、范大夫庙、西施庙、梁山泊庙、杨府庙等等，这些神大抵与吴越地区关系比较密切。

历史上造福于民的良吏武将、忠臣义士，他们在民间享有崇高的声誉，具有了神格。

这些神大多具有较强的地方性，属于一个较小的区域，比如我们在温州考察时发现不少地方信奉杨府庙，杨府庙是祀奉杨家将，杨家将是赫赫有名的北宋建国初期的名将，满门忠义、勇敢善战，杨家将兄弟七人，忠贞威武，血战沙场，为捍卫宋室王朝的疆土南征北战，浴血厮杀，是中国老百姓心目中的英雄。但是杨家将征战的地方在北方，从来没有到过江南，浙江温台地区信奉他们主要是浙江东南一带多山靠海，土地狭窄，灾害较多，特别是渔民下海捕鱼，风暴骤起，生命毫无保障，人们对自然环境之艰险认不清又毫无办法抗衡，以为是海中妖魔在作祟，所以祈求一些能够制御他们的保护力量，以解自己的危难，于是选中了英勇善战的杨家将来镇伏这些妖魔鬼怪。他们凭靠自己的想象，根据流传中的故事加以改造创出新的神来，杨家将是兄弟七人，但海上行船需要一个镇风平浪的神，于是又多出一个杨八郎，人们称之为杨巡风，赋予他在海上镇风平浪降魔伏妖的本领，从这里可看出，民间造神是根据实用，并不拘泥于历史真实。

我们在浙江湖州东林乡考察时，这里人信仰三王，这种信仰面就更狭窄了。倘若以上诸神信仰面是一个区域或几个区域的话，那么对三王的信仰，仅仅局限在东林乡一带。三王是历史上这个地区的名人，兄弟三人皆身居高位，他们的娘舅居住在东林乡九百亩村，每年居住于九百亩村的三王娘舅过生日时，人们便要将山上庙中的三王泥塑抬下来，走村串镇一直护送到九百亩村，形成了一年一度热闹非凡的三王庙会。

三王下山给娘舅拜寿当地人称为抬菩萨，实质上是三王出巡。三王出巡场面相当壮观，有大锣、大镲、大鼓、唢呐、喇叭、竹箫等乐器，八个人抬着坐于轿中的菩萨神像，一路鼓乐齐鸣，炮声咚咚，旗帜飘舞，缓缓而行，炮是铁管制成的铳，点燃火药后从铁管中发出巨大沉闷的声响。

菩萨出巡时，许多还愿的人戴着手铐，扎着香炉，三步一拜，七步一磕头极其虔诚。

湖州东林乡一带信奉三王菩萨，但在距离不算太远的奉化境内，却很少有人知道，奉化一些村镇信奉的却是畸山菩萨。畸山菩萨据考证乃是宋代贤吏肖世显，肖世显曾在奉化当过县令，他为官清正，廉洁奉公，敢于为民作主，所以深得百姓拥戴。

有一年奉化大旱，蝗灾骤起，眼见稻谷即将被蝗虫吃尽，在中国古代人们把蝗虫当成神，是无人敢扑杀的，肖世显为了灭蝗保田，首先要解除百姓对蝗虫的疑惧敬畏心理，于是带头吞食蝗虫。

在当时那种情况下，他的举动堪称石破天惊，震人心魄。在他的带领下，全县农民纷纷起来扑杀蝗虫，于是灾难被制住了，稻田得到了保护，全县人免于受饥饿的威胁。

可是肖世显因食蝗虫中毒身亡，人们为了纪念这位为民解难的县官，于是将他当成神来敬奉。

这就是畸山神出现的原因。

畸山神的诞辰是六月二十八日，在这一天奉化一些农村举行抬神出巡庆典的活动。但是这里的抬神出巡活动在内容上与湖州东林乡三王的抬菩萨活动有所不同。

我们在溪口畸上村考察时，村里治保主任皇甫妙庄曾对我们讲述了几十年前他亲自看过的一次抬菩萨的活动。

这里抬菩萨出巡是由牛头马面开道，后面是七个小鬼，小鬼手持铁链、拘魂牌水火棍等，边舞边行，在小鬼后面，是白无常、黑无常押着刁刘氏。

刁刘氏是民间传说中谋杀亲夫的泼妇，所以她脖子上拴着铁链，身着黑色囚服，脸是抹着红黑油彩。

鬼队中除了刁刘氏外还有鸦片鬼，面黄肌瘦的鸦片鬼被其老婆用竹片敲打着蹒跚前进，最后才是四个人抬着畸山菩萨的轿子。

为什么畸山菩萨出巡的庆典活动中会出现如此多的鬼与罪人呢？这可能因为畸山菩萨生前是县令又是为灭蝗灾而亡，断案惩凶乃是县令的主要职责，那些牛头马面七个小鬼，黑白无常象征衙役。

刁刘氏并非奉化人，在北方有关刁刘氏的传说也很广，但出现在畸山菩萨出巡的行列中，这也是为了说明肖县令铁面无私，断案如神，他绝不允许谋害亲夫的刁妇逍遥法外。至于鸦片鬼更有一定的现实意义，中国自从鸦片战争失败后，

西方列强大量将鸦片倾销中国，人们痛恨之，但又对制造与销售毒品的洋商无可奈何，于是将怨恨凝聚在对抽吸鸦片烟人的身上，鸦片鬼成了人们痛斥鞭挞的一个形象。

从这里可以看出奉化一带农村所信奉的地方神，地方神的职能很广，但主要还是要对人们谋生方式起着保护作用。奉化畸山一带除了以种稻为主外，还有一些人家是烧缸外销。溪口周围一些农村烧缸业较发达，几乎村村有烧缸的龙灶，大批缸烧成后要往外销售，那时节陆上交通不便，主要靠水运输。

在水上行船风险较大，尤其到舟山群岛卖缸要驾船出海，更是危险重重，于是船户们便将安危寄托在畸山菩萨身上。

同样是浙江，但在温、台地区沿海渔民却信奉杨府神，可在奉化溪口一带为了保佑水上行船平安都崇敬畸山菩萨。

从以上一些例子可以看出来，在吴越地区尤其在浙江东北一带对地方神崇拜是相当普遍的。

地方神的特点是：信仰区往往局限于一村或几个村，很少超过一个县的；地方神众多，大体在本地区权力相当大相当广，一尊神基本上管辖了人间的祸福。

所以可以称地方神是某一个区域的保护神。

四、江南水乡地方神崇敬的原因

这因素很复杂，但基本上可归纳为三条。

1. 地域造成江南信仰自成体系

江南水乡主要是指江苏、浙江，江苏又是指长江以南。

在古代长江天堑造成了南北自然的隔裂，造成了文化经济交流上的一定困难，尤其浙北邻近太湖区域，更是江河溪渎密布，主要交道是靠船楫，水上行舟，自然要比陆上驶车马要艰难，这样形成了区域与区域之间的独立性。密布的江河似乎是一道道天然壕沟，将大地划分成许许多多板块，每一个板块往往是一个行政体，这样造成了每一个行政体有自己独立的文化体系，这从各地所流传的歌谣、谚语与民间故事中可以看清楚，堪称五里一风，十里一俗，风俗的相异使信仰也发生着变化，于是形成了以县或以村镇为核心的信仰特色。

江南水乡有较强的地域性，一定的地域既有与其他地域、特别邻近的地域的民间信仰有共同的内容，也有与其他地域不同的特殊内容。

2. 政治与地方信仰的关系

我们说，中国有极长一段时间政治中心一直在北方，统一的中国建都地一直以黄河流域为主，如西安、开封、洛阳、北京等。

神是人造出来的，秦始皇统一中国后，就由国家把各地主要神灵都供奉起来。西汉至唐代被民间所供奉的神陆续建立起庙宇，由于统治者的宽容与提倡，数百位神灵逐渐在民间扎下了根子，成了不同类型人信奉的对象。

比如生意人信奉财神，帮会江湖人信奉关帝，医师信奉药神，一般老百姓尤其妇女信奉观音，农夫信奉龙王，文人信奉魁星等等。

在中原一带，随着历史的推移，诸神一个个被创造了出来，并且根据需要逐渐到位，到了宋代被民间崇敬的神基本上定型了。

这些神庙佛寺遍布中原大地，成为华夏亿万民众的心灵偶像。

但是这些被黄河流域普遍接受信奉的神灵并没有深入江南一带来，这是地域上的原因及政治上中心的偏离。江南一带也信奉中原大地上所形成的众神，但程度上比北方淡薄得多，在信仰上有一定填充性，易于根据自己的需要来制造，选择地方神。

3. 历史变迁经济兴盛地方神信仰的涌现

近一二百年来，因为五口通商，江南一带接触西方文化要比北方捷速。由于西方文化的涌入，经济上的兴盛，生产方式南方比北方要快捷得多，经济繁荣，文化也会发生变化，文化的变化造成了信仰上的需求。

但是，中原之神对江南一带影响不算太深，西方传教士所传播的基督教，天主教人们又抱着排斥心理，极难在中国土地上普及起来。

于是，根据生产、生活所需要江南水乡各个特殊的区域便需创造一些地方神来填充信仰上的空虚。这是地方神出现极重要的原因。

在我们考察中江南一带地方神所出现的时间都不算久远，大部分是宋代以后的历史人物。这些历史上所出现的人物，大都与当地有着密切的关系，对当地的生产发展，民间疾苦与安乐起过一定的作用。

经过短期的调查，得出以上结论，有些地方很难把握准确，不足之处定然很多，望有识之士给予纠正。

要旨

農耕信仰と地方神の特徴

馮 育 楠

　江南農耕文化は、主に揚子江下流における江蘇省南部及び浙江省を含む古代の呉越地区の稲作文化を意味する。この地域は農業を主とし、漁業、林業、養蚕等各種の生業形態をとっている。一方、江南地区では河川網が密集し、交通手段のほとんどは船である。そしてこの地区は、南宋時代に入って初めて黄河流域の文化と幅広く融和し始めたので、遙か古代からの地域文化信仰を持ち続けている。

　江南の地方神と農耕信仰の主な特徴は二つある。第一は、動植物神が保存されたことである。動植物神の起源は古く、江南では田うなぎ、石蛙、ドジョウ、鰻などの水生動物は龍の化身と考えられ、水神とされた。これに対し浙江省の山間地帯では、多くの村でクスノキ、楓、ナツメ、銀杏などを樹神と考え、村の風水樹として崇拝している。第二の特徴は、多くの歴史的人物神を創造したことである。ほとんどは歴史書に記載されている人物であるが、なかには歴史的事実を基礎とし、それに脚色を加えて作られた人物もある。村民は彼らを地方の保護神として奉じ、必要に応じてそれぞれに神性を賦与した。例えば、温州の楊府廟では楊家将七人兄弟を崇拝し、さらに楊八郎の楊巡風という架空の人物神を作りだした。彼は海上の風を治め、波を鎮めた。奉化市の崎山村に祀られている崎山菩薩は、実は宋代の肖世顕であり、彼は有能な官吏として奉化県の知事職を勤めたといわれている。東林郷の三王菩薩も、歴史上この地域の有名な人物である。

　このように、江南の地方神には信仰が小区域ごとに分散、独立するという特徴があり、黄河流域に比べより多くの複雑な局面を呈している。ここに多くの小区域からなる江南水郷の特徴を見ることができる。

麻雀送谷送子的传说与信仰祭祀

陈勤建

麻雀，在中国是一种灰褐色名不见经传的野生小鸟，自古以来，似乎没得到过人们的豢养和玩赏。20世纪50年代末，为了粮食的丰收，它被列为四害之一，遭到全面的捕杀，后幸有生态学家出面保释，才得以免受灭顶之灾。可是，1992年8月和1993年12月，我作为中日农耕民俗考察团成员，二度赴浙江宁波、温州、绍兴、桐乡、湖州等稻作区调查中，意外地发现，当地的稻农，对麻雀另有一番特殊的情感，在他们流传已久的俗信观念中，麻雀是有恩于人类的"雀仙"，它不仅为人们送来了最初的稻种，还为人们生儿育女作贡献。稻农不仅宽容它吃稻谷，而且，每年要举行一两次祭拜活动。虽然，这祭祀活动，在今天已很少见了，但是，在稻农的心底里还依然存在麻雀送谷、送子、祛病驱灾的神性。据我们所知，这种对麻雀神性的传说与信仰祭祀，在以往的文献中，似乎还没有过专门的调查、整理和研究。现将我考察、调查的材料和认识汇报如下：

一

中国有句俗话："民以食为天。"七八千年来，素以稻米为主食的稻农，对维系自己生命延续的稻谷，向来怀有特别崇敬的情愫。在他们心目中，犹如日月中天的稻谷，不应是人间的凡物，它是哪来的呢？浙江奉化、宁波、丽水、金华等传统的水稻种植区，稻农间广泛存在这样一种信仰观念：稻谷原是天上的宝物，是送谷神麻雀等动物偷运下来，为人间造福。1992年8月29日笔者随中日农耕民俗考察团，在距7000年前中国稻作生产的发祥地——河姆渡文化遗址几十公里的奉化市溪口镇畸上村考察中，采访农民夏华兴（男，65岁），他说："老古话传下来讲，稻谷是麻雀带来的，麻雀吃点谷不要紧，吃也没多少，是自家找自家的东西吃。"麻雀吃稻谷，损害水稻的收成，可老农却以为不碍事，还认为它

吃得有理，理应让它吃，因为稻种是它偷来的。稻作区流传的民间故事，意味深长地反映了这些说法。

流行于浙江宁波定海的传说云：

> 传说盘古开天地以后，地上本吥没人，是天上放落许多虫子，虫子变成了人。这些人繁殖得交关快，不久，地上的人多得像蚂蚁。人多吥没东西吃，连草根和树皮统吃光啦。就开始偷和抢，天帝知道后，想用油雨灭绝人类……一场油雨过后……人要饿煞。这咋弄呢？后来一只麻雀从天上衔来一粒谷，可这粒谷正巧跌落到石板缝里。老鼠知道后，把其用嘴咬出来。这粒谷麻雀吥没吃，老鼠吥没吃，就做种啦。"粒谷种九年，湖广都种遍。"至今已种遍天下了。因当初稻谷是麻雀衔来的，老鼠咬出的，所以现在老辈人还说："麻雀吃谷，吥没罪过。""老鼠吃点呢，也吥罪过咯。"①

流传于浙江武义县的传说云：

> 谷种只有天上有，凡间只种芦稷和粟，怎么办呢？老鼠和麻雀自告奋勇，它们俩拼起来飞到天上去偷。
>
> 天上的谷种是大肚罗汉掌管的。大肚罗汉防心很重，生怕被人偷去，连谷仓里也勿放，装在麻袋里，整日垫在屁股底下，玩当凳坐，又可防偷。想勿到老鼠有偷天的本领，它触撬墙洞，还怕你麻袋勿成？一日夜里，老鼠乘大肚罗汉困熟之际，钻上去死命一咬，麻袋被啃出一个洞，谷种从麻袋里漏了出来，麻雀飞上去叼起谷种就溜，把一粒粒谷种撒到种谷塘里，因老鼠和麻雀偷谷种有功，以后每逢稻谷成熟，它们首先到田里尝新。②

流传浙江松阳地区的一则传说云：

> 很久以前，人间没有稻谷，大地一片荒芜，人们饿得昏倒在地，个个骨瘦如柴。

---

① 《人狗成亲》片断，讲述者，陈如福，男，1917年生，文盲，定海岑港镇古次村农民。
② 引自《虞舜开田》。讲述者，张舍囡，男，1928年生，武义县后树乡黄泥坑村农民。

玉皇大帝看到人间这副样子，就叫天鼠衔一粒豆样大的谷子，送给人间播种。天鼠衔起谷子，刚到半空，碰到一只麻雀。麻雀点点头，说："我帮你送吧！"说完接过谷子就朝人间飞。麻雀飞得著（吃）力了，停在一块断岩上歇息。气一透，口一开，圆滚滚的谷子骨碌碌掉到岩缝里去了。麻雀慌忙叫着"急急急"，真把人急死。

蚂蟥听见，从水沟里钻出来。麻雀把天鼠交给它送给人间播种的谷子掉到岩缝里的事，一五一十说了一遍。蚂蟥听了，把身体一缩，滚下岩缝。不一会儿，身上粘着谷子从岩缝里爬上来了。麻雀急忙衔起谷子飞到田里，小小心心放下，又盖了一层土，种起了谷。从此，人世间才有饭吃。

玉皇大帝晓得老鼠、麻雀和蚂蟥有功劳，就对麻雀说："候种田人把谷子种好，你去吃田里那些瘪谷吧。"又对蚂蟥说："稻谷花开了，你就去吃谷花，好让稻谷早些结果。"在一旁的老鼠着急地问："我呢？"玉皇大帝看了它一眼，说："田边会留三棵谷子给你的。"老鼠、蚂蟥和麻雀都高高兴兴走了。

麻雀到了地里，不知哪些是好谷，哪些是瘪谷，就在稻头顶上乱跳乱飞乱吃。蚂蟥错把吃稻花听作浪花，看到人下田，双脚起了水花，就拼命叮牢不放。老鼠走到田头，到处寻不到三棵谷子，也乱咬乱拉乱吃，还到人家里，咬仓咬柜不饶人，与人势不两立。①

散居在浙江金华、丽水地区畲族民间传说则云：

传说，稻谷种子原是天庭上的宝珠，稻米叫作珍珠米。但只有天上的神仙才吃得上珍珠米。地上的人只吃百草过日子。日子长了，人们总想换换口味。

盘瓠王听讲天庭上有稻米吃，想弄点落来给人们尝尝。

一日黑夜，盘瓠王拣了一只口袋，驾起龙犬飞到天庭，勿一会，他就弄到一只口袋谷神，悄悄地往回走。勿想他偷谷种的事早有天神禀告了玉帝，玉帝派了天兵天将赶走，盘瓠王背着谷种同天兵天将打了起

---

① 转引《浙江省民间文学集成·松阳县故事卷·稻谷的来历》。

来，直打得天昏地暗，盘瓠王势力单薄，被天兵天将打落山崖，跌死在一株万年古树杈上。谷种撒了一地。这时飞来一群麻雀，只只衔了一粒谷种飞到凤凰山，把谷种吐给盘瓠的子孙们。子孙们把谷种播在田里，抽芽、开花、成熟，长出了一个个沉甸甸的稻穗。王后三公主讲："这稻种是先王盘瓠舍命取来，每年尝新米，让他先吃。稻草又是麻雀口衔得来，新谷成熟，也让它们先尝。"

此后，农家每年新米上锅，第一碗饭要放到天井的桌子上，烧香祈祀盘瓠王，请他尝新米。这就是尝新米的来历。还有麻雀呢？因为三公主有话在先，所以每当稻谷成熟，它们就飞到田里吃新谷。①

浙江东阳县的一则传说云：

> 早先时候，地上没稻。没稻就没米，没米便没饭，人们吃的都是野菜和葛衣。那时候，稻只在天宫里有种植，珍珠白米只有天上的神仙才能吃到。
>
> 天上有个七仙女，她心好，看到地上的人吃得差，面黄肌瘦，很同情，打算偷些稻种给人们种，可是天宫规禁严紧，稻种全藏在金仓里，外面封了十八重门，加了十八把锁，钥匙由十八位天兵天将掌管，想偷一粒稻种，实在难。但是，七仙女勿泄气。
>
> 仓里的稻种偷勿到，到厨房的米堆里挑几粒稻谷也好。七仙女经常找个意头去米堆看。可是，看了几个月，一粒没寻到。
>
> 这事让伙房的烧水神晓得了。他心也好的，问七仙女："你寻啥呀？"七仙女答："勿寻啥。""勿寻啥？你为啥常来看？勿要骗我了，宫墙外砻糠山里去寻吧。"
>
> 七仙女听出烧水神的话中话，向他话了声"谢谢"便走了。她要到砻糠山去寻稻种。可是，宫门守得严，宫墙又高，她如何出得去呢？七仙子忖去忖来忖不出啥办法，只好把事情告诉地上的人，让人自个想办法。
>
> 这日夜里，七仙女便向人托梦："你们想吃珍珠白米否？你们得想法到天宫宫墙外砻糠山里去偷稻种呀！"
>
> 人醒来一忖，对呀！只要有珍珠白米吃，便是上刀山下火锅也心甘

---

① 《尝新米》，讲述者雷四元、畲族，1931年生，小学，农民。

情愿呀。可是，天宫那么高，人上勿去呀。人犯难了，便找麻雀商量。麻雀讲："去是愿去，只是以后你们人把稻种成了，得先分一份给我吃。"人点了点头。麻雀唱起歌："麻雀娘，采砻糠，采粒谷，供姑娘……"边唱边振振翼股上天去。

麻雀飞呀飞，飞上天，总算寻到了砻糠山，笃的，笃的，笃的，便采起稻种来。它采一粒，便从云缝里往下丢一粒；采两粒，便丢两粒。采了三三见九日，地上已积起一小堆了，人便把它们搬进家里，藏藏好，等来年开春便可种呀。

可是，麻雀娘偷稻种的事被天神觉到了。玉帝一听，气得险啦，派天兵天将把麻雀拘了，抽了它的长翼股毛。从此之后，麻雀便只有短翼毛了，再也飞不高了。

天兵天将又到地上来了，来夺稻种。人慌啦。把稻种藏来藏去四处乱藏，藏这勿是，藏那也勿是，一时没了主意。这时光，狗来了，对人讲："主人啊，藏在我身上吧。"人忖了忖，也对，便把稻种一粒一粒地藏进狗的毛丛里。狗摇摇尾巴，躲开了。

天兵天将赶到人的家里，屋里屋外地搜了个遍，啥也没搜到。一抬头，发觉了远处逃走的狗，料想稻种一定藏在狗身上了，起身便追。

天兵天将在后头用劲追，狗在前头用劲逃。逃呀逃的，一条大河挡住了。狗呆了呆，便跳进水里。狗落水了，只露个头和尾巴在水面上，身上藏的稻种全掉出，随河水淌走了。天兵天将一见，高兴了，看看稻种已被水淌去，便回天上去了。

狗拼命地游，游呀游，游到对岸，搜搜毛，发觉稻种没了，便汪汪地哭。这时，人赶来了，拽起狗尾巴一看，好啊！尾巴尖上还藏着十几粒呢。人便把十几粒稻种小小心心地取下来，包好，藏起，到了第二年开春便种到地里。以后，一年一年地发，人间便有了稻谷。

由于稻种是狗"逃"下来的，所以人们便称它为"稻"；是麻雀采来的，后来稻熟了，总是由麻雀先吃；是狗尾巴里藏下的，后来稻穗熟时便像狗尾巴的样；是七仙女托梦的结果，后来人们在割稻时要先请七仙女吃，叫"尝新米"。[①]

[①]《稻的传说》，讲述者，丁新春，男，1905年生，高小文化，农民。

稻谷怎么发现的？人们怎么想到用它做主食？历史对此没有文字的记载，地下考古也只是发现它的存在而无法说明它如何被发现和利用。然而，我们的先民却以"口传的历史"——活的民间传说传递了其中的奥秘。上面现存于稻农口头的五则传说，对稻谷的来历，各自以荒诞的形式，叙述了老鼠与麻雀；玉皇大帝、天鼠与麻雀、蚂蟥；盘瓠王与麻雀；七仙女、麻雀与狗联合行动将谷种从天上，或盗、或赠、或抢、或偷，送至人间的曲折经历。每则故事中参与者，各有侧重，然，麻雀却是其间必不可少的主力军。无论哪一种护送稻谷的场境，总少不了它出场，关键时刻，总是由于麻雀的出现，才逢凶化吉，使稻谷安然得以传到人间。这说明什么？令人深思。英国古生物学家赫胥黎曾指出，古代的传说，如果用现代严密的科学方法去检验，大都是像梦一样平凡地消失了，但是，奇怪的是，这种像梦一样的传说，往往是一个半睡半醒的梦，预示着真实。上述五则稻谷来历的传说，也是这样的一个梦，然而，各个民间传说不约而同地将稻谷的发现与麻雀的作用连在一起，视它为功臣与英雄，不是无缘由的。其间遗留着当地先民稻作生产发生期的一个久远神秘的集体记忆，一种古老的文化密码：稻谷与麻雀一类鸟的关系十分密切。人们恐怕就是从麻雀一类鸟的鸟食中得到启发，发现稻谷食用的秘密，从而进行人工栽培，作为自己的美食。

据一些考古专家推测，河姆渡的先民，大约是在烤食捕捉的鸟类时，偶尔见到其肚中被烤熟了的野生稻谷，品尝到进而萌发稻作生产的。据当地的稻作民俗与史籍残留的一些记载，我们可知在人工栽培水稻历程中，经历了野生稻自生自灭及人类巧妙利用自然生物生态的生长环境，进行"鸟田"生产水稻的中间环节。而中间鸟的作用，又特别重要。①

《越绝书·越绝外传记地》云："神农尝百草，水土甘苦，黄帝造衣裳，后稷产稻，制器械……大越海滨之民，独以鸟田，小大有差，进退有行，莫将自使，其故何也？曰：禹始也，忧民救水，到大越……开以报民功，教民鸟田，一盛一衰。"

《吴越春秋·越王无余外传》云："禹崩之后，众瑞并去，天美禹德而劳其功，使百鸟还为民田。"

这究竟是怎么回事呢？古代神秘的天人感应说，归于舜禹的圣德，感动了上苍。"天使鸟兽报佑之也"实际，非也！汉代的王充，身为大越海滨土著，依从

---

① 参阅林华东《河姆渡文化初探》，浙江人民出版社，1992年。

小耳濡目染的体验和科学精神指出,"会稽众鸟所居……鸟自食萍。土蹶草尽,若耕田状,壤靡泥易,人随种之",那世俗之鸟田也。后《水经注·浙江水》云:"昔大禹即位十年,东巡狩,崩于会稽,因而丧之,有言鸟来,为之耘,春拔草根,秋啄其秽。"即鸟芸田也。古越先民在驯化野生稻的过程中,显然经过了利用鸟类天然的生物习性,进行水稻的种植。中间恐怕也离不开麻雀的一份功劳。1992年8月29日下午,笔者采访另一位稻农夏高益(男,64岁),他说,"原来当地没稻,人们也不会种稻。稻种原在很高很远的昆仑山上,有一次,一仙鸟帮忙,把稻种衔在秧板上,人也就有了水稻。麻雀就是这仙鸟。"看来,现实的俗说与古老的民间传说及信仰是一脉相承的。远古麻雀与稻种及种植的朦胧记忆,绵亘不绝,萦绕在民众集体的心底里,构成了别具一格的麻雀信仰与敬祀。在百花争艳的鸟信仰中,成为一朵散发泥土芳香的鲜花。

二

据调查,稻作区民众对麻雀送稻种的崇信,还扩展到人自身的生产,即生育。俗信普遍认为,麻雀不仅是送谷神,还是送子神。

以盛产稻米的江、浙、沪民间,对男性生殖器,有一种粗俗的流行称谓"麻将鸟"(读吊音)"麻将"或"麻将鸟"这是当地民众日常对麻雀的俗称。

称男根为"鸟"(吊音),古已有之。《水浒传》李逵骂人的口头禅"鸟"便是。郭沫若先生在论"玄鸟生商"神话时,也认为"鸟直到现在都是(男性)生殖器的别名,卵是睾丸的别名"。然而,明确地指出某一种鸟,即为男根,江浙沪稻作区大约是独有的。日常生活中,当地人说"麻将鸟"本身就是两种含义,一是野生的麻雀,二是男人的生殖器。在农村,常可听到妇人对嚷着要小便的男孩大声喊道:"快把自己的麻将鸟拿出来,不要淋(尿)湿了裤子。"

民众怎么会把麻雀与男根等同起来?是形态的类似还是其他,尚不能定论。然而,从当地远古发生的太阳鸟信仰与稻作生产的关系,以及民众中残存的原始思维原逻辑互渗律角度去推测,人们是从麻雀送种(子)的神性上,把送稻种(谷),与人种(子)联系在一起。

唐代宁波四明籍的医学家陈藏器在他撰写的《本草拾遗》中对麻雀的药用性,作了如下的记载:"冬二月食之,起阳道,令人有子。"分食所敬仰的图腾物,摄入自己体内,借以得到图腾物所具有的神力,本是原始初民信奉的观念和巫术行为,到了唐代,已成为医家的便方,记录在册,可见影响之大,连医学家

也不能免俗。可是，这恐怕还不是最早的实例。据专家林河先生考证，古越后裔，二千年前长沙马王堆古尸墓中，逝世的夫人身旁一罐精制的麻雀酱，就是食而求子的愿望和习俗的显示。我相信，远在马王堆古尸墓之前，这一习俗已大大流行了。值得一提的是，今天，上海、浙江、江苏；从城市到农村，民间仍在流行"麻雀壮阳"的习俗。成婚男子治阳萎的民间土方，就是"打（捉）麻雀鸟吃"。据传，壮阳的关键是吃麻雀的脑袋。中国当代出版社出版的《食物中药与便方》一书也称"麻雀壮阳"，可治男性的肾阳不足之症。据调查，浙江奉化周围三十几个村庄，民间尚遗留祭"谷神（麻雀）送子"的仪式活动。当地民间流行的俗语称："老倌（指丈夫）阳勿起（阳萎），二月十九求雀仙（即麻雀）""二月十九夜烧香，家中无子求麻将（麻雀）"。此俗，解放前后颇盛行，当今，也仍有仿效者。行此俗者，大多是婚后多年仍无子女的家庭。是日晚上，夫妇吃完晚饭后，沐浴净身更衣，摆好香案，梦香点烛，然后双双跪在案前，磕头祈求，并口念一番《送谷神神咒》：

    天有天王天将，地有人王人丁。
    天有日月化万星，地有女娲伏羲传百姓。
    天在上，地在下。
    天地生万物，麻将（麻雀）降人间。
    阴阳配合，育成五官肉体。
    麻将送谷又吃谷，吃出阿福又阿禄，
    吃、吃、吃……赐我阿福又阿禄。
    谷神、谷神，急急如律令！
    百无梦忌，叩头三千。

  民间俗说，麻雀能送来滋养人生的谷种，也一定能送来传香火的人种。故祭拜虽简单，但颇为庄重。反复念了几遍送谷神送子的神咒，又虔诚地磕几下头，丈夫便扛着竹梯，手擎灯火或电筒，往旧庙和宗祠的屋檐中寻找夜栖的麻雀。俗谓，这种地方的麻雀要比其他地方的灵验。捉住麻雀后，不忙带回家，先要检查雌雄，凡是左翅翼掩右翅翼者是雄麻雀，就可以捉回去。捉麻雀时，是男人单独行动，一路上要悄悄的，即便碰上了熟人，也不谈此事。旁人也懂，明知此事也不问。回到家，恭候的妻子帮助，马上将捉到的雄麻雀杀死煮熟。然后，再次跪

在祭拜送俗神麻雀的香案下，磕头祈祷，念《送谷神神咒》，事毕，丈夫便把麻雀吃掉，如此连续十天半个月，据称，颇有效果。麻雀大概是有补阳的药物性。据采样调查，当地13户婚后无孕而在二月十九夜起食用祭祀麻雀的家庭，事后妻子怀孕的有3户。前面陈器藏医书所述，麻雀要在"冬二月食之"，虽然指出那一天，却与现代民间二月十九祭食麻雀求子暗中契合。反过来，也表明，对麻雀的壮阳、宜子的种种说道及俗惯，由来已久。

中国幅员辽阔，鸟类众多，据科学统计，有1166种。在众鸟中，较之于鹰、鸠、孔雀、白鹤、大雁一类飞禽，小小的，貌不惊人的麻雀似乎却是微不足道，排不上号的。可是，民众以"仙"冠之的，除了白鹤被尊为仙鹤之外，就是江浙稻农对麻雀的尊称"雀仙"了。这种尊崇，与民众视麻雀为送谷神，送子神的俗信有着极大的关系。近几年，笔者或随中日农耕民俗考察团下浙江农村考察，或自己下乡调查，发现稻农每年要举行专门的仪式，祭拜麻雀。在鸟类中，能如此长期受人们祭拜，也唯有此麻雀。仿佛是不可思议的，可事实却是如此。农民夏高益说："水稻收割前，家中烧些饭，分头撒在家中房子的瓦片上，请麻将（雀）吃，俗称'麻雀米饭'。因为稻种是靠麻雀偷来的，要感谢（它），每年祭一次，过去农户都搞。"笔者为上海郊区小镇的居民，记得在50年代初，每年春上，务农的外婆总是要我帮忙，将一些青菜切碎，拌些大米，烧一小锅"咸酸饭"（即菜饭）由外婆在院子里向四周天空祭拜后，让我把这些菜饭分头洒向住房的屋顶四边，喂麻雀。那时我才七八岁，不谙世事，今日看来，也就是祭麻雀米饭了。可见，当时这仪式不仅奉化畸上村有，上海浦东农村同样也流行。

祭麻雀，是江浙稻农的一种信仰仪式，时间上，夏高益老农说的，恐有误。据奉化其他地方的一些农民陈耀德（男，76岁），林玲仙（女，84岁），廉奇伦（男，70岁）所述，传说麻雀送谷到人间的日子为农历二月十九日，所以，民间又有二月十九白天祭麻雀的习俗。此俗在1958年以前还广泛流行。祭麻雀时日，户外垒灶，各家妇人取粳、糯、籼米各一杯，加些菜叶烧饭，奉化一带称为"百家饭"。开祭时，按八卦位插香，把百家饭洒向屋瓦或场地一角。祭者一般为家庭主妇，男女老幼，也可参加。待百家饭洒过后，祭者便可跪地向洒过饭方向的屋瓦祈祷，祷语云："送谷神赐福我家，五谷丰登，六畜兴旺，全家平安。"祭毕，在场的人都要吃一口"百家饭"，说吃后人能得福，今年会有好收成，有饭吃。在宁波奉化等地，如果家里有人生病，二月十九日祭麻雀时，还可以为病人

作专门的祈祷："谷神麻雀，赐给仙药。"所谓仙药，就是祭麻雀后剩余的饭菜。据说，人服用后可以除病。有的人还把麻雀吃剩的米饭、菜叶与雀屎收集起来，混合捣糊后治疗痈肿疮毒、喉、乳蛾。沾上一点麻雀的名声和灵光，简陋的饭菜和废料雀屎，竟可以成为仙药，麻雀真是雀仙了。据稻农夏华兴等人讲，过去，农民对麻雀是蛮敬重的，甚至严禁小孩随意掏雀窝，怕惊忧了雀仙，影响到水稻的成长和人们富足安定的生活。所以，每当稻谷成熟期，麻雀成群结队来吃谷粒，一些虔诚的稻农，总是宽容它们，并为它们作历史性的开脱："稻种也是傁自家带来的，打傁是罪过。"这对信奉科学理性的人来说，简直是天方夜谭。可见，在稻作区民众中，多少年来，此类说道和想法，却是活生生的，没有绝迹。这是一个千古民俗之谜，回味无穷。本文仅是一个初步的探索，以期抛砖引玉，指点迷津。

要旨

スズメの穀物授け・子授け伝説と信仰祭祀

陳　勤　建

　中国南方の稲作地帯では、スズメは普通に見られる珍しくもない野性の小鳥である。20世紀の50年代後半には穀物を食い荒らす四つの害の一つとして排斥されひどい目にあった。しかし、中国水稲生産発祥地の河姆渡村、寧波、奉化などの稲作農耕民俗の調査では、これら地域の稲作農民は、スズメに対して別の尊重する感情を抱いていることを見いだした。彼等の間には、スズメは穀物をもたらした神だという一つの信仰があり、スズメが稲を食べても「自分のものを食べているのだから構わない」という。奉化の幾つかの農村では今に至るまで旧暦二月十九日に穀物神としてのスズメを祀る祭りがある。

　浙江の寧波、奉化などの稲作地帯では稲の来源に関する伝説が伝わる。その中ではいずもれスズメが重要な働きをしている。スズメを穀物を届けた神とする信仰は、恐らく数千年以上も前から、稲作農民が稲の由来について集団で記憶し続けてきたものが蓄積してできたのであろう。このことは現代の考古学者の河姆渡稲作生産起源の推測と基本的に一致する。

　浙江稲作農民の、スズメが穀物をもたらしたとする俗信は、原始の思惟が互いに影響しあい、これと人類の子育てが一緒になって、子授けの神への儀礼と関係付けられ、スズメを祀る日の晩、再度祀り、最後に食べるやり方は元気に子育てする目的である。これは子どもの居ない稲作農民の間で広く行われている。

　スズメが穀物、子どもをもたらすという信仰と祭祀は浙江稲作地帯の古代の鳥信仰の起源となった。太陽鳥トーテム崇拝の成立に一つの現存の大変説得力ある伝承となっている。また我々が稲作文化をより深く理解するのに一つの新しい道を示している。

中国的山神与龙王

刘晔原

　　山神与龙王，是中国民俗信仰中两个不同领域的神灵。他们一个在山，一个在水；一个与土石树木为伍，一个对鱼鳖虾蟹称王。在阴阳五行的排列之中，二者是对立相克的。因而就一般印象来说，很难把二者联系起来，探究其相互关系的文章也较少见。笔者在民俗调查中接触了大量的民间传说和民俗活动资料，许多现象表明，山神与龙王的职能与相互关系非常微妙，二者之间存在着某种内在的联系和明显的转化过程。下面我将分别论述二者的衍化情况和相互关系。

一、龙在中国的两种地位

　　在民俗言谈之中有一种说法，中国人是龙的传人，也把中国比喻为巨龙，盼望巨龙腾飞，经济发展。这是比较现代的提法。

　　在封建社会之中，龙是皇帝、皇族的徽章，神圣不可侵犯。皇权统辖之下，如果哪一个人敢于称自己是龙的传人，那是必死无疑，不仅本人要身首异处，连亲戚本家都会遭殃处死。享有全国政权的皇帝、皇族，自诩为真龙天子，四肢五官称为龙体、龙目、龙准。受皇权至上、龙为贵种的封建社会的特殊影响，龙成为高贵的代名词。

　　龙的这一地位既有现实的意义也有神话的根据。帝王之所以认同龙为祖宗，现实的需要是主要的。帝王的位置只有一个，任何有实力的人都有可能靠武力夺取这个宝座，中国的历史从最初的几页便提供了这样的先例。怎样把自己与他人区别开来，确立他们所不具备的权威，成为主要一项任务。于是从汉高祖刘邦开始，便自称母与蛟龙交配，自己是龙种。此后这一传统便沿袭下来。帝王高贵无比，龙自然也贵重起来。其次，中国古代神话中，有大量人与异类成婚而繁衍人类的神话，这种人兽婚而诞育人类祖先的神话被一些民族深信，也被民间信仰接

受,著名者如盘瓠,也被称为龙犬;此外,称龙马、龙猪的故事也都出现过,无论鱼虾龟蟹,还是牛马猪羊,前面加上龙字修饰,便一下子高贵起来。受这样古神话的影响,帝王们创造出自己不同凡人的出身血统,以防止他人效法夺去皇位;这一点在那些由平民而上升为帝王的开国皇帝身上表现得最突出,因为他们最需要这样的声望来服人心,制造出皇位应当归属于他的气氛。"一入龙门身价百倍",由于帝王现实的权力巨大的财富,中国的龙也成为特殊的非有动物,成为一种受崇拜的高贵徽号。

在民间的民俗活动之中,体现的是民间实用性,老百姓不关心高贵尊严那一套,他们玩龙、耍龙、求龙、敬龙,同时也打龙、晒龙,完全根据需要和感情好恶决定,此时,龙从天上降到了地上,变得不那么尊贵,至少不是高不可攀。每当节日和喜庆的时候,民间组织各种玩龙活动,划龙舟、赛龙船、舞龙灯、耍长龙;有布龙、火龙、竹龙、板凳龙等各种名目,人们戏耍嬉戏,龙便成为玩具。巴金的小说《家》,详细描绘了四川正月烧龙灯的情景,人们用各种花炮去轰炸、燃烧玩龙艺人和他们手中舞动的龙,直到把龙烧得七零八落,把玩龙的艺人逗得筋疲力尽才罢手,除去恶作剧的成分,对龙本身也没有什么敬畏惧怕,只把它作为普通玩具戏之毁之而已。更有甚者,在笔者的故乡吉林省,把各种食物也与龙相联系。正月吃饺子,称为吃"龙角";二月吃春饼,称为揭龙鳞,因为春饼要两张合在一起蒸熟,吃时要先把它们一张一张揭起来,很像揭鳞片。过春节杀猪,猪头猪蹄冻起来最后吃,吃猪头常在二月,二月二日俗称"龙抬头日",这一天吃猪头叫啃龙头,吃猪脚称为啃龙爪;至于把面条称为龙须、龙筋就更是人们所熟知的了。在这些民间的活动及日常习俗之中,龙又完全世俗化,可以说无威可言,随处可见,随处可言,无禁无忌。

二、龙王的职守

龙在民间最大的职能是"治水"。治水又分三种情况:

1. 治理雨水。在中原及绝大多数中国农牧区,主要是靠雨水,因而龙便和雨水联系起来。靠雨吃饭也就在某种意义上成了靠龙吃饭,因而人们敬称龙为龙王、龙王爷。如果明确龙的职称,龙就是中国影响最大的雨神。在人们的想象中,龙是用嘴吸起江河湖海之水,喷向应该得到雨水的地方,俗语称细细的小雨是龙王爷打喷嚏,就是这一观念的形象化。龙有了职称职能,便享受人们的供

奉，除语言上称之为龙王爷之外，在村庄靠近水源的地方要盖一个龙王庙，有条件的大庙塑上龙王的像，条件简陋的小庙写一个木制牌位，年节时候烧香供祭。如果一年之中风调雨顺，年底收获后会得到报答。龙王最风光的时候是天旱缺雨的季节，此时，龙王庙里香火不断，人们把龙王爷泥胎抬出庙到田野去巡查，让他了解实际的旱情，请他慈悲降雨，龙王庙一时成为当地的中心！

农民们崇敬龙王，但是这种崇敬并不是绝对的，龙王如果不尽职，久旱不雨，拜祭无效，惩罚性的措施也是严厉的。最常见的惩罚是把龙王摆在烈日下暴晒，让他亲自受苦；陕西省还有鞭打龙王的习俗，一直到他被迫下雨为止。龙王治理雨水的职能是公开的、世俗的。中国的皇历都要标出当年是几龙治水。人们最欢迎的是一龙治水，龙无可推卸，会表现出较好的职业道德，这一年便会风调雨顺。如果是二龙治水或三龙治水，则不会太顺利。

2. 管辖江河湖海之水

江河湖海之水，随季节有涨落，一旦江河泛滥便会给人类带来巨大灾难。居住在靠近江河常闹水灾的地方，便形成敬龙、畏龙的心理。龙发怒，最大的武器是波涛，波涛拍岸，造成大面积的田地被毁。波涛汹涌，打翻船只，吞噬人的生命，这种令人恐惧的现实在民间故事之中得到大量的反映。有一则故事叫《龙生》，是笔者幼年听到故事。说一位贫穷的教书先生，写一笔好字，有学问又善良，教书糊口，家里原有的两亩地靠河，年年河水拍岸，快被吞光了。这一年来个叫龙生的小孩，跟他学字，放学后一人回去，谁也不知他家住哪里。学成后，他告诉先生自己是龙太子，为报答先生，今后河水向对岸流滚，先生的地将大面积增长。河对岸是财主家地，财主刻薄凶恶，威胁先生换地。龙生又让河水回拍，使财主破产。这样的故事形象地把河床的改变说成龙的意志所为，跟龙王感情好不好，会直接受到影响。至于龙王发怒，打翻船只，恶龙吞食人的故事更多，水的世界是归龙管辖的。此外，就中国建筑木结构居多，救火也需要龙王帮助。

3. 龙管辖水中的生物。古代，中国有四种职业，即渔、樵、耕、读。渔，便是指渔民。下河海捕鱼，等于向龙王伸手要粮食，要部下。每天能不能有收获，都要靠龙王的恩赐。水族，无论鱼虾鳖蟹、水藻，都属龙王所有，渔民无法摆脱龙王的影响。民间故事中，龙王为报答人类的功劳，或赠珠避风躲浪，或者赠鱼群使恩人致富。更有龙王赠渔民慧眼，能看见鱼群。至今舟山的渔民，仍然保留在鱼船上画眼睛的习俗。

三、龙的产生及龙的形象

龙的产生历史十分悠久。据学者们的调查研究，在远古图腾崇拜盛行的时代已有痕迹，最有代表性的是中国东南的百越族的龙崇拜。百越的居地约在今日中国的浙江、福建，多临水，因而他们自称是龙的子孙，剪短发，身上纹有花纹，打扮成龙的子孙，据说这样便可得到龙的保护，避开祸害。前页所谈的民俗游戏中的划龙舟、舞龙灯等等，就是由古代祭龙仪式活动发展而来。至今许多舞龙队第一项活动——龙出场，仍称为请龙、安龙。笔者1986年5月去湘西地区调查苗族"四月八"节日活动的时候，看到苗族、土家族多种形式的龙舞，布龙长达五丈，由三十余人舞动，板凳龙较短，一条板凳一米左右，三条板凳即算一龙，或两条板凳代表两条龙，相对而斗耍，完全是一种庆祝的舞蹈，但是其出场仍然保持请龙、安龙的名称，明确表示出原初之时，请出龙王，把它安稳地放在祭供台上，人们向其顶礼膜拜的意义。龙队出场时鞭炮齐鸣，十分热烈，也自然带来几分的神秘。浙江省温州地区的祠堂里，悬放着龙舟，叫困龙，意为龙正在睡觉；待要划龙舟时，提前把龙舟放下来彩画后下水，称为醒龙，要祭拜香烛。这些民俗活动均表明龙在信仰中受崇拜的悠久历史和传承下来的敬龙意识。

龙的形象在中国有许多表现。为人们所熟悉的形象的巨角、巨眼、巨头，长牙伸出唇外，躯干是蛇，鹰爪，鱼须鱼鳞，显然，这不是自然界实有的动物。原因即在于它不适应当时的水、陆、空生存环境。无翅、巨头，当然飞不起来；巨头、鹰爪，不可能在水里浮游，巨角、无腿，也不适于在草地或森林中生存。对比复原的恐龙、河马等形象，可知龙形象的虚拟。尽管中国古代的书籍中有养龙、食龙等记载，但绝不是现在人们公认的这种形象的龙，因为同音同名，完全可以是不同的动物。中国东北的野生珍禽有"飞龙"，古生物中有恐龙，其形象特点不啻相差万里。何况中国古代观念中的龙居于水府，能腾云上天，能幻化，完全是神话形象。所以尽管不断有人考证出龙的原形是扬子鳄、是闪电、是蛇，始终难以定论。形象上的争论，不影响其职能，不论持哪一种龙的形象原形说，对其治水的影响力都是承认的。与这一影响相媲美的，是龙为"高贵"的代称。民俗之中一切出发点都是以此为基础的。龙属水、龙属贵，水中的资源丰富，龙贵为水中之王，龙王所居的龙宫被想象得富丽堂皇，拥有无数的奇珍异宝，鱼虾龟蟹是龙王的部下，水中的小朝廷归龙王统治，有军队、有将相、有龙太子、龙

公主，民间故事创造了富有、高贵的龙王和它的家族的一系列形象。

四、山神的产生及权力

中国多山，山神产生自远古的自然崇拜，在狩猎和采集为主要衣食之源的时代，山是人类的依靠，山神权力几乎等于全能的大神。山深林密，凶猛的野兽出没，吞食人命，入山者要拜山神；山洪暴发，毁掉村庄，村居者也要拜山神；战争发生时，山是屏障，王者要敬山神，因而在古代，山神是具有多种权力的大神。

山，最初作为接近天的最高处，被看作是神的世界。山是天梯，山顶就是天街，山上是天上神灵的苑囿。著名者如中国西北的昆仑山和东南的泰山，都是古代著名的神山。这两座山的山神一位是西王母，一位是东岳大帝，都是中国古代地位显赫的大神。皇帝都要亲自朝拜，无论传说周穆王会见西王母，还是历代皇帝去泰山进行封禅活动，都是对山岳的祭祀，认为山神是天帝的使臣，掌管人间一切。以后又有了海上三仙山即蓬莱仙岛故事，长生不老的仙药就生在岛上；人在山中能修炼成神成仙，动物在山中修炼能变化形体，练武者进山修行则能成为异勇之人，一下山便出手不凡，都充分体现了山为神的世界的观念。

从民俗调查来看，山神的信仰是很普遍的，浙江省山区的调查表明，村庄旁的山上多建有庙，对山有种种灵验的传说。即便是河北省的平原地区，靠近政治中心的村庄，山神崇拜也很盛，只要县境内有山，民间便会建庙祭祀，没有山的地区，把高一点的土丘作为山神的居处来祭祀。地方性山神的职能很多，归纳起来大体上有以下几种：

1. 管理山中的鬼怪、动物。
2. 管理山中的草木果实。
3. 管理山中的水源。
4. 负责所在地的平安。
5. 能帮助一切人和动物、植物获得灵气以通神。
6. 掌握人类的祸福寿命。

高山大岭，林木葱郁，百草繁生，野兽充斥，对于附近的人们来说，是取之不尽用之不竭的宝库，衣食所赖自然在精神上有幻化。药材是重要资源，中草药多来自山野，故山神有能力掌管人的寿命。山上柴、山里兽，供樵采、供狩猎，成为财富，更兼山中蕴藏各种矿藏，在人们的非科学的观念中，山神便掌握各种

宝物。笔者在民俗调查中不止一次听到某山神爷年三十开山门，用金豆子救穷人；某山有金马驹等宝山型故事。至于进山樵采，狩猎的人们在山神的帮助下，猎到大动物，采到名贵药材发家致富的故事更多了。这种山神崇拜也出现在日本。笔者1993年在日本九州山区调查时发现，当地现在仍然建有山神庙，进山打猎的人要拜山神，如果打到野猪，要去山神庙拜谢！山神能镇守一方，保平安，在中国春秋时代是极盛行的信仰，山岳大川，都被视为国本，发生了灾害、战争或者疫病流行，都要隆重祭祀以求免灾去病，《左传》中祭山的记录多次出现。

在山神的各种故事传说之中，山神的形象却始终未有统一定形，远不如龙王形象那样普及明确。在东北各地伐木、采集行业的人们心中，山神是一位和善的白胡子老头。除人形之外，西王母是半人半兽形，豹尾虎齿，另一位昆仑山神陆吾是人面虎身虎爪。此外，山中动物如虎、野猪、巨蛇也能代表山神。至于东岳大帝即泰山神因是皇帝多次为之加封的神灵，完全人形化、帝王化，是一位头戴平天冠，身穿龙袍的皇帝形象。山神的宫殿不如龙宫富丽、完美，民间故事中很少谈到山神的宫室，即便讲到，也只是普通富裕一些的农舍。在民俗信仰中，以树墩为山神的座位，进山的人不能轻易坐，树木是山神的衣裳，毁坏了要受惩罚，山泉是山神的血脉，不能污染，这方面民间故事也好，民俗信仰也罢，都未见细致的描绘。只有古代书籍中记载的昆仑悬圃和泰山，有行宫一样雄伟的宫殿和琅苑圃。山神在民间故事和信仰中，没有龙王那样的威势，没有军队，也不像国王，高贵印记不明显。在现实中，山神从未和皇帝的血统发生联系，因而也没戴上王冠，始终是位原始古朴的自然神。

五、山神降雨解旱的功能

山神在古代具有降雨解旱的功能，早有古书记载，也有民俗事象证明。《荀子·劝学》中讲得最明白："积土成山，风雨兴焉！"山是直接产生风雨的地方。风雨也就成了山神手中惩罚或奖励的手段。《史记》记有秦始皇登泰山不尊敬山神被暴风骤雨惩罚。东北满族进长白山挖人参，从山脚便要肃然，不许拍手、不许吹口哨、不许喧嚷，否则山神便会用暴风雨惩罚进山的人。反之，有了旱灾，向山神祈求，山神会适时降雨，东岳泰山神的功迹之一，便是有求雨者立应，保佑一方免受旱灾之苦。也不仅泰山，几乎所有山神都在地方享有降雨美名。1989

年，河北省正定县隆兴寺内出土了两块汉代石碑，一块叫"祀三公山碑"，一块叫"白石神君碑"。两块石碑原来都立在山神庙中，三公山、白石山，是两座山的名字，山下原有山神庙。第一块石碑又称"大三公碑"，"元代汉祀三公山碑"，刻于汉安帝元初四年（117），三公山，又称"封龙山"，这一年该县大旱，蝗灾肆虐，人民流离失所，人们祭山神得到大雨。第二块碑民间称为白石山碑，立于汉灵帝光和元年（183），碑文歌颂白石山神的灵验，附近各县来求雨，都按时得到应验，使当地年年丰收。碑文原文很长，详细记述了人们隆重祭祀山神的场面和感激心情。这是古代人们向山神求雨并得到灵应的记录。在民间，直到1949年之前，仍然存在向山神求雨的民俗现象。当龙治水的观念深入人心之后，向龙求雨与向山神求雨的现象又出现某种结合。

1992年8月，笔者在浙江省农村考察民俗，宁波地区解放前天旱求雨的活动引起我的注意。求雨活动形式很多，其中的一种叫作"请龙"。请龙又称"接龙王"，顾名思义，就是把龙王接到大旱的村子供奉，请龙见到旱情下雨救灾。浙江省水网密布，江河很多，宁波地区又靠海，按常理，龙属水王，应当到近处湖海去请。然而当地民俗传统做法却不允许这样，也不去龙王庙抬塑像。请龙一定要到深山中的水潭去请。进山时有山神庙处先要祭山神，无山神庙处也要找一处山神庙的替代处摆供祭拜，说明某村为求雨要进山请龙。请龙队伍来到山中某地的水潭边，照样摆祭品点香烛跪拜恳请，同去的道士念起"催神咒"，人们敲锣打鼓，放火枪，燃鞭炮，一时闹得深山鸟惊，水塘蛙跳，这叫请龙出行。龙非实有自然请不到，作为龙的表征物是水中的蛙、蛇、鳝等小动物，实在没有蚯蚓也可以，只要它们受惊出现，捉住一种，便是"请到了龙"。人们把它放入随行带来的陶罐里，郑重其事地抬上，同时再鸣炮，宣告龙出行。一路恭恭敬敬抬回村中求雨棚内供奉。如果近期下了雨，要唱戏酬神，然后恭敬地将龙原路送回。请龙的活动耗费人力物力，非一村能独立完成，常常是大旱难耐时几个村联合行动，沿途各村协助。当然降雨也有份。据笔者的调查，此俗流传很广，除浙江之外，位于黄土高原的陕西北部，山西也都有请龙求雨要拜山神的习俗。山神的降雨和龙的治水，出现了某种重叠。

六、山神与龙王的关系

山神和龙王在降雨的问题发生了联系，这给我们分析山神和龙王的关系带来

了启发。从表面上看，山神与龙王是不相干的两个领域的神灵，而在中国古代的观念之中却是一体的，这就中国古代的山水一体观念。在《山海经》中具体化为以山为主，水皆产生于山。各种能降风雨的怪神都住在山中，是山神而兼水神。因此，山神具有管理山中各降水怪神的权力，请龙要到山中去请，要先祭山神，应当说它的源头是十分古老的。

山水一体，以山为主的观念在中国古代的神话之中表现极为突出，中国古代著名的盘古大神，在本质上就是山神。山能撑开天地，是天柱。盘古在天地不分的时代孕育，天日高一丈，地一厚一丈，盘古日长一丈。也就是说，他长高一丈，天和地也就被支撑得离开了一丈。盘古死后，又还原为山，主要头颅躯干都化成山岳，据《述异记》记录的秦汉时代的民俗传说讲，盘古氏头为东岳，腹为中岳，左臂为南岳，右臂为西岳，足为北岳；又说盘古头化为山，毛发化成草木，脂膏化为江海，或血脉化为江河。总之，山水都是盘古一体所化，但化成山是主要的，江河是附属于山的。盘古为山的古代俗传，在现代的民俗活动之中仍有表现。河南省桐柏县至今有一座山称为盘古山，每年农历三月初一至初五（公历4月初）传说是盘古生日，盘古山上有庙会，远近村民来烧香祭祀，唱戏酬神，盘古不仅管山中泉水，每年还可以下三次雨救旱。所以盘古山方圆几百里年年风调雨顺，当地人们都不愿离开这里。谚语说："东南西北搬，离不开盘古山"。

山统辖水的又一表现是，属于山神神格与属于水神神格的神灵相遇，经常以水神为恶神，以山神为正神。著名的洪水神话中的共工，是著名洪水恶神，他一头撞倒了天柱不周山，引发了洪水。大禹治水，治服了多种水怪、恶龙。这位受后世敬仰的大禹及其家属，均与山有其种联系，他自己能变形为熊，打通轘山，手中石斧可以劈开一切阻碍，他的妻子名涂山氏，儿子启生于石。禹征服恶龙或水神，土石变成为宝物。民间故事《蛮龙归正》，讲禹治水，蛮龙破坏。于是禹一抖袖子，用一块五彩石放在蛮龙的两只龙角之间，顷刻五彩石膨胀变大，撑得龙角几乎要掉，痛得恶龙只好像玄龟、应龙一样归顺禹。

《白蛇传》的故事，是中国著名的四大民间传说故事。白娘子是蛇，属于水族，所以能够发起洪水围住金山，表现出对水的支配力；但金山终究是水涨山高，白娘子以失败告终；更何况白娘子的能力是在峨眉山修炼得来，山高水低的传统仍然存在。

七、山神的式微与龙的发达

究其远古，不仅山神的权力大过龙王，甚至可以说，龙根本无甚地位。在神话传说之中，龙只是神或人乘的畜生，因其能飞，所以像黄帝、夏启都乘龙上天，驾龙巡游，其作用与马大同小异。即便是道教兴起之后，龙王的地位也不高，居于水中，要靠玉帝的旨意行事，如果违抗了玉帝，犯了天条，还要受到严厉处罚。平时出游只能化成鱼，常被人类捉住。在小说《西游记》中，连儿童神哪吒都能把龙剥皮抽筋。在神仙世界之中，只是凡间的小神。在民间故事中，是能带来风雨的动物如《秃尾巴老李》的故事，龙是掌握水中各种宝物的富有者，各种龙子报恩，龙王赐宝的故事均属于这一类。使龙贵重起来的因素，一是农耕社会和中国大陆性气候对雨水的依赖，有求必敬，不敢怠慢了龙，称之为"龙王爷"。二是现实中皇权与富贵。相反，山神的命运却是一路下坡，缺少现实富贵的因素。随着人口发展山区的开发，对山林的恐惧神秘渐渐消失，道教的兴起使原始神灵有了一定的座次，山神所具有保卫一方、管理一方的权力被玉皇剥夺；佛教的传入，又使佛祖菩萨分享了权力。山神与河流、雨水的关系渐渐淡化，山神和同系的土地一样，由大神变为小神，只管理山中动植物和山本身了。到后来，人们提到山神土地，也常用来比喻只能找老百姓麻烦的地方小头目。

山神本身已式微，龙又乘机入侵，龙的势力由水国逐渐扩展到山和陆地，造成这种入侵条件的是堪舆，即风水之说。风水，本指地理形势，原是为选择适合人类居住、避免水风灾害的实用地理学，在神学笼罩的气氛之中，渐渐变成以选择活人居地和死人坟地并重的局面，夸大了这种选择的作用并造成神秘的堪舆理论宣扬，选好了居住和坟地的位置可以人丁兴旺，家道昌盛，尤其是选好了坟地，子孙可以出大官，富贵显达。所以人往往在生前便选坟地，皇帝如此，一般村民也如此，笔者在浙江考察，恰巧有村中老人刚55，便选好坟地，听说考察团中有人是研究风水的专家，便再三请求帮他看看坟地，90年代尚如此重视风水更遑论以往了。在封建时代，显达的标志便是做官，官是皇家的官，龙是皇家的标徽，因而攀龙尾、附龙鳞、向龙靠拢便十分自然了，于是山势好的地方称龙山，山洞称龙洞，地势好者称为龙地，有龙脉在地下运行。占据了这样的好地方建为坟地，便是骑在龙背，附在龙尾。山一般都有连绵的山体，与龙形象容易联系，水是龙的辖地，所以有山有水的地方便或多或少产生龙的传说。在口头文学

的风物传说之中，龙的势力压倒了山神的势力，成为主角。有龙山才灵，有龙水有名，至此，山神在影响方面彻底输给了龙王，只是在民俗活动中，人们沿袭着旧俗，给山神保留了一定的位置。

在日本，山和水的关系具象化为山神和田神的关系。日本九州山区传说，冬天时山神在山上，到春天四月初，要耕水田之时，山神来到田里变成田神，享受供奉，到冬天再回山上。田是水稻地，春天山水下流，田地开耕，山神变田神，实则仍赋有山统带水的定义。

要旨

中国の山神と竜王

劉　曄　原

　中国の山神と龍王はそれぞれ別の領域の神霊である。龍王は治水を司る水神だという点は人々が皆知るところである。しかし神霊の職権の範囲がはっきりしていない古代には、山神は水を管理し、雨を降らせる力を持った大神として、その権力は龍神を上回っていた。道教が興って以来、山神の管理の権力は玉皇大帝に掌握され、降雨の権力も玉皇に帰し、実際に雨を降らせる力は龍王のものとなり、山神はしだいに土地の小神になりはてた。一方、龍は、中国大陸での雨水の需要によってずっと活躍し続けたが、その地位は高くはなかった。中国の封建時代の皇帝は龍の子孫と考え、血縁関係で自らを龍と結びつけた。
　この皇帝権力の影響で、龍は世俗の観念のなかで高貴なものとなり、この考え方は次第に様々な領域に入っていき、中国風水観の龍派などの見方を形成し、その勢いは山神を圧倒した。しかし民俗行事のなかでは、山神が水を管理するという考え方は依然生きており、民間で、旱魃の時の「龍王迎え」などの活躍や、多くの民間の伝統には古代の山神が雨水を管理した名残が見られる。ここでは、龍王と山神それぞれの形成と権限の変化から両者の関係を述べ、各種民俗現象の成因と信仰の根源について考察した。

山魈・五通・無常の伝説およびその他
－温州・寧波地区を中心に－

橋谷　英子

　浙江省の調査で、ぜひ聞いてみたいと思ったのは、山にいる化け物のことだった。日本のように、関東平野を除けば、見渡せばすぐ山があるのとは違い、漢民族の主要居住地である中国中央部は、広い華北平野に覆われ、南は浙江省まで下らないと山地にはならない。せっかく山のある所に行くのだから、山に入って行った人にいたずらをしたり、時には里に下りて来て人と交渉を持つような山の怪にまつわる話を聞きたいと思った。

　最初の年は、次年度の調査地選定のための予備調査ということで、温州、寧波、湖州の三地区をほぼ一村一日の駆け足調査で回った。最初に訪ねた温州地区の村は、ほとんどがマイクロバスないしは徒歩でなければ入れないような山の中の村ばかりだった。改革開放に沸き、五階建ての個人住宅も珍しくない沿岸地帯から数十キロの距離なのに、明代の家がそのまま住宅として使われていたり、時代を百年以上も逆戻りしたような感じがした。山の怪について聞くという当初の目的にぴったりの山村ばかりであったが、交通至不便という理由（これが山の怪生存の条件なのであるが）で、本調査の対象から外すしかなかった。というわけで、山の怪については、予備調査分のわずかな聞き書き以外には、次年度以降の調査ではほとんど新たな成果を加えることはできなかったが、それでも温州から寧波地区に移動するに従って、山の怪に対するイメー

ジが変化していく様子や、温州地区では山の怪は、いまだ山魈①という『山海経』に登場する神話時代の一本足の山の神、夔につながる名で呼ばれていることが、わかった。（ただし今回聞いた中では、山魈が一本足だという話は、全然出てこなかった）。

温州地区の山村に対し、次に訪ねた寧波地区は、山麓の村々で、主な生業は稲作で、柴刈りや牛の放牧（冬場、平地に草がなくなると、牛を山に連れて行き、木の葉などを食べさせた。今は行われていない）で山に入ることもあるが、温州地区に較べて、山との関わりは少ない。山にいるものは、ただ山里魈（山鬼）と呼び、山魈と言っても通じない。当然、山魈の伝説もないが、温州地区で山魈の特徴に挙げられたもののうち、いたずら者、人の財産をあちこち

---

① 山魈は、揚子江の南、湖南、江西、浙江、福建、広東一帯の山地にいると信じられた山の精、山鬼である。山魈については、古来様々な伝承が伝わるが、もっとも代表的なものに次のようなものがある。

○「木石之怪を夔・魍魎という」韋昭注「木石とは山である、夔は一本足、越の人は山繰といい、操とも書く。富陽にいて、人面猴身、しゃべることができる。魍魎は山の精、人の声をして、人を惑わす。」（『国語』魯語）
○「爆竹を鳴らして山操悪鬼を祓う」杜公瞻注「『神異経』では、西方山中に人の姿の怪がいる。一尺ほどの背丈で、一本足、人を畏れず、怒らせると人を瘧の病にかからせる。竹を火にくべると、はぜるので驚いて遠くに逃げる、とある」（『荊楚歳時記』正月の項）。
○「山操は人が山に泊まっていると、その焚き火に近づいて蝦蟹を炙り、人の留守を狙って塩を盗んで食べる。人の姿をしているが変身する」（増訂漢魏叢書『神異経』）
○「山蕭は別名を山操という。……巣の大きさは五斗の器くらい、白土で塗り飾ってある。紅白が目立ち、矢の的のよう。怒らせると、虎を使って人を殺し、人の家屋を焼き払う、俗に山魈という。」（『酉陽雑俎』巻15 諾皋記下）
○「山精は子どものようで一本足で後ろに向かって走る、夜人を犯すのを喜ぶ。人が山に入って、夜、人の声で大声でしゃべるのを聞いたらそれは岐と言う。その名を知っていて呼べば犯さない。……鼓のように赤く一本足のものは、名を暉と言う。また人のようで背は九尺、裘を着て、笠をかぶるものを金累という……」（『抱朴子』内篇「登渉」）
○「山魅、安園県の山鬼、人のようで一本足、背はわずか一尺ほど、木こりの塩を盗み、蟹を炙って食う。怒らせると、家が火事になったり、病気になる。」（『永嘉郡記』『太平御覧』巻942に引く）
○「山都、山軍、木客、山操と諸説多少の違いはあるが、いずれも怪で、今俗に独脚鬼というものだろう。爾来、所々にあり、姿を隠して人家に入り、淫乱をなし、人を病ませ、放火し、物を盗み、大いに家に害をなす。法術では駆逐できず、医薬では治療できない。呼んで、五通、七郎諸神として祀るが、もとはいかなるものか不明なので、諸説を列挙する。その名を呼べば害をしないとか、千歳のがまはこれを食うというのは治法ではないだろうか。」（『本草綱目』獣部巻51 狒狒）

移動するなどについては、寧波地区では、五通①のこととして語られていた。また、姿を隠す帽子については、閻魔大王の使いで、人の魂を奪いに来る無常のこととして語られていた。

以下、山魈、及び五通、無常の伝説、その他「鬼」に関する伝説について、聞き書きしたものを列挙し、あわせて最近の浙江省での調査報告、また新中国成立以前の民話集に見える話などと比較検討したい。

1. 温州地区

温州地区では、山にいるふしぎなものを山魈と呼んでいた。

蒼南県莒渓鎮田貢村（ショ民族の村）

① 山魈は赤い帽子を持っており、これをかぶっていると姿は見えない、影もできない。どうしてそんなことが起きるのかどう考えてもわけがわからないようなこと、たとえば（村ではアンゴラ兎を飼育しているが）、何匹かのうさぎがみんな一塊ずつ毛を刈られていたりするのは山魈のしわざと考えられる。

毎月一日と十五日には線香をあげて山魈を祀る。祀り方は、料理をしたら、少し取り分けて食器だなの外に置いておく。

結婚したら、初夜は山魈と過ごすことになっているので、徹夜で歌をうたって追いだす。

（蘭徳教　男　50　中学教師、1992・8・24）

② 山魈鬼はいい鬼で、姿はなく、ものを盗むが、人の命を害したりはしない。

山魈の赤い帽子を見つけると金持ちになれる（帽子をかぶると姿が見えなくなるので、人のものを盗んでもわからない）。

「山鬼」というのはいない。山仕事に行って転んだり、帰ってからわけの分からないことを言うようになったりするのは、唖巴鬼がついたのだ。唖巴鬼は

---

① 『江南風俗』には「五通財神は五人兄弟で、もと金持から盗り、貧乏人を助ける泥棒で、処刑された。五聖、五郎神ともいい、蘇州、紹興の五通祠が立派、正月五日が財神の誕生日である」（劉克宗・孫儀 P377）とあり、江蘇、浙江の民間では一般に、五通が財神として信仰されていたことが分かる。しかし、今回の調査で聞いた五通は山魈の別名であったり、上記の五通のイメージとはだいぶ違うようだった。注 243 頁①、248 頁①参照。

猿みたいなかっこうをしている。豚の頭を料理して供える。だめなら司公（道士）、僮子（神懸りになる男の巫）を呼んで、追いだしてもらう。

（蘭天俩　男　43　小学教師、妻　38　農民）

　林業を主な生業とするショ民族の山村。午前に蘭徳教氏、午後は蘭天俩氏の家を訪ねた。どちらも二時間足らずの聞き取りだったが、近所の人がたくさんつめかけていて、横からあれこれ口をさしはさむ。その様子から、この村では山魈は決して珍しい存在ではなく、皆に親しまれていることが窺えた。「山魈」あるいは「山魈鬼」と呼んでいたが、「鬼」と言っても、いわゆる死んだ人がなる「鬼」ではなく、いたずら者の小動物のイメージで考えられているようだった。山魈の赤い帽子を見つけたら金持ちになれる、と言うのが、もっとも印象深く記憶されていることのようだった。かぶると姿が見えなくなって、盗みをしても見つからない帽子の話は、五通や、無常にも同様の話が伝わるが、この帽子を山に住む山魈が持っているというのは、日本の天狗の隠れ蓑にもつながるようで興味深い。

　赤い帽子については、麗水市の宣平山区にも「柴刈の男が山魈と友になり、赤い小さな帽子を盗んで、店で盗みを繰り返すが、帽子に穴があいて、妻が継ぎを当てたら肉屋の主人に見つかり、包丁で首を切られてしまった」という話があり①、また麗水地区の遂昌県の「気分家の山魈」「独脚児の隠身帽」、松陽県の「巫通児（五通）の帽子」、龍泉県の「ろくでなしが山魈に帽子を借りる」という話でも、山魈（独脚児、巫通児）はみな、赤い帽子をかぶっているという②。これらの話が、ショ民族の話かどうか明記されていないが、いずれも麗水地区の中でもショ民族が多く住んでいる場所であり、田貢村もショ民族の村であることを考えると、「赤い帽子」というのは、あるいはショ民族の間で特に伝えられている話かもしれない。

　初夜を山魈と過すという言い伝えは、あるいは山魈を神として信仰していた古い時代の名残りかもしれない。麗水地区の山魈の信仰を扱った「浙江省宣平

---

　①　雷国強「宣平山区山魈信仰習俗考察」『民間文芸季刊』1990・4。
　②　雷国強「浙江山魈伝説的新発見」『中国民間文化』1993・3。

山区山魈信仰習俗考察」①には、山魈が山で人を惑わし、病気にし、死に至らせた例も列挙されており、山魈はいたずら者だけではない恐ろしい性格も持っていたことがわかるが、田貢村では、人に危害を加えない「善鬼」の部分を体現するものを山魈、人を惑わす「悪鬼」の部分を体現するものを唖巴鬼と、区別して呼んでいるようである。

甌海区沢雅鎮呉坑村

③ 運がいいと、山魈が財産をもたらし、運が悪い人は山魈に財産を持って行かれる。金持ちになると、山魈を祀る。

山魈はいい神で、悪い神は五通という。五通神に髪をさわられると病気になる。病気になると、辻で線香を立てて五通を祀る。路傍、道の出口に小さな祠がある。

(呉啓明　男　68　農民　副業で竹紙漉き　1992・8・26)

この村は、車の通る道から急な山道を三十分ほど登った所にあるが、下から竹を運びあげて、副業で竹の紙を作っていた。竹を水槽に一年余りも漬け、つぶし、漉いて干して作られた紙は、燃えやすくまた水に溶けやすく、束にして燃やす紙銭や、落し紙に最適だという説明だった。対価に比して気の遠くなるような作業である。ここも、往復に時間がかかったため、話が聞けたのは二時間ほどだった。話者の呉啓明氏は親の代の福建からの移民で、自身も道路工夫

---

① 山魈が山林で人を犯した事件として、次のような例が挙げられている。
1 大渓口郷新屋村で鍾姓の女が、夜、寝ていたところを呼ばれて出て行き帰ってこない。司公を招き、東南に捜しに行くと、女は髪振り乱し汚い姿でいる。名を呼んでも分からない。夫が左手で殴ると、目覚め、商売に行こうと言われてついて行ったという。
2 柳城鎮で八十歳の老人が親戚の誕生祝いの帰り、行方不明になった。翌年の旧三月、筍掘りの娘が遺体を発見したが、頭は既に落ち、岩にもたせかけてあった。山魈は人と遊び、飽きると、七孔に泥を詰めて殺し、人の目に見えなくする山魈布団というものを掛ける。死体は腐ってからようやく現れるのである。
3 解放前、沢村郷で、ショ民族の雷金方が山で意識不明になり、精神異常になった。鍬、山刀、銃、ドラを持って山に行き、男の名を呼び、帰ると、家の前で「帰ったか」と聞き、別の者が「帰った」と答えて、山魈を追い出した。
4 大河源の包蘿山は山魈がとても多い。解放前、とうもろこしを取りに行った時、一人が突然走って谷に行ったが、皆が追いつくと、鼻や耳に泥を詰められ、口と目は葉で覆われていた。
5 解放前、雷某は柴をせおったまま道に迷い、大きな屋敷に着いた。女たちが胸を出して寝ている。鶏の声で目覚めるとイラ草の叢で蒲瓜(?)と寝ていた。

として二、三年福建に行ったことがあるという。名前は書けるが、字は読めない。基督教信者だといい、壁に赤い十字のついた暦が貼ってあった。山魈のようなものには関心が無いようで、これだけしか聞けなかった。中庭でお嫁さんが孫をゆりかごで寝かしつけていたほかは、人の出入りもなく呉啓明氏一人から聞いただけなので、山魈の伝説がこの村にはないのか、話者の呉啓明氏が知らなかっただけなのかは分からない。ただ、ここでも山魈は善神と見なされ、人を病気にする悪神の方は、五通と呼んで区別している。五通は、たとえば宋の『夷堅志』に「木石の怪、夔・魍魎及び山魈のことである」とあり、また麗水地区では、山魈と五通（巫通）が混用されているように①、山魈と五通は同じものを指すことが多いが、温州地区の田貢村や呉坑村では、山魈と唖巴鬼・五通で善神と悪神の役割分担がなされているようである。

永嘉県花担村

④ 運の好い人には、山魈爺が他の人のところから財産を持ってきてくれるが、運の悪い人は山魈に財産を持っていかれる。

山魈はひよこが大好物なので、ひよこがいなくなると農婦は山魈にとられたという。

金持ちになると山魈に感謝して碑を建てる。貧乏人は山魈を恨んでいる。廊下村の金持ちの朱啓龍は石で豚の頭を彫刻し、毎日これに熱湯をかけて湯気を立てて、本物の豚の頭のように見せかけて、山魈を祀っていた。

山魈を祀るのに廟はなく、家の中のどこか、たとえば屋根裏とか隅などでこっそりと祀る。財産を得ても、ほかの人に言ってはだめ、そうするとよそに運んでいってしまう。山魈は富を与えた家には、その家の瓦に印をつけておくので、三年ごとに瓦を替えないと、もう助けてやった家だと思ってきてくれなく

---

① 『麗水地区民間故事集成』の「十三太子落難記」（麗水地区松陽県）には、「巫通（五通）は玉皇大帝の子、天で悪さをして突き落とされ、足が逆向きにつき、手も変になる。玉帝が、足が悪くても一日千里を行くことができ、瓦三つで風雨は防げる、と言ったので、巫通は定めなく一本足でさ迷いいたずらをすることになった。爆竹を鳴らすと逃げる。」（雷国強「浙江山魈伝説的新発見」）とある。また「金華の樹神廟」には、「随所に崇祀された変幻自在の五通神」（曹松葉『民間月刊』2－7、1935）とあり、これも山魈の類のようである。一方、寧波地区で、一種の財神として語られる五通は山とは何の関係もないものになっている。（注243頁③を参照）。

なるから、三年ごとに瓦を替えなければいけない。

（赤い帽子について聞いたのに答えて）山魈は姿がなく、したがって帽子もない。姿を隠せる帽子をかぶっているのは、閻魔大王の使いで、人の魂をとりに来る「白和尚（無常）」である。白和尚と背の高さを比べると、白和尚はどんどん背が高くなるが、どちらが背が低いか比べようと言うと、今度は背が縮むので、低くなった所を、さっと足で跨いで白和尚の頭を跳び越えれば、簡単に捕まえて、帽子を奪える。

（朱景権　68　商人　1992・8・27）

永嘉県廊下村

⑤ 解放前、村に朱啓龍という金持ちがいた。十数年前に亡くなったが、家族はまだ村にいる。このあたりの人は皆、彼がひそかに山魈を祀っていたと言っているが、実際に見たことはない。ある時、朱啓龍は、夜、おなかが空いたので、妻に何か料理してくれといったら、妻は面倒なものだから「糞でも食らえ」と罵った。そうしたら鍋に本当に糞が入っていた。そこで翌日は、「鶏でも食え」といったら、鶏が入っていた。

山魈は、財産を与えた家の瓦に記録しているので、三年に一回瓦を替えるとよい。

（朱清勝　49　中学教師　妻は農民　1992・8・27）

ここも往復に時間がかかり、しかも花担村と廊下村の二か所を一日で回ったので、それぞれわずか一時間半ほどしか話を聞けなかった。花担村で訪ねた家は二階家で、二階は床が張ってあり、靴を脱いで暮らしていた。福建日立製のテレビや扇風機、ラジカセ、冷蔵庫なども揃っており、温州地区で訪ねた山村の中では、一番近代化されていた。奥さん、お嫁さんたち、孫たちが同席したが、話はもっぱら朱景権氏がしゃべった。蘇州から扇子など小物を仕入れて来て売っているという話だった。

ここでは山魈は「山魈爺」と呼ばれ、財産をあちこち移動させて、こっそり

金持ちにしてくれるいたずら者の財神と考えられている①。山魈を祀っていた金持ちとして、廊下村の朱啓龍の名前が両方の村で出てきた。山魈が、瓦に印をつけるので、三年に一回瓦を替えるというのは、次の寧波地区では五通の話として聞いた。山魈の赤い帽子の話はなく、姿を隠す帽子をかぶっているものとしては、「白和尚」の名が出て来た。地獄の閻魔王の使いで、人の魂を奪いに来る白無常のことであり、この点でも寧波地区と一致する。

　白無常から帽子を奪う方法について、『灰大王』の「白無常の帽子」では「おまえはちび、おれはのっぽ」と唱え続けると、一丈余りあった白無常が、二三尺に縮むので、帽子を奪う、という②。一方、葉鏡銘は、浙江省富陽の「鬼」について紹介した文で、魍魎鬼のこととして「身体を伸び縮みできる。低い時は数尺、伸びると数丈。身体を隠す帽子を持っている」③といい、また『越諺』（巻中鬼怪部）には「魍魎鬼、俗に人を見ると次第に背が伸びて止らず、鞋を脱いでその頭上を越せばようやく止るという」とある。白無常の伸縮の話は、この魍魎鬼の伝承と関係があるのではないだろうか。魍魎は『国語』（魯語）に「木石之怪、夔・魍魎」とあり、夔（山魈）と同様、山の怪である。

2. 寧波地区

　寧波では、山にいるのは「山裏魈（鬼）」で、人の財産をあちこち移動するのは、五通だと言う。

---

　①　永嘉県で聞いたのと同様のいたずら者の山魈の話を、参考までに紹介しておく。青田県烏熱塘村に食いしんぼうで手癖の悪い女がいた。村では鶏がいなくなったり卵を盗まれると山魈のせいにするので、鶏や卵を盗んでは、山魈のせいにした。山魈は怒って、蛭を一つかみ女の頭に投げた。蛭は女の頭皮の下に潜り込み、女は頭がかゆくてたまらなくなった。毎日三回は湯で頭にこてをかけなければならなかったが、薪をむだにすると叱られないよう夫の留守に火を焚いた。夫は妻が菓子をこっそり食べていると思い、怒って妻の髪を引っ張ったらすっぽり髪が取れて蛭がうじゃうじゃいた。山魈が手をたたいて笑って「髪がいるならやる」と言って鶏の毛を投げつけたら鶏の毛が頭にはえた。
　　　　　　　　　　（「山魈戯媳婦」浙江省民間文学集成『麗水地区故事巻』1993）
　②　「白無常的帽子」林蘭『灰大王』上海・北新書局、1932。
姿を隠す帽子のほかに「白無常は椎を持っている。これを地面に打ち込むとその分だけ銭が出る。白無常にはめったに出会わないが、会えば必ず翌日財を授かる。」「ある男がこの帽子を奪って盗みを繰り返したがほつれを直して捕まった」とも記す。
　③　「鬼話」『民間月刊』1−5、1934。

余姚市河姆村

⑥ 山には「山裏魖（鬼？）」というものがいて、清朝の役人のような赤い房のついた帽子をかぶっている。山道を歩いていて、急に道がなくなって目がはっきり見えなくなったり（「山鬼打牆」）、泥団子が頬に投げつけられたりするのは、山裏魖のしわざである。人の財産をあちこち移動させるのは五通で、五通は瓦を算盤がわりに使って記録するので、金持ちは瓦の向きを変えて、五通を防ぐ。また、金持ちになった家では、五通がその財産をよそに持っていってしまわないように、缸に鶏やあひるの卵を割り入れて、五通をおびき寄せる。五通が卵を食べているところを蓋して、透き間から熱湯を注いで殺してしまう（真っ赤な血だけが缸の底に残っている）。五通は姿がないので、神像もない。
（方文財　男　65、方銀偉　男　65、孫富財　女　39　いずれも農民　1992・8・31）

　最古の稲作で名高い河姆渡遺跡のある村。水路に囲まれていて、川の渡しに依らなければならないなど、車の便は悪いので、やはり予備調査で一日訪ねただけである。

　主に話をしてくれた男性二人の他に、近所の女性が、四、五人、内職のビニールの麦藁風帽子を編みながら、時々話に加わった。いかにも山麓の村というたたずまいのこの村は水路に阻まれてか、改革開放のうねりもまだ届いていないようで、山魈の話は聞けなかったが、村の地主の王の先祖の像にはしっぽが描かれていて、王家の祠堂の腰掛けにはしっぽ用の穴があいていた話や、科挙を受けに行った白龍潭の龍の話などの伝説、雨乞いの行列、虫送りの行事など、年中行事や風俗に関わる話などいろいろ聞くことができた。

　山魈と言っても通じず、山にいるものは、ただ山裏魖（山の鬼）と呼ぶと言う。財産をあちこちさせる五通とは、別のものと考えられており、河裏死魖（溺死者がなると言い、身代わりを求めて人を溺れさせると怖れられる）同様、山裏魖に出くわすと、身代わりにされると怖れられている。また道を迷わせる、泥団子を顔に投げつけると言うのは、先に引いた葉鏡銘の文でも「鬼打牆、賽泥米果」とあり、道に迷わせ、泥饅頭を口に詰め込んで、窒息死させる

こともある、と言う①。これは山魈の「悪鬼」の部分として麗水地区の例で紹介されていたものとも一致する。

山裏魈は赤い房のついた清朝の役人の帽子、紅緯帽をかぶっているというが、紅緯帽は清代の『子不語』巻6「山魈をつかまえる」では「門外に怪がいて頭に紅緯帽、黒く痩せて猿の様、顎の下に緑の毛がびっしり生えている。一本足で跳び大声で笑う」と、山魈がかぶっていることになっており、温州地区田貢村で聞いた山魈の「赤い帽子」とも関係があるかもしれない。ただし、『子不語』の話では、山魈が書院の学生たちの紅緯帽を盗んでいたことになっている。ここで聞いた限りでは、姿を隠すという魔法の帽子の伝説はない、ということだった。

財産をあちこちするものの方は、五通と呼ばれる②。家でこっそり祀る財神

---

① 「鬼話」『民間月刊』1－5、1934。
② 財産をあちこちする五通については、いろいろな話が伝わっている。主なものを紹介すると、次のようである。
○「五通と言えば、まず物を取ることで、これには「たまたま」と「わざわざ」とがある。たまたまというのは例えば穀物、蚕、肥料及びちょっとした物をとることである。ある農家でたくさんの農夫を雇って稲刈りをしていた。その家の娘が二階から見ていると、農夫は木陰で昼寝していた。まもなく雨が降ってきて、農夫は全然仕事ができず焦ってわら束を箕のうえに載せ、表面だけ穀物で覆ってごまかした。農家の娘がこの様子を見て、父に告げ口したので、父が穀物を開けさせると、わら束などなくて全部穀物だった。後でこっそり調べたところ、隣の家の穀物の下にわら束があり、穀物が随分減っていた。これはたまたまの例である。この場合は、その時黙っていればよい。わざわざの場合は姦淫と関係がある。五通と私通している女が欲しいと思う物は、金以外何でも与えられる。しかし五通はずるくてわざわざ盗んできた場合はこっそり記録していて、愛がなくなった時には、よそへ持って行ってしまう。一説によれば屋根瓦に記録すると言い、五通の来る家では時々屋根の瓦をひっくり返したり、新しくして計算できないようにする。
民間では五通と財神を混同している。
（「五通神和鉄算盤」『民間月刊』1－5）
○「五通はいたずら物で、今日は親切に他の人の物を持って来てくれるかと思うと、翌日は別の人と仲良くしようとして、そっちに物を運んで行ってしまったりする。ある日、五人の五通が一頃の田を仲良くしようと思う人の所に運んで行こうとして、四人で田の四隅を持ち、一人が中央を支えていた。この時、田の持主がたまたま居合せて、「五通が田を盗む」と大声を上げた。四人の五通は田を置いて逃げたが、真ん中を支えていた五通は下敷きになって死んでしまい、五通は四人になった」
（「五通菩薩」林蘭『鬼的故事』1930）

という点では名前は違っているが、永嘉県の山魈の伝説とそっくりである。しかしこの五通には、山に住むものというイメージはなく、また金持ちになってしまえば、用済みで殺してしまうというのは、蒼南県や呉坑村で、山魈が「よい鬼」として待遇されていたのとは大きく違う。

寧波市北侖区渓東村

⑦ 安徽から飢饉で逃げてくる人には、五通を使える人がいるので、安徽の避難民が廟に泊まっていた時は、酒や肉を用意して、ごちそうをふるまい、劇も演じて、財産を持っていかれないようにした。火事が起きると、村の人は安徽の避難民がやって来たのではないかと疑った。明の時、たくさんの避難民が押しかけて来た時、ある金持ちは、食事も水も全然与えなかったが、外に置いてあった水瓶の水を一口飲まれたら、家の中にしまってあった四五百枚もの銀貨がすっかりなくなってしまった。清水と銭はつながっているので、水と一緒に吸い込まれてしまったのだ。

（王紅成　男　71　農民　1992・9・2）

前頁注の続き

○（蛇は何か）蛇は財神で俗に五通といい、家を盛んにするという。このことについて次のような伝説がある。「（金華地区）黄宅の太公（曾祖父）は、もと貧しかった。妻が沐浴していたら蛇が浴槽を回って箸ぐらいになって妻のポケットに入った。以来、米が蔵に充ち、酒屋を開いたら繁盛し、水を担いできて酒に混ぜても、人々は争ってその酒を買い、太公は程なく金持ちになった」米櫃の米が、いくら使ってもいつまでも底が見えないと、五通がよその金持ちから吸ってきている。瓦に記しをして返させるから瓦を替えればよい。金持ちは家運が盛んに成ると五通に助けられていると誇るが貧乏人には縁が無い。

（洪長「浦江県建築と村居習俗瑣談」『浙江民俗研究』1993）

○五通はちびで醜く、好色で人妻を奪う。卵の殻を持つほどの力しか無いが、こっそり出入りする。昼間は軒下で眠り、夜盗みをする。人妻が米や麦を求めると言うことを聞いて持って来る。左官の妻が留守番していると、五通が潜り込んできた。掌ほどの大きさだった。おなかの皮を引っ張ってベッドから押しだし、挨拶の品を持って来い、と罵ると、五通は卵の殻の天秤で米を担いで来た。五通がようやく瓶をいっぱいにしたら鶏が鳴き、五通はしかたなく去った。翌日、夫が雨漏りするので瓦の向きを変えたり新しくしたので、五通は分からなくなった。夜、五通が来ると、夫に殴られた。連日の仕

打ちに仕返ししようと五通は畑に石をばらまいた。夫がわざと「糞でなくて好かった」と言うと、翌日は畑一面糞で、石はなくなっていた。夫は好い収穫を得た。

(「五通」浙江省民間文学集成『寧波市故事巻』1989)

⑧ 五通は五人兄弟の「撮老（鬼）」で、よく祀らなければだめ。五通は人の財産をあちこち移動させ、いいことも悪いこともする。牌九、麻雀をこっそり手伝って勝たせてくれることもある。五通は瓦を算盤代わりにして、瓦に記録しているので、五通が助けてくれているとわかった時は、こっそり瓦を取り替えてしまえば、五通は計算できなくなってずっと助けてくれる。一種の財神である。また火をいたずらするのが好きで、廟で突然火が出たり、薪などが、一部は燃え、別のところでは燃えないというような、子どものようないたずらをする。火事があると、その場所で、牌九、麻雀牌、花牌、トランプなどを供えて祀ったり、ひどければ劇団を招いて寧波灘黄などの淫戯を上演する。

(楽秀甬　男　69、楽定華　男　65　農民　1993・12・28)

⑨ 一種の財神と言えば、無常もいる。黒無常と白無常は兄弟のようで、白い方は大きな手錠を持ち、黒い方は叩き板を持っていて、人の魂を捕まえに来る。黒無常は人をからかう悪いやつだが、白無常の方は、魂を奪って行こうとする者の妻から「子どもも幼いので、夫を連れていかないで下さい」などと頼まれると、「だめだ」と言いながら、いくから金を置いていってくれたりする。

(楽秀甬、楽定華　1993・12・28)

渓東村は前後三回、計十二日訪ねた。寧波開発区の北侖港からも寧波市内からも車で40分程の場所にあり、二階家の新築と寿墳（生き墓）造りが盛んに行われていた。若者はほとんどが出稼ぎや町の工場勤めで村を出て、老人と子どもだけが残っているような村だった。渓東村は、幹線道路に近く嘉渓廟のある渓東村（元の嘉渓村）と、その奥に位置し山に近い烏石嶴村から成る。最初の年、烏石嶴村で一日、聞き取りをしたほかは、元の嘉渓村の方で聞いた。

ここでも五通は、人の財産をあちこち移動する一種の財神と見なされており、この点では、温州地区永嘉県の山魈の話と一致する。一方、「わけが分からない子どものようないたずらをする」と言うのは、最初に田貢村で聞いた山魈のイメージに通じるものがあるようである。火をいたずらするというのは、

ここで初めて出てきたが、『酉陽雑俎』の山魈の条に「家屋を焼き払う」とあるのと、あるいは関係があるかもしれない。子どもみたいというのが、ここでは五通の第一の特徴と見なされているようだった。一方で、五人兄弟だとか、賭け事、淫戯を好む等というのは、江南で広く信じられた淫神としての五通神に通じるようである①。なお、王紅成氏の「安徽の避難民が五通を使って財産を盗みとる」という話は、「人が一種の妖術を使って盗み取るのを「鉄算盤」と言い、神である五通が人の財産を移動するのとは別のことであるのに、世間ではよく混同している②」と銭畊辛が述べる、正にその例だろう。

今、渓東村では、この五通の信仰もどんどん忘れられていっているようで、今夏の聞き取りでは、わずかに「清水を通して財産を見通されるから、旅人などには、お茶は出しても水は出すな」と言う「鉄算盤」に関わる話を、七十三歳の邵有発氏が知っていただけで六十代の人は、五通のことは、もうほとんど知らないようだった。

3. 奉化市畸山郷畸上村

山には、虎の精の手引きをする喪望（あるいは喪猫）という怪がいると言う。一方、「鬼」と言えば、ここではまず無常の話がでてくる。

---

① 『聊斎志異』の「五通」には「南方の五通は北方の狐のようなもので、狐の祟りはいろいろな方法ではらえるが、江蘇、浙江の五通は、民家に美しい女がいれば容赦なく犯し、父母兄弟も何とも止めさせようもなく、その害は甚だしい」とあり、万という勇敢な男が五通に悩まされていた女を救って、五通の内の四人を倒すと実は二頭の馬と二頭の豚だったという話になっている。（『聊斎志異』には、山魈と五通がそれぞれ別に登場するが、「山魈」の話は、「南山の柳溝寺で勉強していた男の部屋に、夜中、ひゅうひゅうと風の音をさせて巨大な鬼が入って来た、刀で切りつけると、夜具をつかんで出て行った……」となっており、山の怪の話には違いないが、題が山魈となっているほかは、特に山魈らしさのない話になっている。）

② 民間では五通と財神を混同している。五通は神で、鉄算盤は人である。鉄算盤の術を心得ている者は、小さな算盤で、人が持っている金をすぐ計算して知る。女の人が病気の子どもに小さなみかんを一つ恵んで下さいと頼んでも分けてやらないけちなみかん売りに腹を立て、種を蒔いて一瞬のうちに木にみかんをならせて皆に分ける、けちなみかん売りが気付いて自分の篭を見ると、みかんの皮と折れた天秤棒だけになっている（というのなどが鉄算盤の術である）。

（「五通神和鉄算盤」『民間月刊』5－1）

⑩ 「五通はいいやつだが、姿は見えない。家から財産を取って行くが、金持ちから取って貧乏人にやるから、貧乏人は好んで祀る」という話を聞いたことはあるが、よくは知らない。畸山には、昔は木が茂っていて、動物も多かったが、1938～45年頃に木が伐られてからは、動物もいなくなった。以前は、虎もいた。昔、おじいさんが山に行って猫のようなものを見つけた。抱いて連れて帰り、鶏篭をかぶせておいたら、扉の隙間から虎の精が入って来た。ドラを叩いて（ドラの音は獅子の吠え声という）追い払ったが、片足を食われた。おじいさんが連れ帰ったのは、猫ではなく虎の手引きをする喪望だった。墓には「独脚太公」とある。

(夏財冨　男　59　幹部　1993・12・21)

⑪ 小さい時、夜回りが白無常に出くわしたと聞いた。

(夏放大　男　61　農民　1993・12・22)

⑫ 無常は良い鬼だ。子どもが病気になるというのは「野鬼（子孫に祀ってもらえない霊）」が悪さをしているのだから、本物の「鬼」である無常を呼んで来て、追いだしてもらう。6月18日の畸山廟の祭に無常を演じる村人に頼むと、地獄の判官や小鬼役まで引き連れて来る。

(葛林康　男　64　農民　1993・12・23)

⑬ 木の上で無常が声を上げたので見上げたら消えた。1948年、会議の後、黄家の祠堂の中に灯りがあるのを通りがかりに見た。中を覗いたら、たくさん人がいたが、ランプをつけて入ったら消えた。中まで入ってみた人は、帰ってから怖くなり死んだ。白無常の帽子には「天下太平」、黒無常の帽子には「一見生財」と書いてある。白無常はよいが、黒無常は人をからかう。鬼には他に、背が低くて頭でっかちな「大頭鬼」がいて、これに会うと口の中にでき物ができるという。

(夏洪康　男　67　農民、甕の運送も　1993・12・23)

ここでは、一年目に一日、二年目に四日調査した。四明山に連なる山の麓に位置し、畸上、畸東、畸南という三つの村から成る。稲作、果樹栽培のほか、甕造りが盛んである。ここの甕は良質で名高く、以前は水路で紹興や舟山まで運んで商売していた。今も村中に甕があふれている。五通についてはわずかに上記のような話を伝聞として聞いただけである。かわりに山にいる怪とし

て、喪望（喪猫）の話を聞いた。虎に片足を食われて、墓に「独脚太公」と記された夏氏の子孫は今、百人以上いるということで、この話は別に、夏洪康氏、呉茂康氏（63 甕造りと農業）からも聞いた。夏洪康氏の話では、「捕まえて来た喪望は、夜中にいなくなり、翌日、太公が集金に出かけたところ、蒋介石の母の墓に通じる道で、喪望に案内されて来た虎の精に襲われ、片足を食われ、これがもとで死んだ」という。喪望（喪猫）については、奉化で初めて聞いた。『酉陽雑俎』に「（山魈は）虎を使嗾して人を殺す」というのと、あるいは関係があるのではないだろうか。この話では喪望（喪猫）が虎の精の手先になっており、また一本足になるのは、山魈ではなく、食われた人の方で、本来の伝説と逆になっているが、このようなことは『子不語』の山魈の紅緯帽の場合にも見られ、めずらしいことではない。

奉化では「鬼」は現在の一般的用法と同じく、死後の世界の住人、死んだ人をいう。閻魔王が支配する地獄のイメージも定着しており、閻魔王の使いの無常がこの世とあの世を結ぶ者として、しばしば出てきた。6月18日の畸山廟の祭り、すなわち稲花会の行列にも「一見生財」あるいは「天下太平」と書いた円筒形の背の高い帽子をかぶった無常が必ず登場するという。

4. その他の鬼

山にいる怪について聞きたいというのが、当初の希望だったので、まず山にいるものから質問したが、村の人、特に寧波、湖州地区の人々にとって、一番身近な「鬼」は、「河水鬼」（溺死者がなる）と、「吊死鬼」（縊死者がなる）だったようである。「鬼」が死者（幽霊）を指すとすれば、事故死、自殺で最も身近なのは、この二つだろう。実際、今回の調査でも、一年目の一番最初に訪ねた温州地区瑞安市梅頭鎮東渓村という、五、六階建ての近代的な家が並ぶ改革開放のモデルのような村で、一軒の家の外壁に桃の葉と赤い布と松葉を束にしたものが掛けてあるのを目にしたが、それは首吊り自殺した向かいの家の若者（吊死鬼）が、呼びに来るのを防ぐためだと言っていた。

聞き書きの中で、「鬼」を見たと言う話も、何度か聞いたが、これも「河水鬼」か「吊死鬼」だった。「山鬼」が、山の神としての名残りをかすかに残しながら、その実態がはっきりせず、山魈になったり五通になったり、山裏魈、喪

猫とさまざまに呼び慣わされ、それぞれにまつわる話も村ごとに少しずつ違っていたのと異なり、「河水鬼」「吊死鬼」は、溺死者、縊死者の幽霊という点で明確であり、訪ねた村では、どこもほとんど同様の話を伝えていた。

　○商売をしている男が、12月29日、集金して外から帰る途中、春月亭に女が一人いるのを見た。家に帰るように言い、ついて行ってやろうとすると、「かまわないで」と言って振向くなり吊死鬼になった（足がなく、服は死んだ時のまま）。男はびっくりして銅銭（皇帝の名があるから守ってくれる）を後ろに投げながら逃げたが、家に着いた時、銅銭はちょうど全部なくなり、翌日死んだ。

　　　　　　　　　（奉化市畸東村　夏華明　男　80　元会計　1993・12・21）

　○河水鬼が人の姿になって、漁師と友達になった。毎晩、漁師が魚を捕っていると、船に遊びに来て、一緒に老酒を飲んだ。ある時、河水鬼は漁師に某日、嫁が姑と喧嘩して水に飛び込んで自殺するぞ、と教えた。なんでそんなことが分かるのか、と漁師はふしぎに思ったが、その場に行って、嫁を救った。河水鬼がいつも酒を飲ませてもらう礼に漁師に善行を積ませたのだ。

　　　　　　　　　　　　　　　（溪東村　劭有発　男　73　農民　1994・8・21）

　○子どもが泳いでいて「河裏死鬼」を見ると、腹下しして死ぬ。溺死した子どもは、ほかの子を水に引き込もうとする。特に三年目は、交替しようと代わりを捜すので危険。

　　　　　　　　　　　　　　　　　　　　　　　（河姆村　方文財　1992・8・31）

　○溺死者があると、三年後に身代わりを見つけて代わろうとして、人を溺れさせるから、村の人はこっそり河に行って炒り豆を投げて、「豆の芽が出たら上がってこい、芽が出なければ上がってくるな」と唱える。

　　　　　　　（桐郷県石門鎮利星村　馮明　女　76　元小学教師　1992・9・5）

　「鬼」は陰陽の陰の世界の住人で、夜、登場するから、夜釣りをする漁師と友だちになるこのタイプの話は多い。たいてい、河水鬼が三年目に身代わりを見つけて生まれ変わろうとするのを、友として事前に知った漁師が、溺れた者を救って邪魔する、しかし結局は、このことをほめられて、河水鬼は城隍神に出世するという話になっている。河水鬼は三年後に身代わりを求めるから、溺死者があった場所では、特に三年目は気をつけなければならない、というの

は、ほとんどどこの村でも言っていた。

　自分が実際に「鬼」を見たと言う話も、聞いた。

　○実家からの帰り、橋のところに人影が見えた。近づくと、水に飛び込んだ。

　夜、田んぼでざあざあ、水車を踏む音がした。近づいて行くと、ざぶっと水に飛び込む音がして、静かになった。河水鬼が踏んでいた。

　　　　　　　　　　　　　　　　　　（渓東村　李鳳仙　女　66　1994・8・21）

　○三十三年前、二十二歳の時、九月ごろの夜九時半ころ、藍の木綿の長い服にサンダルで、髪が肩に掛かっている女が、顔はよく見えなかった（顔を見ると死ぬ）が、しゃがんで煙草を吸っていて、ゆっくり歩くのを一メートル位から見た。走って家に帰った後、瘧を患って二十八日間寝込んだ。桑の葉を煎じて飲んで、みんな使ってしまった。「大躍進」の時期だったので、誰にも言えなかったが、以後、鬼（幽霊）を信じるようになった。

　　　　　　　　　（湖州市白雀郷小梅村　徐福貴　男　55　漁民　1992・9・10）

摘要

有关山魈、五通、无常的传说
——温州、宁波地区

桥谷英子

  本文以笔者在浙江省温州地区宁波地区听取的资料为基础并结合其他相关资料，重点记述有关山魈与五通、无常的传说。

  这次浙江考察笔者本来准备搜集有关山里怪物（鬼）的传说。第一年预备考察的温州地区主要以山村为主。当地人把山里的怪物叫作山魈，这与古典书籍里的叫法一样。在当地人心目中还流传着有关山魈的传说，拜山魈的人也有，所以要搜集山魈的传说温州地区是最合适不过了。但由于交通不方便，第二年就取消了该地区的调查。因为除了温州以外，其他考察地都不在山里，第二年有关山里怪物的传说没能增添新的材料。

  这篇文章里的资料主要采用了预备考察时搜集的零碎故事，资料虽然寥寥，综合起来，随着从温州移动到宁波，人们对于山里怪物的看法，也有很大的差别。

  温州地区的苍南县田贡村（畲族村），村民把山魈看作十分淘气，像山中小动物一样的东西。据说山魈最重要的特点是头戴红帽子用来隐身，运气好的人捡到这顶帽子可以发财。这说法似乎在畲族里比较普遍。山魈的隐身帽，这与日本山里的怪物——"天狗"的隐身蓑衣有没有关系？这两个地区山里的怪物都有隐身的工具，我认为在这一点上非常值得推敲。

  温州地区永嘉县花担村、廊下村，村民把山魈爷看作一种财神，喜欢把人家的财物弄来弄去。据说山魈爷帮助人家发财以后，在这家人家的瓦片上划记号记录，所以人们就要每隔三年换一次瓦片，消灭山魈做的记号。这里没有山魈戴红帽子的传说，有隐身帽的是白和尚（白无常）。据说白和尚伸缩自在，与他比矮就容易抢到帽子。而这伸缩自在的特性似乎与古代魍魉鬼有关系。

  宁波地区山里的怪物人们不叫山魈，而叫山里魈（鬼），和水鬼一样人们对山里魈只是一种恐惧心理，没有特别的感情。但是在河姆渡村听到的传说中山里魈也

有红纬帽子，可能与山魈的红帽子有关系。温州地区的山魈传说在宁波地区似乎都变成五通的传说。但有一个明确的区别，五通不是山里的鬼，与山没有关系。

宁波北仑区溪东村的五通传说，一方面与温州山魈传说一致，另一方面也与江南一带很流行的淫神五通的传说相似。但是 70 岁以下的人连五通的名字都不知道。

奉化市畸山乡没有山魈及五通的传说。但在那里听到了"独脚太公"的传说——有一个太公在山里发现一只像猫的小动物，拿回家，放在鸡笼里养。它是指引老虎的"丧望"。老虎吃掉了太公一条腿，所以他的坟墓上写着"独脚太公"。这传说令人联想到《酉阳杂俎》山魈记事里的"山魈使唆老虎杀人"之传说，而古代山魈的特点之一是独脚，显得富有情趣。

浙江畬族《高皇歌》音系 の二三の特色

矢放　昭文

はじめに

　小稿では、浙江畬族の《高皇歌》を字音資料化し、これに音韻的整理を加えたものの中で、特に範囲を音系の声母を中心とした二三の特色に絞って報告する。

　小稿の材料は麗水市山根村、蒼南県田貢村で採集したものであるが、同じく浙江の景寧畬族自治県、逐昌県、雲和県、松陽県、青田県、蘭渓県、文成県などの畬族村にも伝えられている、とされている。また、文章化された資料は浙江省民族事務委員会からも刊行されており[①]、併せて参考にした。

1. 《高皇歌》と予測される音系の性格

　《高皇歌》は《盤古歌》或いは《竜王歌》とも呼ばれ、畬族の祖先の業績を追悼し讃える内容の、かなり長編の伝承歌である。浙江各地の畬族の間では漢字を使って「畬音」を記録した抄本がかなり流布していると伝えられるが、様々な制約により、具体的に外国人が見ることは不可能に近い。浙江省民族事務委員会編の資料によれば「多いもので百条余り、少ないもので五六十条余り」あるが「主な内容は基本的に同じである」とされている。

　《高皇歌》がいつの時代に、どの様な経緯を経て成立してきたのか、これを明確に史料の上で確定することはかなり困難なことであるが、今後一層探究をすすめる必要のある課題であることも否定は出来ない。今のところ、この伝承

---

　① 浙江省民族事務委員会編《畬族高皇歌》1992年、中国廣播電視出版社、北京。

歌は畬族の人々の間で、少なくとも明清以降には盛んに流布していたものと考えられており、周囲の漢族から自分達を識別したり、同じ文化を持つ人々と連絡を取り合う際の、重要な役割をもつ伝承文化であると言うことが出来る。

従って、《高皇歌》の字音を帰納して得られる音系は、今日の日常会話音とは幾分異なる特徴を持っていると予測される。開放前のかなり早い時期、おそらくラジオやテレビなど近代的なメディアが普及する以前に幼少時代の言語修得時期を過ごした、現在では六十～七十歳前後、或いはそれ以上の高年齢層の人々の間に伝承されている語音体系であり、「推普」運動が繰り広げられる以前の語音形態を多少なりとも保存しているであろう、と予測される。

1. 声　母

帰納される声母は全部で18、以下の如くである[①]。

```
唇音   p    p'   m    f
舌音   t    t'   n    ȵ    l
喉音   k    k'   h    ŋ
歯音   ts   ts'  s    ç
       ɸ（ゼロ）
```

筆者が以前に報告した山根村の白話音系では濁音（有声）声母が確認された[②]。これは前回の調査の際に、中古声母の清濁に関わらず、山根村畬語では濁音（有声）化声母がある、との判断に基づく処理であった。例えば次のような字音がそれに該当する。

　　　燈（端・平）〔dɛŋ^{55}〕　　笛（定・入）〔diu^{33}〕　　比（幫・上）〔di^{13}〕
　　　毒（定・入）〔dɛʔ^{33}〕　　筆（幫・入）〔dit^{33}〕　　怕（滂・去）〔da^{33}〕

しかしながら、今日までの再検討を経て達した結論では、これら濁音声母はおそらく周囲（特に麗水地区）の呉語の影響を強く受けた結果であり、山根村畬族の人々が「自分達の言語」と呼ぶところの音韻特質ではないように判断される。厳密に周囲の呉語と山根村畬語の特色を振り分けることは相当に困難で

[①] 上記資料では/w-/声母を認めている（例えば「皇黄：woŋ」）が、小稿では認めない。

[②] 拙稿〈山根村畬族の言語とその環境〉、福田アジオ編《中国江南の民俗文化》所収、国立歴史民俗博物館、1992年3月。

あるが、言葉の規範を徹底させた位相で捉えるとすると、その場合には、濁音声母の存在は山根村畬語の本来的な特色ではないように解釈される。

　この考え方をさらに発展させると、《高皇歌》音系の内包する音韻的な情報が全面的に位置づけられた時には、「畬族の言語」について、本来的な（あるいはこのように呼ぶのは適当ではないかもしれないが）純粋相を反映しているものにより近いものとして利用できるであろう。その最初の特質として、《高皇歌》音系では濁音（有声）声母は確認することが出来ない、ということを指摘しておきたい。濁音声母を持つという呉語的性格は、山根村ではどこまでも付加的特徴である。

　また、前回の報告では歯音系列に/ts—，ts'—，s—/及び/tɕ—，tɕ'—，ɕ—/の二系列を認めているが、今回は/ts—，ts'—，s—，ɕ—/の一系列を認める。/s—/と/ɕ—/については相補的ではあるが、例外も多く、ひとまず認めておくことにする。また/v—/については特に建てる必要はないと判断する。

2. 中古音から見た声母の特色

2.1. 《高皇歌》の字音体系では、中古全濁声母が平仄を問わず無声の有気音に発音される例が多い。例えば：

　　病（並・去）〔p'iaŋ〕　　定（定・去）〔t'aŋ〕　　豆（定・去）〔t'ieu〕
　　字（従・去）〔ts'ɿ〕　　地（定・去）〔t'i〕　　讀（定・入）〔tɔˀ〕
　　墳（奉・平）〔p'un〕　　被（並・上）〔p'i〕　　鼻（並・去）〔p'i〕
　　薄（並・入）〔p'ɔˀ〕　　白（並・入）〔p'aˀ〕　　裙（羣・平）〔k'yn〕

但し、これに対する例外も少量ではあるが散見する。例えば：

　　拔（並・入）〔piɛ〕、爬（並・平）〔pou〕、渠（羣・平）〔ki〕、綢（澄・平）〔tsiu〕などである。

2.2. 見系二三等字には口蓋化を起こしていないものが多い。例えば：

　　界（見・二）〔kai〕　　教（見・二）〔kau〕　　夾（見・二）〔kap〕
　　今金（見・三）〔kin〕　君（見・三）〔kyn〕　　京（見・三）〔kiaŋ〕

また指示詞としての個（見・一）が/kai/と発音されている。これも特色の一つである。

2.3. 日母字は舌音化せず歯音にとどまり、疑母とともに/ȵ-/声母を形成している。

人（日・三）〔n̻in〕　軟（日・三）〔n̻yøn〕　日（日・三）〔n̻it〕
耳（日・三）〔n̻i〕　源（疑・三）〔n̻yøn〕　月（疑・三）〔n̻yøt〕

2.4. 匣母・溪母の一部に舌面前摩擦音化している現象が確認できる。
后（匣・一上厚）〔çin〕、　快（溪・二去夬）〔çiai〕、
起（溪・三上止）〔çi〕、　去（溪・三去遇）〔çy〕

2.5. 軽唇音声母が両唇音に発音される例を組織的に見い出すことが出来る。
分（非・平）〔pun〕　風（非・平）〔piuŋ〕　蜂（敷・平）〔p'ioŋ〕
吠（奉・去）〔p'ɔi〕　馮（奉・平）〔pun〕　粉（非・上）〔puɔn〕
飯（奉・去）〔pɔn〕　飛（非・平）〔pui〕　灰（暁・平）〔pui〕
放（非・去）〔pyøŋ〕

この特色は福建地域の閩語や客家語によく見られる特色であり①、《高皇歌》の音系を歴史的に考察する上で重要な点であると判断されるが、いずれ稿を改めて考察したいと考えており、ここでは事実の指摘に止めておきたい。

3. 韻　母

3.1. 《高皇歌》から帰納出来る韻母は、現時点では次のとおりである。

陰声韻： l　i　u　ɛ　ɔ　o　y
　　　　 oi　ie　uɛ　eu
　　　　 ui　ia　uo　au
　　　　 ai　ieu
　　　　 bi　iu

陽声韻： in　an　bn　un　ɔn　yn
　　　　 ien　uan　uon　　　yøn
　　　　 iŋ　aŋ　oŋ　uŋ　　yøŋ
　　　　 　　　　ɔŋ　　　　yøŋ

入声韻： ip　it　iʔ　uʔ　yʔ
　　　　 iep　yt　eʔ　uoʔ　yøʔ
　　　　 ap　yøt　ɔʔ　aʔ　iaʔ

---

① 李如龍・張雙慶《客韻方言調査報告》、廈門大学出版社、1992年、p.193.
陳章太・李如龍《閩語研究》、語文出版社、1992年、p.4.

これらの韻母は音韻論的解釈によってさらに少なくすることが可能であるように思われる。特に主母音/a/と/b/を含むものについては相補分布の可能性が大きいが、小稿では挙出に止める。

4. 声　調

声調については、筆者の調査結果（a）と、浙江省民族委員会編《畬族高皇歌》の付録の結果（b）を併記しておく。最終的にどのように定めるかは今後の課題としたい。

調類：	陰平	陽平	上声	去声	陰入	陽入
調値：(a)	˦44	˨22	˨24	˥42	˦44	˨21
(b)	˦44	˨22	˧35	˥31	˥5	˨2

一般に畬族の話す漢語は客家方言である、と言われている①。しかしながら、例えば羅美珍1980が説くところによれば、畬族の客家語は一般に言われる客家語とは異なり、その周囲の漢語の影響を深く受けた特殊な客家語である、とのことである。では客家方言の特徴は何か、ということになると、中古全濁声母が平仄を問わず無声の有気音となっているという事実に始まり、究極的には、中古音の陽上声次濁音声母字が一部陽去声字と合流している事実を伴いつつも、主として陰平声に移行していることが必須条件である、とされている②。従って、畬族の話す漢語が客家語であるか否かを判断するさいにもこの基準が成立するか否か確認されなければならないのであるが、《高皇歌》音系では以下に挙げる如く、一部で認めることが出来る。但し、量的に限りがあるので全面的な特色であるかどうかは今後の検討を待たなければならない。

我〔ŋai˦⁴⁴〕、你〔n̠i˦⁴⁴〕、馬〔mɔ˦⁴⁴〕、尾〔mi˦⁴⁴〕、冷〔lyŋ˦⁴⁴〕

5. 特有字

《高皇歌》には、一見したところ、浙江畬族特有のものと考えられる字音が

---

① 羅美珍〈畬族所説的客家語〉《中央民族学院学報》1980年第11期（後に施聯朱主編《畬族研究論文集》民族出版社、1987年、北京、に収録。pp. 314－333。）

② この問題についてはいくつかの重要な論文があるが、ここではJerry Norman, "WHAT IS A KEJIA DIALECT?" The Second International Conference on Sinology, Academia Sinica, December 29－31, 1986, Taipei, Republic of China. に従う。

ある。一例をあげると以下の如くである。

𨈗(見ル)〔tʻai〕、䘓(〜ト：前置詞)〔nuŋ〕、䀡(〜デキナイ)〔mai〕、
佮(〜デキル)〔hai〕、イ(立ツ)〔kʻi〕、汖(浮ク)〔pʻiu〕、
𤜵(豚肉)〔tsy⁵⁵pi³⁵〕、叫(呼ブ)〔kiu〕、怀(＝不)〔m̥〕。

𨈗/tʻai/は字形こそ異なるが音は現代粵語と同形である。䘓 䀡 佮、𤜵についてはその字音も特色のあるものといえるであろう。イ、汖、叫 については、それぞれ「企」「浮」「叫」の字音に充当する。「怀」は福建省内の方言字としてもよく見られる。これ以外にも粵語、閩語と同語形を持つ語彙は散見するが、いずれ機会を改めてまとめたい。

nuŋ「䘓」は「誰かと〜」の「〜と〜」という意味で、前置詞的によく使われる。

このような語法分野にも関わると判断される特色については、他の方面、例えば瑶語等少数民族語との比較から検討することも是非に必要なことと思われる。

6. 以上、《高皇歌》の字音が反映する音系についてその二三の特色を略述したが本格的な検討はむしろこれから始まると言うのが実状である。

資　料

pu 布	pu ɛ 背輩	pun 分	pien 便	paʔ 百	pyø 放
pʻai 排	pien 騙	puan 盤	puon 扮	pia 病平	
mai 米	mɒu 無毛	mun 門	mɒn 萬	miŋ 明	mai 麥䀡	muʔ 木
fu 佛火	fun 份香	fuʔ 伏			
tɒi 道	tai 帝	tau 鳥	tuŋ 東洞	teʔ 得	
tʻi 地	tʻai 太𨈗大	tʻeu 到	tʻieu 頭豆	tʻan 田天	tʻaŋ 定	tʻuŋ 痛
nɔn 男	nan 年	nuŋ 農䘓			
ȵi 耳義	ȵy 女	ȵin 人	ȵyøn 軟源	ȵyøŋ 娘	ȵit 日	ȵyøl 月
li 理	lu 路	loi 來	liu 劉流	lau 了寮	lieu 樓	liŋ 靈
lyŋ 龍	lit 立	liʔ 歷			
ki 其麒	ku 古過	kɒi 個	kai 改界	kiu 久九	kɒu 高	kau 教
kin 今金	kyn 君根	kɒn 干	kuon 管	kaŋ 耕	kɔŋ 講	kuŋ 功

kiaŋ 京	kyŋ 官	kap 夾	kuʔ 谷穀	kuoʔ 國	
kʻu 苦	kʻau 巧	kʻun 坤	kʻyʔ 曲		
hɔ 何河下	hai 會	hiu 號	hɒu 好	hieu 后	hu ɛ 開	haŋ 行
ŋai 歹	ŋy 魚				
tsʅ 支子	ts ɛ 置	tso 做	tsɒi 在	tsiu 就	tsieu 照	tsy 煮
tsin 臣眞	tsuan 錣	tsyØn 顯轉	tsiaŋ 正	tsyŋ 種	tsyØŋ 掌	tsŋʔ 做作
tsyØʔ 着					
tsʻʅ 字	tsʻ ɛ 妻	tsʻ 初	tsʻo 采	tsʻɒu 草	tsʻleu 朝	tsʻia 車
tsʻy 取	tsʻin 親	tsʻun 寸	tsʻan 前	tsʻyØn 傳	tsʻiŋ 清	
tsʻyŋ 聰蟲中重		tsʻyØŋ 場	tsʻit 七	tsʻyt 出	tsʻiʔ	
sʅ 氏	su 事	soi 歲	sui 燧	sai 西細	siu 造巢愁	seu 造
sɔn 算	san 衫三山	sao 生姓	suŋ 雙		
ɕi 是起	ɕiu 秀獸	ɕie 世	ɕy 樹水如書	ɕin 心神辛	ɕien 賢軒先	
ɕyØn 船	ɕiaŋ 成城	ɕyØŋ 上嘗	ɕit 實	ɕyØt 說	ɕip 十	ɕiʔ 食
ɕiaʔ 石	ɕyʔ 熱	i 醫以	ui 位為	iu 有游悠	uo □	ia 亦
yn 閏	ien 炎軒	yØn 轅	yØŋ 樣	it 一	iep 葉	yØʔ 藥

摘要

浙江畲族高皇歌的两三个音韵特点

矢放昭文

  本文报告的主要题目是,浙江畲族之间传承下来的《高皇歌》所反映的音韵系统当中,只限于以声母为中心的两三个特点。这个《高皇歌》,有时叫作《盘古歌》或《龙王歌》,为追悼畲族祖先的功劳而延续唱下来的、比较长篇的传承歌。据说,在浙江畲族之间,用汉字来记录"畲音"的抄本相当多,长的有一百多条,短的也有五六十条。一般这些材料,海外的人员看不到,因此笔者不顾浅陋,企图肤浅地讨论。笔者所知的范围内,把这些字音作为音韵资料来分析过的报告几乎未曾有,因此,虽然有过粗之嫌,先报告有关声母的两三个特点。详细的全体报告再通过适当研讨而后发表。

```
中国浙江の民俗文化
―環東シナ海（東海）農耕文化の民俗学的研究―

1995年 6 月20日発行

編　　集　　福　田　ア　ジ　オ
発　　行　　小　林　　忠　雄
　　　　　　国立歴史民俗博物館
　　　　　　千葉県佐倉市城内町117
印　　刷　　有限会社　　新　疆
```